ミクロ環境会計とマクロ環境会計

小口好昭 編著

中央大学経済研究所
研究叢書 36

中央大学出版部

はじめに

　本叢書『ミクロ環境会計とマクロ環境会計』は，中央大学経済研究所における共同研究グループ「社会会計部会」の3年間にわたる研究成果である．

　社会会計部会は，ミクロ会計とマクロ会計をともに会計領域に含めて，さまざまな課題に挑戦しようという研究者によって構成されている．故合﨑堅二教授が，このような会計観を共有する学内外の研究者を糾合して，1978年に中央大学経済研究所内に社会会計グループという共同研究チームを編成して以来，このグループは，会計＝企業会計という伝統的な会計概念から脱却した多くの研究成果を，経済研究所の研究叢書と研究年報に発表してきた．

　今回は，「国連の1993年改訂SNAに関連する資源・環境会計の研究」という課題を掲げ，ミクロ環境会計のみならず，地球環境問題へのマクロ会計における取り組みであるマクロ環境会計の研究に積極的に取り組んだ．マクロ会計の国際標準体系は，国連が加盟各国に作成を勧告している国民勘定体系（System of National Accounts：SNA）であり，わが国では国民経済計算と呼ばれている．SNAの初版は，1953年に公刊された『国民勘定と補助表の体系（A System of National Accounts and Supporting Tables）』である．この体系は68年に改訂され，さらに93年に2度目の改訂が行われた．目下，国連加盟各国は93年版SNAへの移行作業を進めている．同時に，国連は，今回のSNA改訂に合わせて，そのサテライト・システムとして「環境・経済統合会計（Integrated System of Environmental and Economic Accounting：SEEA）を勧告し，マクロ環境会計の整備に着手した．これを契機に，マクロ環境会計に関する国際的な研究が活発になった．

本叢書は，地球環境保全のために，ミクロ会計とマクロ会計の両分野およびそれらの隣接分野を含めて総合的に取り組んだ成果であり，アプローチの独自性とカヴァーする領域の広さにおいて，今後の環境会計の発展に大きな貢献をできるものと期待している．

本書は12章から構成されており，先ず初めの2つの章で，ミクロ環境会計とマクロ環境会計の発展を展望した．第1章「ミクロ環境会計の歴史的展開」では，環境会計の国際的な展開に大きな影響力を持っているアメリカ合衆国，ドイツ連邦共和国，そして日本におけるこの分野の理論と実践について，その歴史的発展の経緯と特徴を検討するとともに今後の展望を提示した．すなわち，1960年代における企業社会会計および社会貸借対照表の登場とそこで開発されたさまざまな理論や実践が，90年代に入って，アメリカ環境保護庁などを中心に展開されている内部環境会計，ドイツ連邦共和国の環境省や州政府などを中心に展開されている環境原価計算，さらには日本の環境省を中心に展開されている外部環境会計にどのような形で継承されているかを明らかにした．

第2章「マクロ環境会計の歴史的展開」は，第1章と同様に，1960年代以降から現在にいたるマクロ環境会計の発展を，2つの国際会議に焦点を当てて詳細に跡付けた．そして，2000年時点で提起されているマクロ環境会計を統合型と課題特化型の2つのシステムに分類し，それぞれの特徴と相互関連を整理した．マクロ環境会計についての研究はまだ少ないことから，発達史としての文献的な資料としても役立つことを心がけた．

ミクロ環境会計は，外部環境会計と内部環境会計に大別されるが，1999年および2000年に環境省から環境会計ガイドラインが公表されて以来，外部環境会計の整備は急速に進展している．第3章「日本企業の外部環境会計の現状と展開の方向性」では，東証，大証，名証の一部上場企業を対象に，企業が公表している環境報告書における環境会計の開示状況と内容を分析し，今後の展開の方向を探った．

フランスの会計制度には，付加価値概念を鍵としてミクロ会計とマクロ会計の情報連環を形成してきた伝統がある．第4章「財務会計・付加価値会計・環

境会計——フランス環境会計におけるクリストフの見解をめぐって——」では，ミクロ環境会計についてもこのような情報連環を想定する必要があるとの立場から，負の付加価値概念を提案しているクリストフの見解を取り上げた．さらに環境会計では，環境コストを誰に配分するのかという問題が発生する．彼は，この問題を解決するために余剰分析の手法を援用することを提案している．

　外部環境会計の目的は，企業の環境保全の取り組み状況を外部の利害関係者に報告することにあり，それには財務報告書あるいは環境報告書が用いられる．第5章「環境負債の認識——負債概念の拡大について——」では，前者を用いる場合を検討している．財務報告書では，環境コスト，環境資産，環境負債等が環境会計情報として重要であるが，本章では環境負債に限定し，環境会計の国際的標準化の視点から環境負債等について調査・研究している国連の報告書を取り上げ，今後の環境負債のあり方を考察した．

　他方，内部環境会計に関しては，環境管理システム（EMS）の一環として，サイトや企業，プロセスの環境パフォーマンスを評価しようとする研究が一般的である．こうした方向はもちろん重要であるが，記録した環境負荷あるいは環境コストを，その発生に「責任ある」製品に帰属させる配分計算も必要である．第6章「製品指向型ミクロ環境会計の展開——シャルテガを中心に——」では，活動基準原価計算（ABC）の手法を用いて，包括的かつ体系的な配分計算を展開したシャルテガの理論を取り上げ，彼の理論とライフサイクル・アセスメント（LCA）を関連づけることによって，製品指向型環境会計を開発しようと試みている．

　会計は企業活動を受動的に表現する媒体であるに止まらず，企業活動そのものに大きな影響を与える．企業の環境戦略についても同様の作用・反作用の関係を作り出す．第7章「グローバル企業の環境戦略——日本企業の新しい競争力モデルの構築——」は，ミクロ環境会計が実施される場としての日本企業について，従来の量的拡大を目指す成長戦略から離脱して，環境保全をターゲットにした環境戦略を経営戦略の重要なコアの1つにすべきことを提案している．それによって，環境先端技術に強い日本企業が，燃料電池などの環境新

技術の開発と環境ビジネスの育成にあらゆる経営資源を集中すれば，環境問題は日本企業にとって成長の限界（コスト）などではなく，それを生み出す機会（利益）になると提言している．

第8章「産業転換政策と環境会計職能——ヴェブレンの「産業過程」論を基礎にして——」は，制度学派であるヴェブレンの「産業過程」の概念を援用しつつ，環境会計を産業転換プロセスのなかに概念的に位置づけようと試みている．この試みは，産業転換を促進する能動的な手段としての会計職能を探ることに他ならない．

第9章「SNAと環境勘定における森林・林業」は，マクロ環境会計の1つとして展開されている森林資源会計についての研究である．持続可能な森林経営への関心の高まりに伴って，政策形成に必要な森林資源会計の整備が喫緊の課題になっている．1960年代末に物量勘定の作成が北欧で始められ，近年ではSNAとの接合やデータソースとしてのインヴェントリーが国際的課題になっている．本章では，森林資源会計に関する理論的・実証的研究の国際的な動向をサーベイすると共に，そこに含まれる主要問題を指摘している．

オランダで開発されたNAMEAと略称されている統合型マクロ環境会計は，国際的に高い評価を受け既に数カ国で作成されている．しかし，わが国では，一部のマクロ環境会計研究者以外には，このシステムはほとんど知られていない．第10章「オランダのNAMEA」では，このシステムの基本構造を分析し，その特徴と意義を明らかにすると共に，会計学自体に対するインパクトを検討した．

情報技術の進歩は，さまざまなユーザーに多種多様な情報を提供することを可能にした．環境会計が普及した原因の一つに，情報技術の進歩によって膨大な情報を処理するコストが急速に低下したことが挙げられる．環境会計の発展は情報化の進展による会計方法の適用領域の拡大であると言えるが，同時に，情報化社会における会計のあり方そのものについての根本的な再検討という課題を生みだした．第11章「情報化の進展と会計理論の対応——情報化の再確認を通じて——」は，現在の会計学界の潮流である意思決定有用性アプローチ

の意義を会計理論における情報化社会への対応という点に求め,情報化社会の基本的なイメージと会計理論の対応関係を明らかにしようとしている.

終章の第12章「ミクロ環境会計とマクロ環境会計のリンクに関する一考察」では,環境会計におけるこれら2つの分野をどのように関連づけるべきかを検討している.先ず,ミクロ会計とマクロ会計のリンク論の先駆であるシュルーター理論,ブレイ理論そしてフランスのプラン・コンタブルの特徴を明らかにする.ついで,欧州委員会の報告書『環境調整済み国民所得額の計算に関する方法論上の問題点』におけるリンク論を検討した.

以上のように本書は,ますます深刻化する地球環境問題に,ミクロ会計とマクロ会計の双方から本格的に取り組んだ最初の成果である.しかし,取り上げることができなかった重要な課題も多い.とりわけ,もともとマクロ会計の研究者自体が少ないこともあり,マクロ環境会計に対する取り組みは十分とはいえない.われわれは,今回のプロジェクトで果たせなかった点を含めて,今後も環境会計の研究と実践の進展に努力したい.本書に対する読者各位の率直なご意見を頂戴できれば幸いである.

最後に,主査の責任で本叢書の刊行が大幅に遅れ,執筆者各位に多大なご迷惑をおかけしたことをお詫びしたい.また,このような共同研究の機会を与えて頂いた中央大学経済研究所,および,細心の注意を払って本書を刊行してくれた中央大学出版部の関係各位に,心から感謝申し上げる.

2002年8月

中央大学経済研究所 社会会計部会

主査 小 口 好 昭

目　　次

はじめに

第1章　ミクロ環境会計の歴史的展開 …………………八木　裕之… 1
　　はじめに ……………………………………………………………… 1
　　第1節　企業社会会計の展開 ……………………………………… 2
　　第2節　社会貸借対照表の展開 …………………………………… 3
　　第3節　内部環境会計の展開 ……………………………………… 5
　　第4節　外部環境会計の展開 ……………………………………… 9
　　おわりに ……………………………………………………………… 11

第2章　マクロ環境会計の歴史的展開 …………………小口　好昭… 19
　　第1節　マクロ環境会計 …………………………………………… 19
　　第2節　マクロ環境会計の草創期 ………………………………… 21
　　第3節　マクロ環境会計の展開 …………………………………… 32
　　第4節　日本におけるマクロ環境会計開発の現状 ……………… 41
　　第5節　環境と会計 ………………………………………………… 45

第3章　日本企業の外部環境会計の現状と展開の方向性
　　　　………………………………………………………八木　裕之… 53
　　はじめに ……………………………………………………………… 53
　　第1節　環境報告書における環境保全コストの開示調査 ……… 54

第2節　環境保全コストがもたらす環境保全効果……………………………… 60
　　第3節　環境保全コストがもたらす経済的効果の開示状況 ……………………… 63
　　第4節　環境会計と報告書ガイドライン ………………………………………… 66
　　ま と め ……………………………………………………………………………… 68

第4章　財務会計・付加価値会計・環境会計
　　　　──フランス環境会計におけるクリストフの見解をめぐって──
　　　　　　　　　　　　　　　　　　　　　　　　　　　　小関　誠三 … 77
　　は じ め に ………………………………………………………………………… 77
　　第1節　社会貸借対照表と環境会計 ……………………………………………… 78
　　第2節　財務会計と環境会計 ……………………………………………………… 84
　　第3節　付加価値会計と環境会計 ………………………………………………… 93
　　第4節　付加価値指標の有効性 …………………………………………………… 102

第5章　環境負債の認識
　　　　──負債概念の拡大について── …………………上田　俊昭 … 109
　　は じ め に ………………………………………………………………………… 109
　　第1節　わが国の環境負債の現状──引当金を中心として── ……… 111
　　第2節　負債概念の解釈と環境負債の認識 ……………………………………… 117
　　第3節　負債概念としての「義務」の拡張 ……………………………………… 120
　　第4節　合理的に見積もられる金額の程度 ……………………………………… 124
　　結びに代えて ……………………………………………………………………… 127

第6章　製品指向型ミクロ環境会計の展開
　　　　──シャルテガを中心に── …………………………丸山　佳久 … 131
　　第1節　シャルテガ理論による環境会計の特徴 ………………………………… 131
　　第2節　伝統的会計の拡張と生態学的会計 ……………………………………… 132
　　第3節　調査目録の作成と影響評価 ……………………………………………… 136

第4節　環境ABCによる環境負荷の配分 ………………………… 140
　　　第5節　製品指向型環境会計における会計境界の拡張 ……………… 147

第7章　グローバル企業の環境戦略
　　　――日本企業の新しい競争力モデルの構築――
　　　　　　……………………………………………………林　　昇一… 155
　　　は じ め に ………………………………………………………………… 155
　　　第1節　自然環境主義と企業資本主義の相克と環境戦略論の台頭 …… 157
　　　第2節　環境戦略の提唱と脱・トレード・オフの論理 ……………… 161
　　　第3節　グローバル企業の競争戦略と環境ビジネスの創造：
　　　　　　求められる産業と金融のパラダイム・シフト ……………… 170
　　　ま　と　め ………………………………………………………………… 178

第8章　産業転換政策と環境会計職能
　　　――ヴェブレンの「産業過程」論を基礎にして――
　　　　　　………………………………………………………大西　清彦… 183
　　　は じ め に ………………………………………………………………… 183
　　　第1節　IHDP――産業転換プロジェクト ……………………………… 184
　　　第2節　産業過程における会計職能 …………………………………… 190
　　　第3節　動的原理の転換と環境効率 …………………………………… 196

第9章　SNAと環境勘定における森林・林業 …………古井戸宏通… 203
　　　は じ め に ………………………………………………………………… 203
　　　第1節　森林資源勘定をめぐる動向 …………………………………… 204
　　　第2節　森林資源勘定と統計分類 ……………………………………… 206
　　　第3節　欧州主要国の森林部門関連統計整備状況 …………………… 218
　　　むすびにかえて …………………………………………………………… 218

第10章　オランダのNAMEA ……………………小口　好昭…225

第1節　オランダにおけるNEMEAの開発……………………………225
第2節　NAMEAの基本構造 ………………………………………227
第3節　NAMEAの改善 ……………………………………………232
第4節　日本におけるNAMEAの推計……………………………234
第5節　マクロ環境会計と会計学の課題…………………………234

第11章　情報化の進展と会計理論の対応
　　　　──情報化の再確認を通じて── ………………高田橋範充…239

はじめに ………………………………………………………………239
第1節　会計理論の危機 ……………………………………………240
第2節　情報化のイメージ …………………………………………243
第3節　意思決定有用性アプローチの萌芽 ………………………252
結びにかえて──会計理論の将来── ……………………………254

第12章　ミクロ環境会計とマクロ環境会計の
　　　　　リンクに関する一考察 ……………………河野　正男…257

はじめに ………………………………………………………………257
第1節　企業会計と社会会計のリンクの系譜 ……………………258
第2節　ミクロ環境会計とマクロ環境会計のリンクの議論 ……264
結　　び ………………………………………………………………276

第 1 章

ミクロ環境会計の歴史的展開

はじめに

　1992年に開催された「環境と開発に関する国連会議」を出発点として，環境問題への取組は国際的な大きなうねりとなって，政府や企業の間に広まっていったが，ミクロ会計領域でも，こうした動向に呼応する形で，企業や政府の活動が及ぼす環境負荷やこれらを予防・防止する環境保全活動を測定対象とした，いわゆる環境会計と呼ばれる会計理論が展開され，多くの企業で実践が試みられるようになった．もちろん，「環境と開発に関する国連会議」が，1972年に開催された「国連人間環境会議」以来行われてきた一連の国際的な環境問題への取組の1つの成果であるように，今日の環境会計の展開にもさまざまな歴史的背景が存在し，これらの理解なくして今後の展開の方向性を明らかにすることはできない．

　ただし，環境会計は国や企業によってさまざまな形で発展してきており，それらすべてを体系的に把握することは必ずしも容易でない．そこで，本稿では，まず今日の環境会計への理論的継承性を念頭において，企業社会会計（Corporate Social Accounting）と社会貸借対照表（Sozialbilanz）について考察し，その上で環境会計の国際的な展開に大きな影響力をもつアメリカ合衆国

(以下アメリカと略称する),ドイツ連邦共和国(以下ドイツと略称する)および日本における環境会計の理論および実践の発展の経緯を明らかにしていく.

第1節　企業社会会計の展開

　企業外部に公表される会計情報の内容や範囲は,企業が社会に及ぼす影響もしくは社会的責任の大きさを企業や社会がどのように認識するかによって大きく左右される.先進諸国では,1950年代から70年代にかけて,公害問題に代表されるような企業もしくは組織の生み出すいわゆる社会的費用の存在が指摘され[1],これらを解消するために,企業に対して,生産,雇用,成長といった経済的な責任だけでなく法的責任,倫理的責任などが強く求められるようになった.

　環境問題についていえば,アメリカでは,1970年代に国家環境政策法の制定と環境保護庁の設立を皮切りに,大気汚染防止法,水質浄化法,資源保全回復法,有害物質規制法などが,さらに80年には包括的環境対策保証責任法いわゆるスーパーファンド法が制定されていることからもわかるように[2],環境問題は当時の重要な社会問題の1つであり,また,これに関連する会計情報についても,同時期に,SEC (Securities and Exchange Commission) によって,環境法の遵守が経営状況に及ぼす重要な影響,環境法規に関連する重要な訴訟案件などの開示が規定されている.

　また,この他にも,企業に対して地域社会,従業員,製品・サービスなどに関連する社会的責任が問われており[3],企業サイドでも,社会的責任領域への影響の大きさや自らの社会的責任の達成度を把握し,こうした情報を企業の内・外の利害関係者へ開示していく必要が生まれてきた.そのために登場してきたのが,組織が社会に及ぼす社会的,経済的効果を認識,測定,記録,報告することを目的とした企業社会会計,社会責任会計,社会報告,社会監査などの会計システムである.

　これらの先駆的なモデルは1950年代から60年代に,Bowen,Goyderなどによって提唱されているが[4],今日の環境会計の原型ともいえるさまざまな企

業社会会計モデルもしくは社会報告書モデルがアメリカで登場し，実践されたのは1970年代以降のことである．それらのモデルは，DilleyとWeygandtにしたがえば[5]，数量化のレベルによって，当該企業の社会的責任活動を記述的に表示するインヴェントリーアプローチ，それらに関連する費用額と物量を加えたコスト・アウトレイアプローチ，これらの情報を当該企業の社会責任活動プログラムのなかで位置付けてその目標達成度を明らかにするプログラム・マネジメントアプローチ，さらにプログラムのパフォーマンスまでを貨幣額で評価するベネフィット・コストアプローチに分類される．

1970年代中ごろに行われたアメリカ企業を対象とした調査では，年次報告書において8割以上の企業が何らかの社会的責任に関する情報を開示しているが[6]，その開示方法のほとんどはインヴェントリーアプローチによるものであり，環境保全情報については，約5割の企業が情報を開示している[7]．コスト・アウトレイアプローチによって情報を開示する企業は必ずしも多くないが，同アプローチは中西部ガス電気公社の社会責任報告書[8]，Chase Manhattan社の年次報告書，東部ガス電気会社の社会報告書などで採用されている[9]．プログラム・マネジメントアプローチに分類されるモデルは，ピッツバーグ大学・社会監査研究グループ[10]，BaureとFennなどによって提唱され[11]，Bank of America，First National Bank of Minneapolisの年次報告書で実践されている[12]．ベネフィット・コストアプローチは，Linowes，Estes，Aptなどによってそれぞれモデルが提案されているが，実践例はApt社の社会監査・年次報告書のみである[13]．80年代に入ると，企業が社会的責任をある程度はたしたこともあり，企業社会会計モデルに関する議論は下火となると同時に，企業にとってより実践性の高いインヴェントリーアプローチによる開示が定着していった[14]．

第2節　社会貸借対照表の展開

ドイツでの企業社会会計の展開はアメリカからのモデル移入によって1960年代後半から始まったが，他の工業先進国と同様に，当時のドイツでも，環境

問題は大きな社会問題となっており，その動向はドイツ版エコマークであるブルーエンジェルの普及に代表されるような草の根運動による市民の環境問題への関心の広まり，反原発運動などの反テクノロジー思想の高まり，これらの社会的動向が政治的パワーとなって結集した「緑の党」の躍進などに象徴される[15]．環境政策においても，今日まで続く基本原則である「未然予防の原則」，「汚染者負担の原則」，「協力原則」が1971年制定の連邦環境計画で規定され，環境法の中心的存在である連邦イミシオン防止法が74年に制定されている．

ドイツ版企業社会会計である社会貸借対照表は，Steag社が72年に公表して以降[16]，多くのドイツ企業に実践されるようになり，その普及は実業界が中心になって形成した各種の研究団体の研究成果によってさらに推し進められることになる．

ドイツ化学工業協会経営経済委員会報告「社会のなかの企業」（1975年）[17]，「社会貸借対照表－実践」研究グループの提言「今日の社会対照表」（1977年）はその代表例であるが[18]，特に後者は社会貸借対照表のガイドラインを提示したものであり，その後の展開に最も大きな影響を及ぼしている．そこでは，企業の社会関連目標および社会関連措置の明確化，すべての利害関係者に対する社会関連費用とその効果の数量的もしくは記述的データの提供，遂行された社会的責任の定期的かつ検証可能な形での表示が目標とされており，これらは，付加価値の創造と分配を表す創造価値計算書（Wertschöpfungsrechnung），測定可能な社会関連費用と社会関連収益を計上する社会計算書（Sozialrechnung），創造価値計算書と社会計算書で把握できない社会的責任活動の目標，措置，効果などを表示する社会報告書（Sozialbericht）という3つの報告書によって実現されることになる．

ベルリン科学センターが行った当時のドイツの代表的企業30社を対象とした調査によれば，すべての企業が上記のいずれかの報告書を公表しており，また7社がすべての種類の報告書を，17社が2つの種類の報告書を公表している．開示内容は，全体の61％が従業員に関するものであり，環境問題については紙面の5％が割かれているだけである[19]．ただし，1975年から，連邦統計局

が製造業を対象とした環境保全投資調査を開始し，ドイツ化学工業協会も同時期から毎年環境保全投資と環境保全費用の環境保全領域ごとの調査を行っていることから，こうした調査の対象となった企業の間では該当するコストの把握が進んでいったことが予想される[20]．また，Deusche Shell，BASFなどは，これらの集計データの一部を今日まで継続的に公表している[21]．

実業界がリードする形で社会貸借対照表は発展したが，環境報告書，環境監査，環境会計などとの関連性で注目すべきモデルとしては，さらに，Dierkes，Heymannなどによって展開された目標関連報告書があげられる[22]．そこでは，環境問題などを組み込んだ社会関連目標システムとこれらを実行するための経営管理システムが構築され，コスト，効果などの業績が，可能な限り数量的な形で，測定，監査，報告される．このモデルはDeusche Shell社，Beltelsmann社などで実践され，社会貸借対照表の先進的モデルとして位置付けられている[23]．

第3節　内部環境会計の展開

1. アメリカにおける展開

既に述べたように，1980年代のアメリカ企業の環境会計情報開示が質的には必ずしも進展しなかったのに対し，企業社会会計モデルとして提唱されたプログラム・マネジメントや社会監査企業社会会計は，スーパーファンド法の制定前後から，一部の英・米国系企業において，環境管理ツールとして実践されるようになってきた．すなわち，環境負荷の発生とそれに伴う経済損失の発生の危険性，すなわち環境リスクを防ぐマネジメントシステムとこれらをチェックする環境監査の導入が行われ，環境問題は企業業績を左右する恒常的な要因としてとらえられるようになった[24]．1989年に起きたExxon社のバルディーズ号事件では，環境リスクの大きさが再認識されることになったが，こうした情況に対応するために，アメリカ環境保護庁（Environmental Protection Agency：EPA）でも，環境マネジメントのための環境会計プロジェクトを1992年からスタートさせた[25]．

企業社会会計の時代には，環境保全対策のためのコストは主に環境規制を遵守するためのものであり，短期的には企業のコスト増要因としてとらえられていたのに対し，90年代では，環境規制の強化，環境リスクの増大，事後的環境保全コストの高騰などが将来にわたって永続的に続く前提条件として認識され，投資家や消費者が企業や製品を評価するさいにも，企業活動や製品がもたらす環境負荷の大きさが重要な判断材料となってきていることから，長期的にはもちろんのこと，短期的にも環境保全対策が企業全体としてのコスト削減につながることを念頭においたモデル開発が行われている．

EPAはいくつかのケーススタディを経て，1995年に基礎的概念を示した環境会計の入門書を公表し，環境コストをはじめとする諸概念の定義と，活動基準原価計算，資本予算，ライフサイクルコスティングなどの従来の管理会計手法に，環境に関するコスト・ベネフィットの測定値を導入する可能性と必要性を示した[26]．ここで，環境コストは，原材料費，労務費といった従来の原価計算で使われてきた伝統的コスト，環境保全コストとしては認識されていない隠れたコスト，将来の一定の時点で発生する可能性のある偶発コスト，企業イメージや利害関係者との関係を良くするためのイメージ・関係コスト，社会や第三者によって負担されているいわゆる社会的コストに分類されている．2000年には，企業のサプライチェーン全体すなわち購買・原材料処理・保管・再生・廃棄・製品回収の各段階について，これらの環境コストおよび同時にもたらされる環境ベネフィットを把握することで，環境負荷とコスト削減の両立を目指す手法がケーススタディを交えながら提示されており[27]，単独の企業だけでなく製品ライフサイクルのすべてを視野にいれた環境コスト・ベネフィットの把握が不可欠となっていることが示されている．

EPAの試みは，管理会計の手法に環境にかかわる諸要因が導入されたこともあり，企業社会会計モデルとしても登場している貨幣単位の測定をベースとしたベネフィット・コストアプローチが中心である．こうした分析は，既に述べた環境会計モデルの他にも，環境投資プロジェクトを環境コスト・ベネフィットの分類にしたがって段階的に評価するトータルコストアセスメントや[28]，

企業活動に費やされたすべてのコスト，すなわち企業自身が負担した私的コストと第三者や社会が負担した社会的コストを統合したフルコストアカウンティングなどにおいても試みられている[29]．

トータルコストアセスメントについては，EPAだけでなく北アメリカのさまざまな研究機関によって開発が試みられており，特にAmerican Institute of Chemical Engineersのプロジェクトでは，EPAの環境コスト分類が示す偶発コスト，イメージ・関係コスト，社会的コストについて詳細なベータベースの提供が試みられている[30]．これらのデータの使用方法は，プロジェクト自体の環境方針とデータの妥当性や信頼性を考慮して，企業が判断することになる．もちろん，イメージ・関係コスト，社会的コストの測定は必ずしも容易ではなく，特に社会的コストについては測定方法によっても大きなばらつきが生じているが，経済活動と共通する唯一の測定尺度だけに，今後もデータの蓄積が行われていく予定である．

2. ドイツにおける展開

ドイツで企業および政府の環境問題への取組が本格化してきたのは1980年代後半以降である．たとえば，廃棄物関連の法律では，1986年に，廃棄物処分法が廃棄物の排出抑制とリサイクルの実施を企図した廃棄物法に改正され，これをうけて91年から93年にかけて包装廃棄物政令が段階的に施行されているが，96年には循環型社会の構築を目指して拡大生産者責任を織り込んだ循環経済・廃棄物法が制定され，その後，拡大生産者責任を実現するために新包装廃棄物政令，廃車政令，廃バッテリー政令，有機廃棄物政令などが発効している[31]．

企業の環境マネジメントはこうした動向に歩調を合わせて進展しており，チェックリストを用いた環境パフォーマンス評価によって環境マネジメントシステムの構築を目指す研究団体BAUM（Der Bundesdeutsche Arbeitkreis für umweltbewußte Management）が1986年に，ドイツ版LCA（Life Cycle Assessment）であるエコビランツ（Ökobilanz）もしくはエコバランスの研究団体Futureが

その翌年に活動を開始しているが[32]，92年のドイツ企業500社を対象とした調査では，既にチェックリストが約7割，エコビランツが約3割の企業で採用されている[33]．また，95年に発効したEUの環境管理・監査スキーム（Environmental Management and Auditing Scheme : EMAS）も環境マネジメントの進展に大きな影響を及ぼしている．EMASは既述の目標関連報告書ときわめて類似したシステムであるが，ドイツ企業の参加数は約3,000サイト（2001年現在）とEUのなかで最も多く，EMASの認証取得はドイツで経営活動を行う上での必要条件になりつつある．

環境会計については，80年代後半からモデルの提唱が行われるようになったが[34]，連邦環境省や環境庁でも企業の環境保全活動と環境関連コストに関するプロジェクトを開始している．その集大成の1つである95年発行の環境管理ハンドブックでは，環境マネジメントシステムのなかで内部環境会計が果たすべき機能が示され[35]，さらに96年の環境原価計算ハンドブックでは，環境保全措置を導入した原価計算システムが体系的に提示されている[36]．すなわち，そこでは，ドイツ企業の間に普及しているエコバランスのサイト版もしくは企業版である環境バランスシートによって，インプットサイドで，循環材（原材料・補助材料など），エネルギー，水，空気などが，アウトプットサイドで，製品，物的排出物（廃棄物，排水，排気），エネルギー排出物（廃熱，騒音，振動）が把握され，これらのフローに基づいて環境保全活動のためのコストが把握されることになる．一連のプロジェクトでは，環境原価計算を通じた環境関連コストの正確な把握によって，環境負荷の低減とコストダウンの両立が意図されているが，多くの参加企業のケーススタディによって，それが十分に実現可能なものであることが示されている．

また，多くのドイツ企業は，環境統計法（1997年）に基づいて，96年度分より連邦統計局に環境保全投資額，環境保全費用額，環境負荷物質排出量（排水，州法で定められているもの）を毎年報告する義務を負っているが[37]，ここで環境保全費用は，廃棄物経済（廃棄物の発生回避・再利用・処分），水質保全，騒音対策，大気保全，自然・景観保全，土壌保全の各環境領域について，

環境保全装置の稼動コストとこれと関係なく発生するコストに細分類される[38]．同調査は製造業の代表的企業15,000社が対象となっていることから，ドイツ企業の間では，こうした環境コストを把握するシステムがかなりの割合で普及していることになる．

今後の展開の方向性を考える上で重要なモデルとしては，国連持続可能開発部の環境管理会計プロジェクトにおいても取り上げられているマテリアルフロー会計があげられる[39]．同会計では，すべての環境負荷の発生が物質やエネルギーのフローに起因するという観点から，エコバランスにコストデータを重ね合わせ，これらのデータすべてが分析の対象となる．したがって，マテリアルフローコストは製品と廃棄物に関係するものに大別され，前者は事前環境保全コストとこれ以外の製品コスト，後者は事後環境コストと残余物発生コスト（廃棄物となった原材料などの購入コスト）から構成される．同会計は，1995年にKunert社でモデルプロジェクトとして導入され，環境負荷の削減とコストダウンを実現することで大きな注目を集めたが[40]，現在ではBayern州のマテリアルフロー管理にかかわる環境効率プロジェクトの1つとして普及が図られている[41]．

以上の考察からわかるように，ドイツで展開されている環境会計は，スイスで提唱され実践されてきた評価単位による環境負荷の評価も一部では提唱されているが[42]，一般的には，社会貸借対照表と同様に，物量単位で表示された環境負荷と環境保全コストを対応させたタイプが中心であり，アメリカの環境会計モデルで試みられているような貨幣単位による環境負荷影響の測定は，大きな流れとはなっていない．

第4節　外部環境会計の展開

企業活動とその環境への影響を測定する環境会計は，1990年前後から主に企業の環境政策を効率的に実施するためのツールとしてアメリカやドイツで発展してきた．これに対し，環境保全コスト，環境負債などに関する情報の財務諸表上での開示は，SECなどの規定によって進展しつつあるが[43]，内部環境

会計と比較すると，その内容はまだ不十分な状態にある．また，90年代半ばから先進諸国で急速に開示企業数が増加しつつある環境報告書においても[44]，一部の先進的企業を除けば，環境会計に関する情報は企業社会会計や社会貸借対照表の時代からあまり変化しなかった．90年代の日本企業における環境コストの把握，環境会計の構築，環境保全コストの開示などは，アメリカやドイツと比較すると，必ずしも進んではいなかったが，増加する環境保全コストを把握する指針をもとめる企業の要請にこたえる形で，1999年に当時の環境庁から環境保全コストガイドライン案が公表されると[45]，環境会計は日本企業の間に急速な広がりをみせ，同ガイドライン2000年報告が出された後では100社以上の企業が環境会計の公表を行うようになった[46]．

同ガイドライン2000年報告では，「企業等が，持続可能な発展を目指して，社会との良好な関係を保ちつつ環境保全への取組みを効率的かつ効果的に推進していくことを目的として，事業活動における環境保全のためのコストとその活動により得られた効果を可能な限り定量的（貨幣単位又は物量単位で表示）に把握（測定）し，分析し，公表するための仕組み」[47]を環境会計システムと定義している．事業活動から生じるいわゆる環境負荷削減のための環境保全コストは事業エリア内コスト，上・下流コスト，管理活動コスト，研究開発コスト，社会活動コスト，環境損傷コストに分類されるが，環境保全活動の中心となる事業エリア内コストについては，環境保全活動に対応してさらに詳細な分類がなされている．

また，環境保全効果については，環境保全コストとの関連付けが行いやすい事業エリア内での効果，生産される製品・サービスのライフサイクルの上・下流での効果を物量単位ベースで把握・公表することを推奨している．環境保全効果の評価は必ずしも容易ではないが，ここでは，環境対策の効率性や環境効率性などの比較指標が例示されている．

前項において既に考察したように，環境保全対策は，環境保全効果だけでなく，当該企業の経営に経済的にプラスの効果をもたらす場合があり，こうした経済的効果の形態や時期などは多種多様であるが，これらは，測定方法によっ

て，確実な根拠に基づいて算出される効果と仮定的な計算に基づく効果に分類される．実際に企業が開示している経済的効果は，前者に分類されるリサイクルの事業収入，省エネルギーによる費用節減，省資源・リサイクルによる費用節減などがほとんどである[48]．後者の効果としては，リスク回避による経済的効果や利益寄与の推定効果が示されているが，あくまで推定計算であることから，公表はもとめられておらず，内部環境会計での使用が想定されている．

外部公表を中心とした日本企業の取組みは，数年で急速に展開したこともあり，内部環境会計とのリンク，企業内外の利用目的への対応など多くの課題もあるが，世界的にみてもきわめて先進的であり，他の国々の外部環境会計に大きな影響を及ぼす可能性がある．

おわりに

企業社会会計，社会貸借対照表において提唱された手法の多くは，ミクロ領域の環境会計で，詳細かつ精緻な形で展開されてきており[49]，アメリカやドイツなどでは，その展開の方向性に大きな影響を及ぼしている．ただし，企業活動のグローバル化と環境問題の深刻化によって，EUのECOMACやUNの環境会計プロジェクトに代表されるように，国際的な研究プロジェクトの重要性も高まってきている[50]．こうした動向は，ISO14000シリーズやEMAS普及と軌を一にするものであり，環境マネジメントシステムに対応した内部環境会計の構築が急務となっている．特に，EPAのサプライチェーンを対象とした環境会計やドイツのマテリアルフロー会計は，環境負荷の発生を物質の管理によって事前に防ぐ考え方に基づいており，今後ますます厳しくなる環境規制や増大が予想される環境リスクに対応した環境会計システムとして注目されている．

また，環境政策の意思決定においては，環境負荷の測定・評価が差し迫った問題となってきており，循環経済・廃棄物法にみられる拡大生産者責任の実施，取引可能排出権制度の構築などによって，部分的には，環境負荷の大きさを経済システムの中に組み込む試みも行われるようになっているが，既に述べたよ

うに，歴史的には，アメリカとドイツではこの問題に関して対照的なアプローチをとってきている．どのような意思決定でいずれのアプローチを採用するかは最終的には企業の判断であるが，当該アプローチの有効性は社会的コンセンサスの形成情況にも大きく左右されることから，今後もさらに外部環境会計や環境報告書を通じた情報の開示とケーススタディの蓄積が必要となってくる．

1) Kapp [55].
2) 東京海上火災保険株式会社 [10] 参照．
3) The Committee on Accounting for Corporate Social Performance [36] pp. 40-41.
　　より詳細な活動領域としては，フィランソロピー，ボランティア活動，教育プログラム，少数民族の雇用，労働環境の整備，消費者の苦情への対応，製品の安全対策，正確な広告などがあげられる．Johnson [54] pp. 27-30（同訳 41-45頁）．
4) Bowen [28], Goyder [51]. また先駆的業績については，Carroll [34], 高田 [11] など参照．
5) Dilley, Weygandt [39].
6) Beresford [27] のフォーチュン誌掲載500社の調査など参照．
7) Elias [40] の米国の代表的企業50社を対象とした調査など参照．
8) Dilley, Weygandt [39] pp. 64-69.
9) Estes [46] pp. 32-38, 同訳 48-56頁．
10) Brandon [29], Butcher [32] など参照．
11) Bauer [27] など参照．
12) Estes [46] など参照．
13) Linowes [56], Estes [46], Apt [25] など参照．
14) 1986年の調査については山上 [20] など参照．
15) Lutze [57] 参照．
16) Heinz [52] 参照．
17) Betriebswirtschaftliche Ausschuß des verbandes der Chemischen Industrie [26].
18) Empfehlungen des Arbeitskreises „Sozialbilanz-Praxis" zur aktuellen Gestaltug gesellschaftsbezogener Unternehmensrechnung [41].
19) Dierkes, Hoff [38] SS. 9-67.
20) Fichter, Loew, Seidel [47] S. 112, SS. 149-157.
21) 八木 [14][15] など参照．
22) Diekes [37], Heymann, H.H., Seiwert, L. J., Senarclens [53] 参照．後者のモデルには，まだ概念的ではあるが，エコバランスや環境パフォーマンス評価も組み込まれている．
23) Deutsche Schell では90年頃まで，報告書を公表している．八木 [14] など参照．

24) UNEP [62] など参照．
25) 一連の報告書は EPA のホームページ (www.epa.gov/opptintr/acctg/) で紹介されている．
26) EPA [43]
27) EPA [45]
28) EPA [42]
29) EPA [44], この他にも CICA [33] など参照．
30) American Institute of Chemical Engine [22].
31) 林 [12] など参照．
32) Umweltbundesamt [61] など参照．また，先駆的モデルとしては Müller-Wenk [58] がある．
33) Coenenberg, Baum, Gnter, Wittmann [37] S. 92.
34) Frese, Kloock [49], 八木 [13] など参照．
35) Bundesumweltministerium/Umweltbundesamt [30].
36) Bundesumweltministerium/Umweltbundesamt [31].
37) Fichter, Loew, Seidel [47] SS. 162-169, 八木 [16] 参照．
38) 前者の分類項目は人件費，補助材料および消耗品，エネルギー，減価償却，支払利子，支払サービス料，後者の分類項目は政府への支払料金および負担金，支払サービス料である．
39) 環境省 [7] 第2章参照．
40) Fischer, Wucherer, Wagner, Burscherer [48], 八木 [17] など参照．
41) Strobel, M., Redmann, C. [60].
42) Schaltegger [62].
43) United Nations [63], 上田 [1], 阪 [7] など参照．
44) Future, IÖW, Umwelt Sfting [59] など参照．
45) 環境庁 [3] 参照．
46) 環境庁 [5], 環境省 [6], 八木 [16] 参照．
47) 環境庁 [6] 6頁．
48) 八木 [16] 25-26頁．
49) 本稿では取り上げなかったが，地方自治体の環境会計については，横須賀市 [22] 参照．
50) Bartolomeo [24], 環境省 [6] 第2部参照．

参 考 文 献

[1] 上田俊昭「財務報告書における環境会計」日本会計研究学会特別委員会報告『環境会計の発展と構築』第1部第1章第1節，2000年．
[2] 河野正男『生態会計論』森山書店，1998年．
[3] 環境庁（当時）・環境保全コストの把握に関する検討会『環境保全コストの把握及び公表に関するガイドライン～環境会計の確立に向けて～』（中間取りまとめ），(www.env.go.jp/policy/kaikei/index-1.html, 2001年7月)．
[4] 環境省・環境会計システムの確立に関する検討会『環境会計システムの確立に

向けて（2000 年報告）』(www.env.go.jp/policy/kaikei/index-1.html, 2001 年 7 月).
- [5] 環境省『環境会計ガイドブック』環境庁 2000 年.
- [6] 環境省『環境会計ガイドブック 2』環境庁 2001 年.
- [7] 阪知香『環境会計論』東京経済情報出版，2001 年.
- [8] 産業環境管理協会『平成 11 年度環境ビジネス発展促進等調査研究（環境会計）報告書』2000 年.
- [9] 高田薫「社会監査の構造」『大阪大学経済学』第 26 巻，第 3・4 号，1977 年 3 月.
- [10] 東京海上火災保険株式会社『環境リスクと環境法―米国編―』有斐閣，1992 年.
- [11] 日本会計研究学会特別委員会『環境会計の発展と構築』2000 年.
- [12] 林哲裕『ドイツ企業の環境マネジメント戦略』三修社，2000 年.
- [13] 八木裕之「企業の環境保護政策と会計システム」『中央大学経済研究所年報』第 21 号，1991 年.
- [14] 八木裕之「企業社会会計における社会的費用の測定」『経済学論纂』第 34 巻第 3・4 合併号，1993 年 10 月.
- [15] 八木裕之「ドイツの環境報告」山上達人・菊谷正人編著『環境会計の現状と課題』同文舘，1995 年.
- [16] 八木裕之「環境報告書における環境会計」日本会計研究学会特別委員会報告『環境会計の発展と構築』第 1 部第 1 章第 2 節，2000 年.
- [17] 八木裕之「環境コスト概念の分析―物質・エネルギーフローの観点から」『會計』第 156 巻第 2 号，1999 年 8 月.
- [18] 山上達人編『会計情報とディスクロージャー』白桃書房，1989 年.
- [19] 湯田雅夫『ゾチアルビランツ研究序説』学文社，1989 年.
- [20] 湯田雅夫『ドイツ環境会計論』中央経済社，1999 年.
- [21] 横須賀市『横須賀市の環境会計―平成 10 年度決算における費用対効果―』2000 年 6 月.
- [22] American Institute of Chemical Engineers, *Total Cost Assessment Methodology: Internal Managerial Decision Making Tool*, Apt, C.C., The Social Audit for Mnagement, AMACOM, 1977.
- [23] Apt, C., *The Social Audit for Management*, AMACOM, 1977.
- [24] Bartolomeo, M., Bennett, M., Bouma, J. J., Heydkamp, P., James, P., Walle, F., Wolters, T., *Eco-Management Accounting*, Kluwer Academic Publishers, 1999（阿保栄治，矢澤秀雄，青木章通訳『環境管理会計』生産性出版，2000 年）.
- [25] Bauer, R. A., Fenn, D. H., "What is a Corporate Social Audit," *Harvard Business Review*, 51, Jan-Feb., 1973.
- [26] Betriebswirtschaftliche Ausschuß des verbandes der Chemischen Industrie, "Das Unternehmen in der Gesellschaft," *Der Betrieb* 28 Jg., Heft 5, 31, Jan., 1975.

[27] Beresford, D. R., "Social Responsibility Disclosure Grows," *Management Accounting*, May 1977.
[28] Bowen, H. R., *Social Responsibilities of the Businessman*, 1953. (日本経済新聞社訳『ビジネスマンの社会的責任』1960年).
[29] Brandon, C. H., Matoney, J. P., "Social Responsibility Financial Statement," *Management Accounting*, Nov. 1975.
[30] Bundesumweltministerium/Umweltbundesamt, *Handbuch Umweltcontrolling*, Verlag Vahlen, 1995.
[31] Bundesumweltministerium/Umweltbundesamt, *Handbuch Umweltkostenrechnung*, Verlag Vahlen, 1996 (宮崎修行監訳『環境原価計算』日本能率協会マネジメントセンター, 2000年).
[32] Butcher, B., "An Anatomy of Social Performance Report," *Business and Society Review*, Autumn 1973.
[33] Canadian Institute of Charterd Accountants, *Full Cost Accounting from an Environmental Perspective*, CICA, 1997.
[34] Carroll, A. B., Beiler. G. W., "Landmarks in the Evolution of the Social Audit," *Academy of Management Journal* Vol. 18, No. 3, Sep. 1975.
[35] Coenenberg, A. G., Baum, H. G., Gnter, E., Wittmann, R., "Unternehmenspolitik und Umweltschutz," *Zeitschrift für betriebswirtschaftliche Forschung*, 46, 1/1994.
[36] The Committee on Accounting for Corporate Social Performance, "Accounting for Corporate Social Performance," *Management Accounting*, Feb. 1974.
[37] Diekes, M., *Die Sozialbilanzen*, Herder & Herder, 1974.
[38] Dierkes, M., Hoff, A., "Sozialbilanzen and gesellschaftsbezogene Rechnungslegegung in der Bundesrepublik Deutschland," in *Sozial bilanzierung*, hg., Joachim, H. Nowortny, H., Campus, 1981.
[39] Dilley. S. C., Weygandt, J. J., "Measuring Social Responsibility: an Empirical Test," *The Journal of Accountancy*, 136(3), Sep. 1973.
[40] Elias, N., Epstain, M., "Dimention of Corporate Social Reporting," *Management Accounting*, Mar. 1975.
[41] Empfehlungen des Arbeitskreises "Sozialbilanz-Praxis" zur aktuellen Gestaltug gesellschaftsbezogener Unternehmensrechnung, *Sozialbilanz Heute*, April, 1977.
[42] EPA, *Total Cost Management : Accerating Industrial Pollution Prevention, through Innovation Project Financial Analysis with Applications to the Pulp and Paper Industry*, 1992.
[43] EPA, *An Introduction to Environmental Accounting as a Business Tool : Key Concepts and Terms*, EPA, 1995 (日本公認会計士協会『企業経営のための環境会計』日経BP社, 2000年).
[44] EPA, *Environmental Accounting Case Studies : Full Cost Accounting for Decision Making at Ontario Hydro A Case Study*, 1996 (www.epa.gov/

opptintr/acctg/,2001,July).

[45] EPA, *The Lean and Green Supply Chain : A Practical Guide for Materials Managers and Supply Chain Managers to Reduce Costs and Improve Environ- mental Performance*（www.epa.gov/opptintr/acctg/, 2001, July）.,

[46] Estes, E. W., *Corporate Social Accounting*, John Wiley & Sons, 1976（名東考二，青柳清訳『企業の社会会計』中央経済社，1979年）.

[47] Fichter, K., Loew, T., Seidel, E., *Betriebliche Umweltkostenrechnung*, Springer, 1997.

[48] Fischer, H., Wucherer, C., Wagner, B., Burscherer, C., *Umweltkostenmanegement, Ökologische Unternehmensfhürung*, Hanser, 1997.

[49] Frese, E., Kloock, J., F, "Internes Rechnungswesen und Organization aus der Sicht des Umweltshutzes," *Betriebswirtschaftliche Forshung und Praxis*, 41. Jrg., Jan., 1989.

[50] Future, IÖW, Umwelt Sfting, *Das Ranking Umweltberichte 2000*（www.ranking-umweltberirhte.de/,2001,July）.

[51] Goyder. G., *The Responsible Company*, Basilackwell, 1961（喜多了祐訳『第3の企業体制』春秋社，1963年）.

[52] Heinz, S., Die Sozialbilanz der STEAG Aktiongesellschaft, *Betriebswirtschaftliche Forschung und Praxis*, 26Jg., July, 1974.

[53] Heymann, H. H., Seiwert, L. J., Senarclens, *Die gesellschaftsbezogene Berichterstattung in der Bundesrepublik Deutschland und der Schweiz*, Taylorix Fachverlag, 1984.

[54] Johnson, H. L., *Disclosure of Corporate Social Peformance ; Survey, Evaluation, and Prospect*, 1979（青柳清訳『ソーシャル・ディスクロージャーの新展開』中央経済社，1980年）.

[55] Kapp, K. W., *The Social Kosts of Private Enterprise*, Harvard University Press, 1950（篠原泰三訳『私的企業と社会的費用』岩波書店，1959年）.

[56] Linowes, D. F., "The Accounting Profession and Social Progress," *Journal of Accountancy*, 130(1), July, 1973.

[57] Lutze, R., *The Development of Ecologically Conscious Management in Germany*, The Elmwood Institute Global File Report, No. 1, 1990.

[58] Müller-Wenk, R., *Die ökologische Buchhaltung*, Cammpus Verlag, 1978（宮崎修行訳『環境思考経営のためのエコロジカル・アカウンティング』中央経済社，1994年.

[59] Schaltegger, S., Buritt, R., *Corporate Environmental Accounting*, Greenleaf, 2000.

[60] Strobel, M., Redmann, C., *Flow Cost Accounting*（www.eco.effizienz.de, 2001, July）.

[61] Umweltbundesamt, *Ökobilanz für Produkte*, Texte 38/92, 1992.

[62] UNEP, *Environmental Auditing*(Report of a United Nations Environmental Programme/ Industry and Environment(UNEP/IEO), 1990.

[63] United Nations, *International Accounting and Reporting Issues : 1998 Review, Report by the Secretariat of the United Nations Conference on Trade and Development*, 1999.

第 2 章

マクロ環境会計の歴史的展開

第1節 マクロ環境会計

　われわれの経済活動は，自然資源の投入と廃棄物の産出という二重のプロセスで環境に負荷を与えている．自然資源の有限性のみならず，自然環境を廃棄物の無限の処理場と考えることはもはや不可能な段階にきていることが，現在の地球環境問題である．資源の過剰採取とその結果生じる廃棄物の過剰排出の低減，有害廃棄物の無害化そしてすでに破壊された環境資源を修復することが緊急の課題になっている．現代の環境問題が科学技術の進歩の産物であるとはいえ，その対策のためにはまた技術進歩に期待しなければならないことは明らかである．

　技術進歩の促進を含む環境政策は，経済と環境の相互作用に関する正確で信頼できる情報に支えられる必要がある．加えて，政策主体は利害関係者に十分な情報公開をする会計責任を果たさなければ，環境政策の実施は困難である．環境情報の開発と整備は，環境問題の実態把握，政策立案，実施そしてフォローアップのいずれの段階にとっても必要不可欠である．マクロ環境会計は，ミクロ環境会計とともに，この環境情報インフラストラクチャーの1つとして貢献することを目的にしている．現在すでに数種のシステムが提案され，各国

において試行的な推計が行われるとともに，国際的な調和化を目指した検討が続けられている．

　マクロ環境会計は，国民経済全体の経済循環を捉えようとする伝統的なマクロ会計では測定しきれない，経済と環境の相互作用を捉えようとする分野である．マクロ会計においては，わが国で国民経済計算と呼ばれている国際連合の「国民勘定システム（System of National Accounts：SNA）」が国際標準体系になっている．SNA は，1953 年に最初の国際標準体系が勧告されて以来，68 年と 93 年に改訂が行われ，目下，各国が 93 年版 SNA への移行作業を行っている．マクロ環境会計の発展は，経済会計としての SNA に環境問題をどのように関連づけるかの歴史であるといえる．とりわけ，1960 年代から 70 年代にかけての高度経済成長期に，先進諸国で公害や企業の社会的責任が大きな社会問題として噴出したために，マクロ環境会計の研究は 68 年 SNA との関連で始まった．さらに 80 年代に入って，環境破壊が地域規模から地球規模に拡大し，マクロ環境会計の研究は第 2 段階に入った．ここでは，93 年 SNA に対するサテライト勘定（satellite account）という概念が導入され，マクロ環境会計は SNA のサテライト勘定の 1 つとして展開されつつある．

　後にみるような，現在提案されているさまざまなマクロ環境会計システムを前提にすれば，マクロ環境会計は次のように定義できるであろう．すなわち，マクロ環境会計は，一国全体あるいは特定の地域を会計単位として，経済活動と自然環境との相互作用，すなわち経済活動が環境に与えるさまざまな負荷と，それが経済活動に及ぼす影響とを，二重性原理に基づいて測定・伝達する方法である．この定義に基づけば，マクロ環境会計は基本的に次のような 2 つの範疇の情報を測定・伝達することが必要になる．(1) 経済活動が誘発する環境への負荷に関する情報（the information on the economically induced impacts on the environment）．(2) 環境負荷が誘発する経済主体に対する財務的影響（the information on the environmentally induced financial impacts on economic actors）．(1) の目的にとっては，物量単位の情報が有用である．したがって，マクロ環境会計の研究においては，貨幣単位のみならず物量単位による会計シ

ステムの開発を図るとともに，両者をどのように関連づけるかが課題になっている．また，本稿では，一国単位ではなく，特定の地域，場合によっては複数の国にまたがる一定の地域を会計単位とするシステムをメゾ・システムと考えて，マクロ環境会計に含めている．

　本章では，このような課題の解決を目指しておこなわれている1960年代以降からのマクロ環境会計の主要な展開過程と現状について，国内外の動向を展望する．しかし，逐次的な発展史ではなく，マクロ環境会計の発展にとって大きな節目となった2つの重要な会議に焦点を当てる．そして2000年時点において提案されている多様なマクロ環境会計システムを，統合型システムと特化型システムという範疇に整理する．最後に，環境問題の研究においては，ミクロ環境会計とマクロ環境会計との連携，あるいは理論的な統合が重要な課題になっていることを明らかにしたい．

　マクロ環境会計の発達を促した重要な出来事として，本稿で注目する会議は次の2つである．これらの会議は，奇しくも国連主催の環境会議の1年前に開催されている．1つは，1971年11月4-5日に，プリンストン大学において開催された，同大学経済学部と全米経済研究所（National Bureau of Economic Research：NBER）共催の「経済的・社会的パフォーマンスの測定に関する会議（The Conference on the Measurement of Economic and Social Performance)」である（以後MESP会議と略称）．この会議の翌年に，ストックホルムで「国連人間環境会議」が開催された．もう1つは，1991年8月にオーストリアのバーデンで開催された国際所得国富学会の「環境会計に関する特別会議」である．ブラジルのリオデジャネイロで開催された「環境と開発に関する国連会議」，いわゆる地球サミットは，この翌年である．

第2節　マクロ環境会計の草創期

1.　マクロ環境会計の先駆——MEWとNNW

　1972年に「かけがえのない地球（Only One Earth）」というスローガンを掲げて開催された国連人間環境会議は，戦後の高度経済成長によって引き起こさ

れた人間環境と自然環境の激しい破壊に対し，国際社会を挙げて対処しようとした初めての国際会議であった．経済至上主義，GNP第一主義から決別し，新しい価値観に基づく社会の建設を目指して「人間環境宣言」を採択した[1]．日本代表として参加した環境庁初代長官の大石武一は，水俣病やイタイイタイ病，四日市や川崎における喘息など，わが国における公害の悲惨さを紹介するとともに，「誰のための，何のための経済か」を問い直し，経済成長優先から人間尊重へと政策転換することを宣言したのである．

　GNPは，マクロ会計の国際標準体系であるSNAが提供する主要な集計量であり，経済政策の目標とされている．この概念に関しては，1940年代のマクロ会計生成当初から，福祉指標か有効需要指標かを巡って経済学で論争が行われてきた．しかし，高度成長の果実が謳歌できた時期には，経済学上の論争はさておき，有効需要の増大と福祉の増大は相反するものではないと思われていた．わが国では池田内閣が，1960年に国民所得倍増計画を政府の公式計画に掲げ，日本経済は計画を上回る成長率を達成し豊かな社会を実現した．ところが，これと平行するように世界各地で交通事故による死傷者の増加，犯罪の増加，貧富の拡大，過疎と過密の深刻化，公害問題の深刻化，南北問題の深刻化など，経済成長がもたらす負の側面が顕著になり，有効需要の増大は必ずしも福祉の増大，生活の質の向上をもたらさないという意識が高まった．わが国もその例外ではなかった．こうして国の内外において「くたばれGNP」，"Ignore GNP"という声が高まったのである．国連人間環境会議は，このような経済・社会の趨勢に対して地球規模での危機意識をもって開催され，人間環境の保全と改善を訴えた．

　規模は小さいとはいえ，MESP会議は，同様な危機意識からマクロ会計を再検討した最初の組織的試みと思われる．すなわち，福祉，環境という観点からSNAの方法を根本的に再検討し，生活の質と自然環境に与える経済活動の影響を一層包括的に評価できるマクロ会計システムを探求したのである．マクロ環境会計の開発を目指した最初の会議と考えてよいであろう．この会議で討論された経済福祉指標（Measure of Economic Welfare : MEW）は，マクロ環

境会計の具体的システムを提起した先駆的な試みである．MEW は，エール大学教授のノードハウス（Nordhaus, W.）とトービン（Tobin, J.）が，前年の 1970 年に開催された NBER 第 50 回年次大会において，「成長は無用か（Is Growth Obsolete ?）」と題する報告で初めて提起した概念である．MESP 会議では，マクロ会計の視点からこの概念を検討するために，彼らが再び同じ課題で講演を依頼されたのである[2]．

ノードハウスとトービンは，GNP や NNP を生産の尺度と考え，それが経済分析にとって重要な用具であることは否定しない．しかし，経済活動の究極目標は消費にあり，生活の質あるいは福祉は消費水準によって計られるべきであると考えた．この観点から，SNA の項目に次のような 3 つの大きな修正が加えられ，消費水準の尺度としての MEW が作成された．

(1) GNP の支出項目を，最終消費，投資，中間消費に再分類する．
(2) 家計部門と政府部門の資本財からのサービス，および余暇時間と家庭内労働が生みだすサービスを帰属計算して最終消費に加算する．
(3) 都市化がもたらす外部不経済について修正を行う．

MEW を作成する方法として，国民所得と個人消費から出発する 2 つの方法が提起されているが，ここでは表 2-1 によって後者を紹介しよう．まず，家計部門の消費支出から，通勤費や耐久消費財購入，教育と医療費支出が支出時の福祉に直結しない経費や投資として控除され（表 2-1 の 2, 3, そして 4），耐久消費財からの帰属サービスのみが個人消費に加算される(5)．政府の財貨・サービス購入については，司法，警察，国防，一般行政への支出は遺憾な支出（regrettable outlays）や企業活動への中間投入として控除され，教育，医療，保険，運輸等への支出は投資に再分類されて同様に政府最終消費から控除される．その結果，郵便や余暇への補助金支出のみが政府消費支出(9)に計上され，政府の耐久財や軍事施設を除く建造物からの帰属サービスが(10)に計上されている．余暇時間および家事労働が大部分を占める非市場活動についての帰属計算が行われ，その評価額が(6)と(7)で加算される．ノードハウスとトービンは，経済成長がもたらす外部不経済の大部分は都市化によって引き起こされたと考

表 2-1 ノードハウスとトービンによる経済福祉指標（MEW）

	1929	1965
1．個人消費（国民所得・生産物勘定より）	139.6	397.7
2．民間部門の手段的支出	−10.3	−30.9
3．耐久財購入	−16.7	−60.9
4．その他の家計投資支出	−6.5	−30.1
5．個人耐久消費財の帰属サービス	24.9	62.3
6．余暇時間の帰属評価額	339.5	626.9
7．非市場活動の帰属評価額	85.7	295.4
8．都市化による損失	−12.5	−34.6
9．政府消費	0.3	1.2
10．政府部門の資本財帰属サービス	4.8	16.6
11．総消費＝実際 MEW	548.8	1,243.6
12．MEW 純投資	−5.3	−2.5
13．持続可能 MEW	543.5	1,241.1
14．人口（百万人）	121.8	194.6
15．1 人当たり実際 MEW （$）	4,506	6,391
16．指数（1929=100）	100	141.8
17．1 人当たり持続可能 MEW （$）	4,462	6,378
18．指数（1929=100）	100	142.9
19．1 人当たり NNP （$） 　　1929=100	1,545 100	2,897 187.5

出典：Nordhous, W. and J. Tobin, 1972, pp.10-11 より要約
　　　1958 年価格．単位：10 億ドル

える．そこで，都市における汚染，過密，騒音，治安の悪さ等がもたらす不快を，都市生活者が被る社会的費用として控除する(8)．この評価には，都市と農村における賃金格差が用いられている．

　以上の修正を施して得られた消費支出合計額(11)が，国民が実際に享受した財・サービスの消費額であり，福祉水準あるいは生活の質をより適切に表す金額として，実際（actual）MEW と名付けられている．しかし，人口増加がある場合には，少なくとも同一消費水準を維持しようとすれば，人口増加と技術

進歩に見合った一定水準の投資が必要である．この投資額は成長要件（growth requirement）として，当期の消費額から留保されなければならない．実際MEWにこの修正を加えた概念が，持続可能（sustainable）MEWである．彼らによれば，実際MEWあるいは持続可能MEWの1人当たり消費額こそが真の福祉水準の尺度である．その金額が15行と17行に計上されている．

新古典派理論に基づくノードハウスとトービンの次のような結論は，市場経済と技術進歩への信頼，アメリカ経済に対する自信にあふれている．すなわち，

① 経済成長は無用どころか，外部不経済を除去するよりクリーンな技術開発のためにはプラスの成長が不可欠である．
② 成長批判論者は天然資源の枯渇を強調する悲観論者である．資源の有限性はあり得ない．市場が，収穫逓増的でよりクリーンで自然資源代替的な技術進歩を促し，再生産可能資本と教育水準の高い労働力が枯渇性資源を代替する．
③ 人口増加は無限ではなく，事実，アメリカでは増加率が鈍化しており，1人当たりの持続可能MEWは増加傾向にある．ただし，1人当たりNNPの成長率を下回っており，福祉水準の成長は経済成長以下である．

彼らの結論は，一見すると翌年の国連人間環境会議や，同じく72年に公刊されたローマ・クラブの「成長の限界」[3]に真っ向から挑戦するような内容になった．この結果は衝撃的であった．外部不経済を適切に考慮すれば1人当たりのGNPは現状よりも相当程度低くなるはずだ，というのがGNP批判の根拠である．ところが，1929年から65年までの37年間を通して，MEWは一貫してNNPをはるかに上回っている．ノードハウスとトービンにとっては，その成長率がNNP成長率を下回っていることが福祉の低下を示しているとしても，経済指標が示す以上に福祉水準が高いことになった．その原因は，余暇時間と家事労働の帰属計上にある．特に，前者の帰属額だけでNNPを上回っている．MESP会議では，この点に疑問が集中した．また，現在の観点からすれば，都市化による不快のみを環境問題とすることには疑問があろう．

図 2-1 NNW 構成比の推移

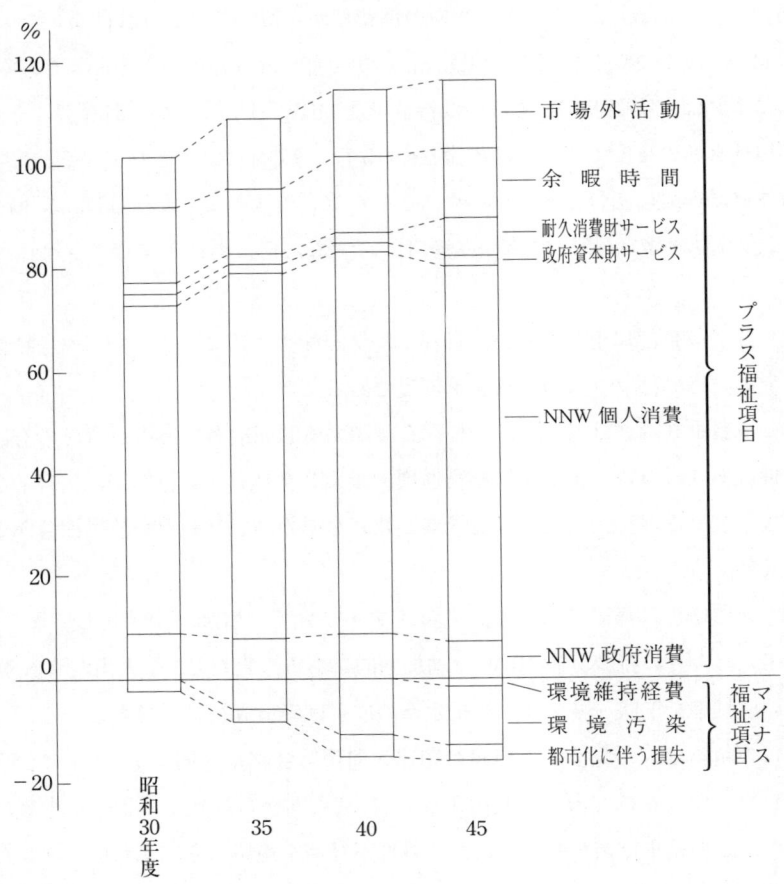

出典：経済審議会 NNW 開発委員会編（1973），p. 17.

　もちろん，ノードハウスとトービンは，この MEW が理論上も推計上も批判される余地があることを承知している．しかし，彼らは，環境悪化さえも GDP を増加させてしまう生産指向のマクロ会計システムではなく，福祉指向のマクロ会計システムが必要であることを経済学者にアピールするために，あえて批判されるリスクを犯したと述べている．また，地域的な公害問題と地球規模での壊滅的な環境問題を区別し，後者の問題にももっと関心を持つべきだ

図2-2 国民1人当たりNNWおよびNDP（投資を除く）の推移

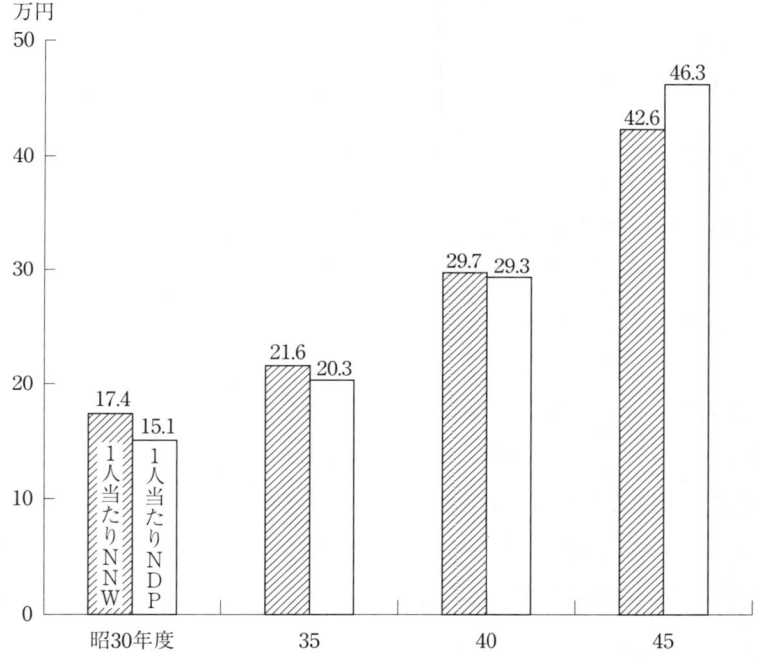

出典：経済審議会NNW開発委員会編（1973），p. 16.

と指摘している．

ノードハウスとトービンが提示したMEWはわが国で高く評価され，71年には直ちにNNW開発委員会が設置され，73年にその成果が公表された[4]．国民純福祉指標（Net National Welfare：NNW）は，MEWと推計範囲や推計方法に若干の違いがあるものの，基本的にその方法を踏襲している．図2-1に示したように，NNWではMEWに比べて余暇時間と家庭内労働に関する帰属評価が著しく少ない．また，わが国における公害問題の深刻さを反映して，環境悪化に関する推計に違いがみられる．その結果，図2-2に示したように，NNWがNDP（国内純生産）を大きく上回ることはなく，70年にはNDPを下

回る結果になっている．

　高度成長がもたらした公害の激化と GNP 批判を契機として開始されたこれら福祉指標の研究は，皮肉にも経済成長の停滞とともに急速に衰退してしまった．73 年の第 4 次中東戦争をきっかけとした石油危機から世界経済がスタグフレーションに見舞われ，環境保護よりも職場の確保，資源節約よりも景気浮揚に関心が移ったのである．ミクロ会計ばかりでなくマクロ会計の分野でも，60 年代後半から 70 年代前半に外部不経済や福祉水準の測定に対する関心が急速に盛り上がり，そして急速に冷めてしまった．この時期を，環境会計の第 1 次ブームといってよいであろう．

　しかし，ブームが去ってもマクロ環境会計の研究がすべて終焉してしまったわけではない．また，MESP 会議では，経済成長によって激化した環境問題とともに，それによって引き起こされた経済構造や生活様式の変化を的確に捉えるために，SNA それ自体の再検討が大きな課題になっていた．これらのテーマはその後も着実に研究が進められ，93 年における SNA の改訂と，90 年代に再び活発になった環境問題への取り組みに継承されている．MEW に直接関連するテーマに関しても，わが国ではその後も，個人の研究者が 90 年までの NNW の推計を試みている[5]．1971 年の MESP 会議は，第 1 次環境会計ブームの頂点をなし，また，MEW はマクロ環境会計形成の最初の試みであった．

2. IARIW 環境会計特別会議

　マクロ環境会計の発展にとって重要な役割を果たした 2 番目の会議は，1991 年 5 月に，オーストリアのバーデンで開催された国際所得国富学会（The International Association for Research in Income and Wealth：IARIW）の「環境会計特別会議」であろう[6]．IARIW は，マクロ会計の普及とその政策への適用促進を目指して 1947 年に設立された伝統ある学会であり，この課題に関する唯一の国際学会である．会員の中心は先進諸国の中央統計局であるため，SNA に関する基礎研究に加えて各国の経験を踏まえた実務的な研究をおこなっている．IARIW 環境会計特別会議は，同学会が環境問題に本格的に取り組

んだ最初の国際会議であり，これによってマクロ環境会計の研究と実践に大きな弾みがついた．

この会議を開催させた原動力として，密接に関連した2つの大きな要因を挙げることができる．68年に国連が勧告したいわゆる68年SNAの改定と，92年に開催された地球サミットである．1975年以来，68年SNAの改定作業が進められてきたが，改定草案が93年に国連統計委員会で採択され，この年いわゆる93年SNAが勧告された（United Nations, 1993a）．これによってマクロ会計は第3世代に入ったのである．国連は，今回の改訂作業をSNAに環境情報を関連づけるまたとない機会と捉えて，世界銀行と共同で環境会計の開発を並行して進めてきた[7]．その成果は「環境・経済統合会計システム草案（Draft Manual on a System for Integrated Environmental and Economic Accounting : SEEA)」としてまとめられた．国連は，地球サミットでSEEAの適用を採択するためにこの草案の検討をIARIWに委ね，IARIW環境会計特別会議が開催されたのである．SEEA草案が国際的な検討に付されたのはこの会議が初めてである[8]．国連はこの会議での検討結果を取り入れて，93年にSNAの改訂版と同時に，その姉妹書としてSEEAのハンドブックを公刊したのである[9]．地球サミットで採択された『アジェンダ21』の第8章「意思決定における環境と開発の統合」は，加盟国すべてがこのSEEAを採用することを勧告している．

IARIW環境会計特別会議は，SEEAの実現に貢献したばかりではない．それは，70年代初め以来停滞していたマクロ環境会計を再び活発にし，いわば環境会計の第2次拡張期へと転換させた重要な会議でもあった．同会議の意義として次の3点を挙げておきたい．1つは，今述べたように，SEEAを93年SNAのサテライト・システムとして展開するという国連の方針を積極的に支持するとともに，草案の改善に貢献したことである．経済会計であるSNAに環境情報をどのように関連づけるかに関しては，2通りの方法が提案されていた．SNAを全面的に再構成する方法と，SNAには大幅な変更を加えずにそれをコア体系と位置づけた上で，コアを補完する独立の体系として環境会計を整

備するサテライト方式である．この会議ではサテライト方式が支持され，その後の方向を決定した[10]．

第2の意義は，この会議で，当時検討されていたマクロ環境会計研究のアプローチがほとんど提出されたことである．環境会計の第1次ブームが沈静化して以来，各国で個別に進められていた研究成果が集約され，アイデアと経験の交換が行われた．いわば，90年代初頭におけるマクロ環境会計の課題と方法の棚卸しが行われたのである．

第3の意義は，環境会計へのアプローチは多様であることを認める一方，それらのアプローチ間には予想以上の共通点があることを確認したことである．マクロ環境会計の研究課題について国際的な共通認識と協力関係が形成された初めての国際会議といえるであろう．

この結果，IARIW環境会計特別会議以降は，SEEAを含めたマクロ環境会計の開発と適用についての関心が国際機関，学会，各国中央統計局それぞれのレベルで急速に高まるとともに，それらの間における横断的な連携体制が急速に整備されていった[11]．いわゆるロンドン・グループの発足は，その大きな成果である．

3. ロンドン・グループの貢献

「環境会計に関するロンドン・グループ」は，欧州委員会統計局（EUROSTAT）のイニシアチブで1993年に組織され，1994年にロンドンで第1回会議を開催したことからこの名が付けられた．このグループは，資源会計を含む環境会計の開発に関する研究交流を促進するために，ヨーロッパ，アメリカ，カナダなどの先進14カ国の中央統計局と，国連，経済開発協力機構（OECD），EUROSTAT等5つの国際機関からの参加者を主要メンバーとする30名で発足した少数の研究者集団である．メンバーは必ずしも固定しておらず，またグループ自体は公的機関ではない．しかし，中央統計局におけるこの分野の専門家が中心であり，政府機関や国際機関が支援していることから，事実上，現在のところマクロ環境会計に関する唯一の国際的な研究者集団であるといって

よいであろう．

　ロンドン・グループは1994年以降，毎年，会議を開催し，マクロ環境会計について広範な検討をおこなっている．これらの会議を通じて，91年のIARIW環境会計特別会議で提起された多数のアプローチが，各国でのパイロット・スタディーを経て更に吟味を加えられるとともに，次節で整理する統合型と課題特化型というシステム形成の2つの方向が明確になってきた．以下で，これまでに6回開催された各会議の主要内容を要約しておこう．第1回会議では，各国におけるマクロ環境会計の開発状況が紹介・検討された[12]．特に，国連のSEEAに加えて，表2-2に整理したEUROSTAT提案のSERIEEが環境保護支出勘定に関する実質的な国際標準体系としての認識を得たこと，フランスの自然遺産会計とオランダのNAMEAが包括的な環境会計システムとして積極的な支持を受けたことは重要である．また，ノルウェーが早くから開発に着手してきた自然資源会計（National Resources Accounting）が，この分野の先駆的業績として注目された．他方，いわゆるグリーンGDPの有用性については評価が分かれた．

　1995年にワシントンで開催された第2回会議では，93年SNAが国民貸借対照表に自然資源を含めるよう勧告していることから，その範囲と評価が大きなテーマになった[13]．すなわち，再生不能資産としての自然資源の概念規定と，鉱物資源の経済価値だけでなく土地，森林，水資源などの環境資産が提供するサービスをどのようにSNAに関連づけ，それらをどう貨幣評価するかが検討された．しかし，これらは問題提起の段階にとどまった．また，資源の枯渇，環境劣化，環境保護の費用をどう測定するかについて検討されたが，結論に至らなかった．更に，マテリアルフロー勘定と廃棄物勘定を，伝統的な投入・産出分析にどう関連づけるか，あるいは国際的な協調関係をどのようにして推進するかが課題になった．

　先の2つの会議では環境会計全般にわたる課題が検討されたが，96年にストックホルムで開催された第3回会議では，3つの課題に絞り込んで討議が行われた[14]．すなわち，森林会計，マテリアルフロー会計，そして汚染コスト

の問題である．森林会計は，北欧諸国やフランスが積極的に取り組んできた分野であり，マテリアルフロー会計は北欧諸国やドイツ，オランダが中心になって開発している．今回の会議では，これらが国際的な課題として注目された．

第4回会議は，カナダのオタワで97年に開催された[15]．この会議では，SEEAの改訂が大きな課題になった．93年に勧告されたSEEAは暫定版であり，各国の経験を踏まえて改訂することが前提であった．この作業がロンドン・グループに託されたのである．さらに，水資源会計が取り上げられたことは今回の会議の特徴である．

98年にフランスのフォンテンヴローで開催された第5回会議では，SEEA，NAMEA，SERIEEに関して進められていたパイロット・スタディーに基づいて，3システム間の概念と評価方法の調和化が課題になった．そして，99年にオーストラリアで開催された第6回会議では，もっぱらSEEAの改訂版作成が検討課題となった．ロンドン・グループは，本会議で討議した改訂SEEAのハンドブック試案を同グループのウエブサイトに公開しコメントを求めている．改訂版は，2001年中期に公刊される予定である．

以上みてきたように，マクロ環境会計の研究は90年代に入ってから再び活発になった．国連，EUROSTAT，OECD，世界銀行ならびに各国の中央統計局が共同してさまざまなシステムの開発と，それらのパイロット・スタディーを積み重ねている．また，これらの国際機関や国内機関は，国際所得国富学会およびそのメンバーが多数を占めるロンドン・グループを支援して，マクロ環境会計の国際標準体系の作成を急いでいる．

第3節　マクロ環境会計の展開

1. 統合型システムと特化型システム

このような活動を通じて現在までに提案されているマクロ環境会計を整理すれば表2-2のようになろう．筆者は，マクロ環境会計を，統合型システムと，個別の限定された目的を持つ課題特化型システムとに分類したい．統合型マクロ環境会計は，環境と経済の相互作用を包括的に捉えようとするシステムであ

表2-2 マクロ環境会計システムの分類

1. マクロ環境会計（Macro Environmental Accounting）
    1.1 統合型マクロ環境会計（General Macro Environmental Accounting）
        ・環境・経済統合会計（United Nations System of Integrated Environmental and Economic Accounting：SEEA）
        ・環境に係わる経済情報収集に関する欧州連合体系（European Union's European System for the Collection of Economic Information on the Environment：SERIEE）
        ・自然遺産会計（French National Patrimony Accounting：NPA）
        ・環境会計を包含する国民会計行列（Netherlands' National Accounting Matrix including Environmental Accounting：NAMEA）
    1.2 特化型マクロ環境会計（Specific Macro Environmental accounting）
        鉱物資源勘定（Mineral Resource Accounts）
        エネルギー勘定（Energy Accounts）
        排出勘定（Emission Accounts）
        廃棄物勘定（Waste Accounts）
        漁業資源勘定（Fish Accounts）
        森林資源勘定（Forests Accounts）
        野生生物勘定（Wildlife Accounts）
        水資源勘定（Water Resources Accounts）
        土地利用・土地被覆勘定（Land Use and Land Cover Accounts）
        マテリアルフロー会計（Material Flow Accounting）
2. メゾ環境会計（Meso Environmental Accounting）

り，現在のところ4つのシステムがこれに該当すると考えられる．さらに，特定地域を会計単位とするメゾ・システムも，マクロ環境会計に含めたい．この分野は現在のところ一番未発達であるが，メゾ・システムについても統合型と課題特化型の両システムを整備する必要があると思われる．すでに地域版SEEAや水資源と森林に関する地域資源会計が試作されており，より地域に密着した環境情報を提供できるシステムとして期待できる[16]．

他方，特化型システムは，経済活動によって引きおこされる特定の自然資源や環境資源の量的・質的変化を測定しようとしており，自然資源会計とも呼ばれている．したがってマクロ環境会計は，マクロ自然資源・環境会計ということもできる．環境会計としてはこの特化型システムのほうが統合型システムよ

りも早くから開発されていた．この分野の先駆はノルウェーとフランスであり，1970年代に物量による自然資源会計に先鞭をつけていた．ここでの自然資源は，枯渇性資源のみならず，森林資源や水資源のような再生や循環利用が可能な資源，さらに野生生物種，自然環境をも含む広い概念として用いられている．ノルウェーの自然資源会計は，物質資源会計と環境資源会計に大別され，物質資源会計に関してはエネルギー勘定，鉱物資源勘定，森林資源勘定，水産資源勘定が作成された．これらの勘定は，各資源の賦存量勘定，採掘・変換・取引勘定，消費勘定というサブ勘定から構成され物量単位で測定されている．環境資源会計としては，土地利用勘定と排出勘定が作成された．これらの中でも，エネルギー勘定と排出勘定は密接に関連づけられ，炭素税が環境と経済に与える影響の予測に利用されている．ノルウェーの試みは，わが国を含めて多くの国に影響を与え，その後の自然資源会計の有力なモデルになっている[17]．フランスは，データ整備の関係から陸水（inland water）に関するシステムの開発からスタートした．ただ，フランスの場合は，早くも80年代前半には自然遺産会計と名づけられた統合型システムが構想されており，陸水勘定はそれを構成する1つの勘定として位置づけられていた．その意味でフランスは，統合型と特化型の両システムの開発におけるパイオニアといえる[18]．

その後，フランス以外でもSEEA，SERIEE，NAMEA[19]等の統合型システムが構想されるにしたがって，特定資源を対象としていた会計システムは，その固有の目的を保持しつつも，前者を作成するために不可欠のモジュールとして新しい役割を果たしつつある．それゆえ，最早，両者は全く独立したものではなくなった．統合型システムにとっては特化型システムがその構成要素あるいはデータ源になり，新しい特化型システムの開発は統合型システムを拡張する可能性をもたらす．他方，特化型システムは統合型システムを介して相互に関連づけられることによって，より整合性のある多様な環境情報を生みだすシステムとして整備されることになる．この点は，統合型システムの構造にはっきりと現れている．

2. 国連の環境・経済統合会計（SEEA）

ここで4つの統合型システムのうち，第10章で取り上げるNAMEA以外の3システムの特徴を示しておこう．図2-3は，目下，改訂作業が進められているSEEAの概念図である．SEEAは，SNAにすでに含まれている環境保護活動に関連する支出を再分類する勘定群に加えて，環境と経済の相互作用に関するさまざまなでデータ源を基礎とした3つの新しい勘定群でSNAを拡張しようとしている．すなわち，SNAの資産概念を水圏や大気圏のエコシステムにまで拡張した資産勘定群，経済と環境間を循環する自然資源や廃棄物を含む物質とエネルギーの物的フローを捉える勘定群，そして，市場価格が存在しない環境資産の量的・質的変化の貨幣評価や環境コストの算出をする勘定群であり，グリーンNDPあるいはエコ国内純生産がその結果の1つとして算出される．このように，SEEAという包括的な環境会計システムを整備した上で，それを基盤にして経済政策や環境政策に必要な各種の指標を作成する方向が取られている．この方法は，他の3システムにも共通している特徴である．

3. フランスの自然遺産会計（NPA）

図2-4が，フランスが提案している自然遺産（資源）勘定と名づけられた壮大な体系である[20]．この体系は，人間が経済的に利用可能な資源ばかりでなく，商業的価値を持たない自然環境や文化的遺産（heritage）までも対象にしようという意図から，自然遺産という用語が用いられている．勘定体系は独立した3つの勘定群が中心となっている．要素勘定（element accounts）は，大気，水資源，土地と土壌，動植物といった物的資源自体の量的・質的変動を，原則としてそれぞれの要素に相応しい単位で記録する．エコゾーン勘定（ecozone accounts）は，ある特定の地域を単位にして，土地利用形態の変化とそれがもたらす生態系の変化を記録する．地域単位は，分析目的に応じて小地域から水系のような広域地が前提にされている．主体勘定（actor accounts）は，経済主体の行動とそれが環境に与える影響を記録する勘定である．これらの勘定群は連結行列（linkage matrices）によって相互に関連づけられるとと

図 2-3　改訂 SEEA の体系と 93 年 SNA との関連

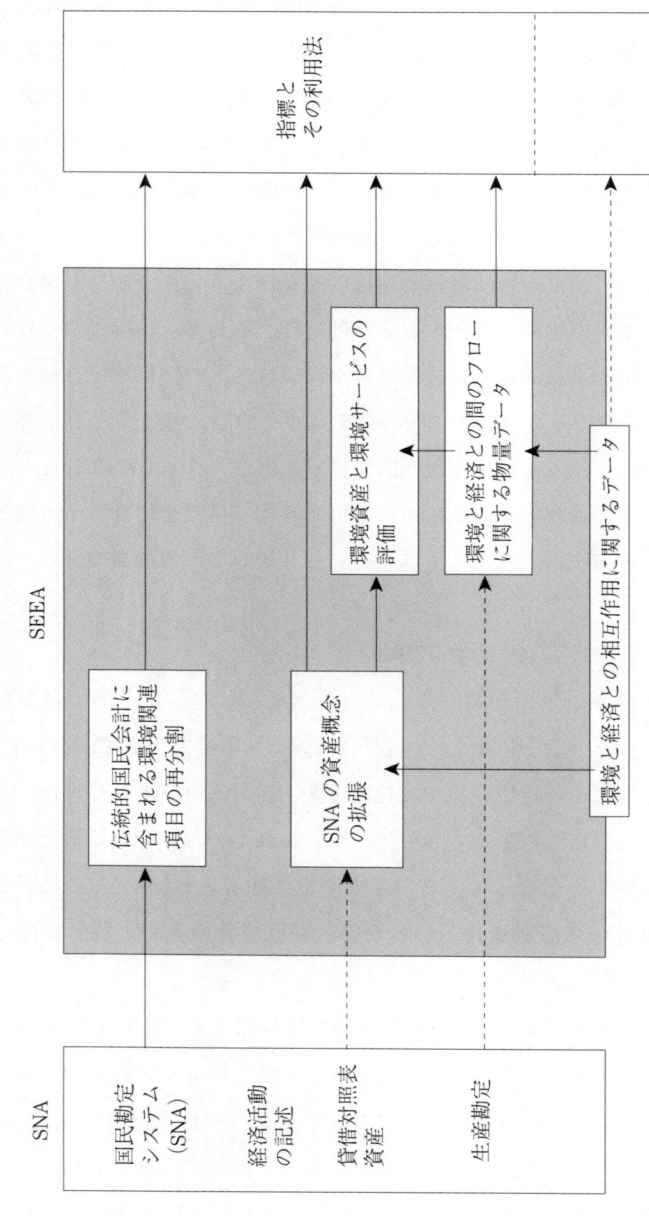

出典：The London Group on Environmental Accounting (2001), p. 21.

第2章 マクロ環境会計の歴史的展開 37

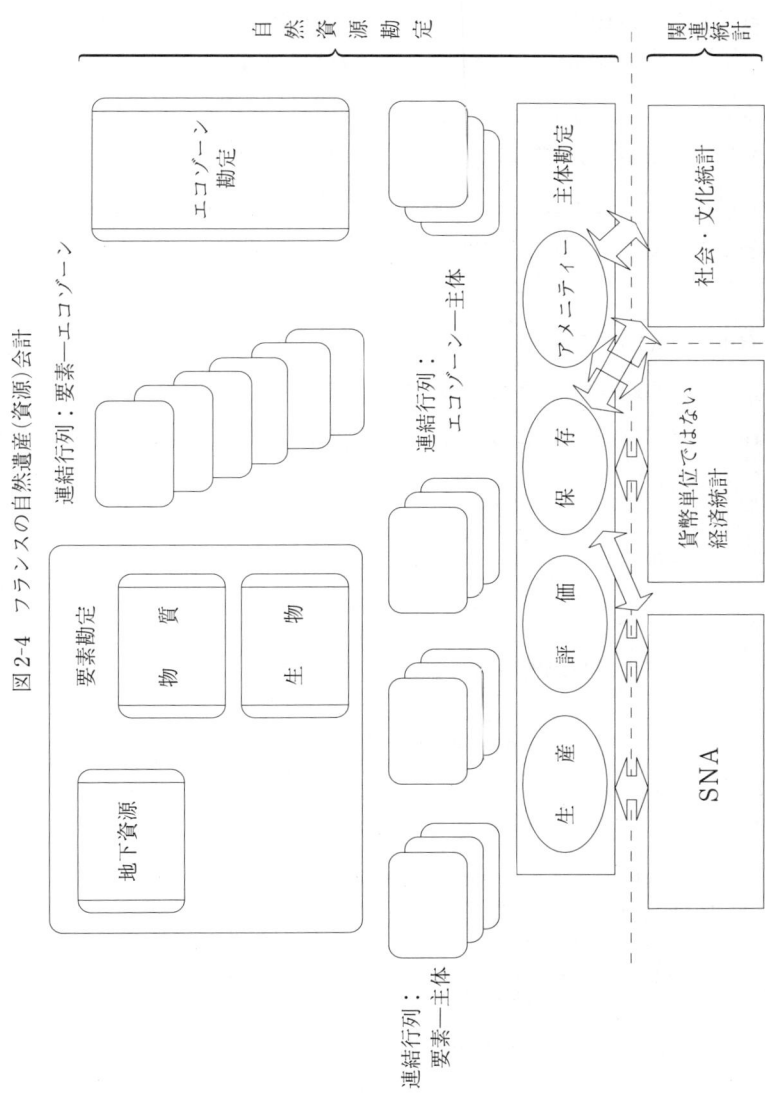

図2-4 フランスの自然遺産(資源)会計

出典:Statistics Canada (1994), p. 301.

もに，主体勘定を媒介にして SNA その他の統計と連結される．

フランスの体系は膨大なデータを必要とするため実現にはかなりの作業が予想される．しかし，1992 年に環境省のもとにフランス環境研究所が設立され，国立統計・経済調査研究所と共同で環境保護支出，陸水，森林および土地利用に関する会計システムの開発が優先的な研究領域に指定された．これらの研究は，自然遺産会計を構成する特化型システムの整備に他ならない．さらに表 2-2 に示したように，現在提案されている多くの特化型システムは，NPA の作成が決して不可能ではないことを期待させる．

4. EUROSTAT の SERIEE

最後に，EUROSTAT が 92 年に初めて構想を明らかにし，94 年に勧告した SERIEE[21] の全体構造を図 2-5 に示した．SERIEE は，「環境保護支出勘定

図 2-5 SERIEE の勘定体系

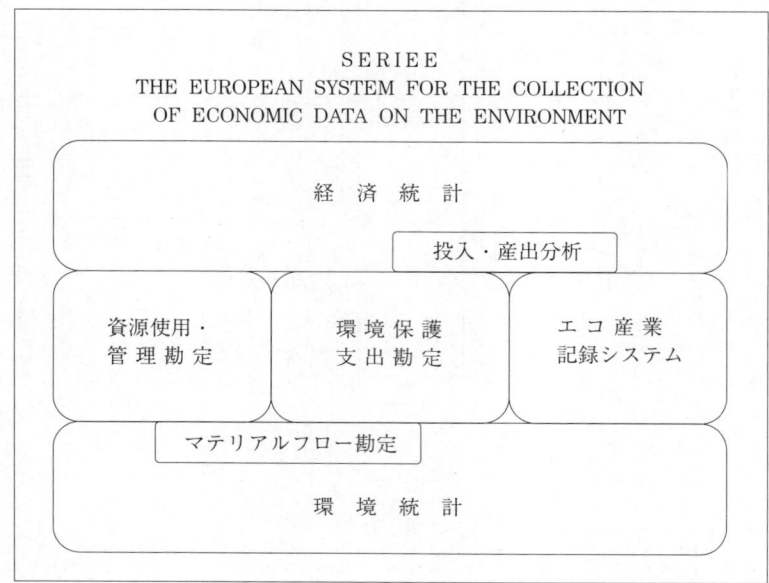

出典：Steurer, Anton (1995), p. 111.

(Environmental Protection Expenditure Account：EPEA)」を中心として，「資源使用・管理勘定（Natural Resource Use and Management Account)」，「エコ産業記録システム（Eco-Industries Recording System)」そして「特徴的活動の投入・産出表（Input-Output Tables for Characteristic Activities)」という4つのモジュール勘定から構成されている．マテリアルフロー勘定はモジュールとして含まれてはいないが，物量データの重要な源泉と位置づけられている．SERIEE は，あらゆる環境費用を測定しようとはしておらず，SEEA のようにグリーン GDP の算定も意図してはいない．それは EU の環境政策を実施するための情報システムとして比較的容易に実現できることを第一義にしており，環境と経済の相互関連を数量化するという一般的な目的に加えて，次のような極めて明確な EU 独自の目的を持っている（EUROSTAT, 1994, p. 24)．

(1) 環境保護に関連する貨幣の流れを分析すること．
(2) 環境保護が EU，EFTA（欧州自由貿易連合）各国の経済に与える影響を分析すること．
(3) 環境指標を作成すること．

目的(1)は，SERIEE を EU の環境政策の基本である汚染者負担の原則を適用するための分析的基礎とすることである．(2)の狙いは2点ある．1つは，支出面で捉えた EU の環境保護活動を国際水準と比較をすることによって，国際貿易や国際競争の面で EU と EFTA 経済がどのような影響を受けるかを分析すること．もう1つは，環境保護活動が EU，EFTA の産業構造にどのような変化をもたらしているか—たとえば，エコ産業などの新しい市場機会の創出—を分析することである．(3)は，貨幣情報と物量情報を連結し環境保護対策の効果と効率性を評価するための指標を開発することである．目下のところ，中心となる EPEA の開発が最も進んでおり，EU と EFTA 加盟国による試行が繰り返されている．

EUROSTAT は，環境会計を含む環境情報の整備を進める基本的な枠組みとして DPSIR モデルを提唱している．これは，人間活動と環境との相互作用を次のような因果連鎖として捉えようとするモデルである．すなわち，人間のど

表2-3　EUROSTATにおけるマクロ環境会計の開発状況

達成あるいは達成間近の分野	今後の展開と試行が必要な分野
大気に関するNAMEA	水資源に関するNAMEA
森林勘定	森林勘定（ESA以外の部分）
環境保護勘定	環境評価とモデル作成
マテリアルフロー勘定	水資源会計
環　境　税	土　地　会　計
地下資源勘定	廃棄物に関するNAMEA
環境産業推計	

出典：EUROSTAT（1999），p. 29.

のような活動が駆動力（Driving Force）となって，資源の枯渇や汚染物質の排出など環境に対して直接，間接にどのような負荷（Pressure）を与えているか．その結果，環境はどのような状態（State）になり，ひるがえってそれが人間活動にどういう影響（Impact）を及ぼすか．その影響を除去し軽減するために，われわれはどのような対応（Response）を実施すべきなのか．DPSIR関係は，以上のような一連の因果連鎖を的確に把握するために必要となる環境情報を識別し整理するための枠組みとして設定されている．

　EUROSTATはこの枠組みに基づいて，99年時点で表2-3に示したようなマクロ環境会計の開発計画を進めている．この計画は，経済と環境の相互作用を，経済活動が自然資源，大気，水資源，土壌そして森林に及ぼす生態学的負荷と，それらの生態学的負荷が経済主体の活動に及ぼす経済的反作用という2つの側面から把握することが不可欠であることをはっきりと表している．特化型システムの開発は，まさにこのような必要性を反映したものである．EUROSTATの開発計画は，特化型システムの開発を促進するとともに，それらを統合型システムのモジュールとして構成しようという試みといえる．

　以上のように，NAMEAを含めて4つの統合型システムは，いずれもSNAをコア体系とするサテライト会計として展開されている．SNAは，すでに50年以上にわたる世界的な研究と経験に支えられている壮大な経済会計システム

である．いずれの統合型システムにとっても，自然環境と経済活動の相互作用を捉えようとする以上，SNA を経済圏に関する代表的な情報基盤として前提することは適切であろう．また，すべてのシステムが貨幣単位のみならず物量単位で作成された環境勘定をモジュールに含めている点でも共通している．SEEA は，国連が当初から世界標準を念頭に置いて開発している．これに対して他のシステムは，フランス，EU，オランダという地域や国ごとの環境政策の優先順位を反映した，いわばローカルな視点からスタートしたが，現在ではそれぞれがグローバル・スタンダードとなりうることを目指して開発が進められている．しかしこのことは，これらが互いに排他的であるということではない．すでに述べたように，それぞれのシステムの開発に関与している研究者や機関は重複しており，多くの国がそれぞれのシステムに関してパイロット・スタディーを実施し，各国の状況に適合できる柔軟性のあるシステム開発に向けて経験の交換をおこなっている[22]．

第4節　日本におけるマクロ環境会計開発の現状

上記のような各国の研究動向を受けて，わが国では，平成6年版の環境白書（環境庁編, 1994）がマクロ環境会計に初めて言及した．同白書は，「環境資源勘定」という見出しで SEEA や自然資源会計を取り上げ，政府機関がこれらの研究を開始したことを明らかにした．中でも，自然資源会計を中心として当時のマクロ環境会計の研究に先鞭を付けたのはアジア経済研究所である．それらの成果は，同研究所の「開発と環境シリーズ」中の，特に藤崎編（1994）と小池・藤崎編（1997）にまとめられている．前者は，本章でいうところの特化型マクロ環境会計あるいは自然資源会計を中心にした，マクロ環境会計に関するわが国における先駆的研究である．また後者は，森林資源会計に焦点を絞った国際研究の成果である．

環境白書が表明したように，わが国では環境庁（現，環境省）国立環境研究所，経済企画庁経済研究所（現，総務省経済社会総合研究所），農林水産省所管の森林総合研究所および農業総合研究所を中心にしてマクロ環境会計の実

施に向けた研究が開始された．経済企画庁経済研究所はSNAに関する主務官庁であるため，マクロ環境会計への取り組みは国連のSEEAの作成に重点を置いている．同研究所は，93年から95年にかけて「SNAサテライト勘定に関する特別研究会」を組織した．この研究会は，60年代にフランスで生みだされたサテライト勘定概念について，その意義，SNA本体との関連，医療と産業廃棄物に関する試算例，研究課題などを内外の研究動向を踏まえて幅広く検討した（経済企画庁，1995a）．これと平行して，91年からフェーズ1として3年計画（92年-94年）で，SNAにSEEAを接合するための基礎研究を開始した．この計画では，SEEAの枠組みに関する理論的検討とともに，維持費用評価法という方法を用いて外部不経済を帰属環境費用として推計し，世界に先駆けてSEEAの第一次試算を試みた（経済企画庁，1995b）．その試算によれば，90年度の帰属環境費用は同年の国内純生産の2.3%に当たる8兆4千億円になり，環境調整済み国内純生産（Eco Domestic Products）いわゆるグリーンNDPが算出された．

　この方法をさらに拡張し改善するために，続く3年間（95年-97年）をフェーズ2として「環境・経済統合勘定の推計に関する研究」を実施した．ここでは推計精度の向上，帰属環境費用を推計する環境項目の拡大，時系列データの整備，物量勘定の作成を課題とし，SEEAの第二次試算がおこなわれた（経済企画庁，1998c，d）．しかし再推計の結果，90年度の帰属環境費用が4兆2千億円と第一次試算の半分になるなど，SEEAの推計は依然として参考の段階にとどまり，政策立案の基礎データとして使用するには無理があることを指摘している．

　経済企画庁は，さらに98-2000年の3ケ年計画でSEEAの第三次検討をおこなった．今回は，環境保護活動や環境保護資産に係わる支出を捉える環境保護支出勘定と廃棄物勘定の整備に焦点が当てられた．そこで，この勘定を中心に体系が組み立てられているSERIEEについての理論的検討と，その試算をおこなった（経済企画庁，1999，2000a，2000b）．経済企画庁（1999, p. 4）は，SERIEEが提案している環境保護支出勘定を作成する意義を次のように述べて

いる．「これまでの研究では，SEEA のバージョンⅡとして SNA の中から環境関連の計数（環境関連の財貨・サービス，環境保護資産等）を取り出し，統合勘定表に記載している．しかし，現状のままでは，これらの計数の持つ意味を分かりやすく一般に伝えることが難しく，また，これらの計数の細分化（環境分野毎など）を行おうとすれば，必然的に何らかの付表が必要となる．」この点を補充するシステムとして，すでに海外で一定の推計と国際比較が進められている SERIEE の環境保護支出勘定を最も適切なシステムとして選択した．その狙いを次のように述べている．「環境保護支出勘定自体は，SEEA の付表というよりは独立したサテライト勘定であるが，その基礎データは，当然ながら既存の SEEA バージョンⅡの研究成果と共通するものである．したがって，今後の研究では，これまでの SEEA 研究との関連性を保ちながら環境保護支出勘定体系の研究を行い，共通のデータベースに基づき環境保護支出勘定の試算をおこなって，環境関連計数をわかりやすく勘定表示するとともに併せて SEEA バージョンⅡの推計精度の向上を図ることとする（経済企画庁，1999, p. 4）．」同時に，今回の推計はまだ試算段階であり，あくまで参考程度の結果であることを認めている．さらに，環境保護支出の概念自体にも問題があることを指摘している．「これはあくまで貨幣単位での評価であり，対 GDP 比が大きいことが必ずしも十分な環境対策が行われていることを意味する訳ではない．むしろ，それだけ大きな環境対策費用を必要とする経済社会構造であることを表す，あるいは，環境対策の単位費用が高いことを表しているかもしれない．環境対策の費用効果分析のためには，併せて環境に関する物量データを整備することが必要となる（経済企画庁，2000b. p. 36）．」もちろん，SERIEE でもこの点は十分認識されており，目下の検討課題に設定されている．

環境庁は，経済企画庁や農林水産省森林総合研究所と共同で，94 年-97 年に「環境勘定検討会」を設置し，環境基本計画に係わる環境指標の開発を中心とした調査をおこなっている．それらの指標開発に当たっては，先ず環境情報を環境勘定という会計学的枠組みの中で取り扱った上で，この情報を必要に

応じて指標化する方法が適切であるとの観点からマクロ環境会計にアプローチした．その成果が（環境庁，1998）である．同庁は，「環境情報が持つ単位系を原則尊重する物量ベースの環境勘定を作成する（環境庁，1998, p. 1)」ことを目指し，オランダのNAMEAをベースとしてDPSIRモデルに沿った指標の開発を試みている．

環境庁国立環境研究所は，ドイツのブッパタール研究所（Wuppertal Institute）などとマテリアルフロー会計に関する共同研究をおこなっている．この研究は，自然資源と汚染物質に関するフロー／ストック勘定を物量ベースで作成するための重要な試みである．この共同研究の成果が（Adriaanse, A., S. Bringezu et. al., 1997）である．また，この共同研究の日本側の参加者による研究成果が環境庁（1998）に掲載されている．

農林水産省森林総合研究所は，ノルウェー，フィンランド，フランスなどが先鞭をつけた自然資源会計や自然遺産会計をモデルにして，SNAとのリンクを指向した森林資源会計の開発を試みている．本書第9章に執筆している同研究所の古井戸宏通は，森林資源会計に関するわが国の代表的な研究者である．日本の国土はその67％が森林に覆われており，森林国といわれる北欧をしのいでいる．現在のところこの試みは概念調査の段階にとどまっているが，森林資源を健康に維持管理するためにも，水と森と土地に関する自然資源・環境会計の開発は，地球環境保全にとって重要な研究課題である．

水資源の会計に関しては，わが国でも特徴ある研究がおこなわれている．水系全体での水資源管理，あるいは，流域一貫の思想に基づく水資源の総合的管理のための水資源会計の研究である．通常，水を資源として利用するためには，ダムや用排水路といった大規模な人工施設を建設することが必要になる．つまり，水系全体でこれらの施設を適切に資本維持できる機構があって初めて，安定した水の需給システムが維持できるのである．こうした水系を会計単位とする水資源会計への会計的アプローチは，合﨑（1983），河野（1983），原田（1983）らの研究に遡る．続いて小口（1991, 94, 96a, b）は，水道事業の民営化を含む海外における水資源の開発と維持管理体制や水の経済学の動向など

を検討した．そして，水系の水資源と水利資産を総合的に維持管理する新しい組織体と会計主体を想定したメゾ・システムとしての水資源会計と，それをさらに環境問題に拡張する構想を展開した．このような水資源会計の研究は農学の分野でも始められ，西頭（1993, 95）と西頭・松岡（1997）は，湖沼のような自然資産も含めた農業水利資産の経済的価値の評価とそれらの維持管理のための会計システムの開発をおこなっている．これらの研究は，フランスやEUROSTATの研究とは独立に進められてきたが，SEEAのようなサテライト会計の1つの可能性として評価されており（倉林，1995），今後の研究が期待される．

第5節　環境と会計

以上，マクロ環境会計の歴史を大まかに振り返ってきた．90年代以降に展開されているマクロ環境会計は，NNWやMEWを環境関連項目だけに限定したシステムであるといえる面もあろう．しかし，サテライト方式の導入，さまざまな統合型システムと特化型システムの開発とそれらの連結，貨幣勘定と物量勘定の開発と関連づけ，多様な評価方法の開発と試行など，研究領域の広さと深化の度合いは70年代初頭における第1次環境会計ブームを凌駕している．さらに，開発と政策への適用に向けた国際機関や国内機関の最近における取り組みも，極めて積極的であると思われる．それだけ地球環境問題が深刻になったということであろう．

しかし，世界的にみてもマクロ会計自体の研究者がそれほど多くないこともあり，マクロ環境会計の研究者も決して多くはないのが実状である．わが国は，企業会計と社会会計をともに会計領域に含めるという立場から，会計学者がミクロ環境会計とマクロ環境会計の両分野の研究に取り組んできた数少ない例である．この視点からの研究は，黒澤（1972a, b）が環境会計そして生態会計という概念を提唱したことに始まる．その後，この伝統は合崎（1983）そして河野（1998）へと継承され，環境会計に関する特徴ある研究者集団の形成へと発展していった．本書も，その成果の1つである．

現在の地球環境問題は企業のみに係わる問題ではなく，人類の存在そのものに係わる問題であり，ミクロとマクロの両面からの研究がますます重要になっている．マクロ環境会計では，そのミクロ的基礎をどうするか，ミクロとマクロの連携をどのように形成するかが課題になりつつある．たとえば，欧州委員会は，マクロ環境会計の立場から，ミクロ環境会計とのリンクの必要性と方法論上の問題を論じている (Study for the European Commission Directorate Deneral XII (1997, Part IV.) 経済学でも，マクロ分野の環境経済学と，ミクロ分野あるいは企業レベルの「環境マネジメント」もしくは「企業と環境」とを統合することが重要であるにも係わらず，これらの分野の研究が手薄であるばかりでなく，両分野の研究者がお互いの研究に無関心であることが大きな弊害を招いていると指摘されている (Van den Bergh, Jeroen. J. M. (ed.) 1999, p. 24.)

このような状況に対して会計学がどう取り組むか．会計学固有の方法論を再検討する一方で，これらの新しい問題に対応するために，既成の枠組みに捉われることなく，新しい会計像，新しい会計学方法論を開拓する研究が必要であろう．20世紀の会計学は，企業実体や国民経済に関する会計理論を確立することによって時代の要請に応えてきた．文字どおり，企業会計そしてマクロ「経済」会計の整備によって社会秩序の形成に大きく貢献したといえるだろう．これに加えて，環境会計に関する理論と制度の充実を図ることが，21世紀における会計学の大きな使命であると思う．

1) 環境科学研究所編著 (1973) が，この会議の宣言である．
2) この会議の成果は，Moss, Milton (ed.) (1973) にまとめられている．
3) 大来佐武郎監訳 (1972)．
4) 経済審議会NNW開発委員会編 (1973)．
5) Uno, Kimio (1995), Chapter 11. MEW の大きな構成要素になった家庭内無償労働については，最近，経済企画庁が推計を試みた．経済企画庁経済研究所 (1997a, b, 1998a, b)．
6) この会議の成果をまとめたものが，次の文献である．Franz, Alfred and Carsten Stahmer (eds.) (1993)．
7) 1983年から1988までに行われた両機関によるシンポジウムの成果は以下の文

献にまとめられている．この段階では，マクロ環境会計の概念的な検討が中心である．Ahmad Y. J., S. El-Serafy and E. Lutz(1989).
8) Uno, Kimio and P. Bartelmus(eds.)(1998), p. 409.
9) United Nations(1993b).
10) もちろん，SEEA の概念開発をリードしてきたのは国連と世界銀行である．さらに両機関は，注7にあげたシンポジウム以降，開発途上国と先進国について SEEA の適用例を積み重ねたシンポジウムを開催し，その成果を Ernst Lutz(ed.)(1993)として公刊している．後者のシンポジウムは，IARIW 環境会計特別会議の結果を継承していることから，同会議が，国連と世銀による2つの環境会計に関するシンポジウムを連結する役割を果たしたと考えられる．
11) IARIW 自身は，91年の第1回会議のフォローアップとして，わが国の経済企画庁経済研究所と国連大学との共催で，1996年に東京で第2回環境会計特別会議を開催した．各国における SEEA の実施結果に基づいて，理論と実際の両面からそれを再評価することが主要目的であったが，それにとどまらず極めて広範な課題が検討された．この会議では，SNA をマクロ環境会計の基礎システムとすることの確認，自然資源の評価については純価格法（net-pricing）が，環境悪化の評価には維持費用法（maintenance costing）が適切であること，そして，環境会計の利用に関してはさらに組織的検討が必要である点に関して合意が形成される一方，貨幣勘定と物量勘定をさらに密接に関連づけることが今後の大きな課題として指摘された．91年の第1回環境会議特別会議に比較し，この第2回会議では，本章の第3節で述べる統合型と特化型のシステムに関して各国の実施例に基づいた研究が報告されており，それぞれのシステムがより具体的な形で提起されている．その意味で，この会議の成果である Uno, Kimio and P. Bartelmus(eds.)(1998)は，マクロ環境会計の現状を俯瞰する優れた文献である．
12) ロンドン・グループの第1回会議の成果は次の出版物にまとめられている．Statistics Canada(1994).
13) 第2回会議の成果は次にまとめられている．U. S. Bureau of Economic Analysis (1995).
14) Statistics Sweden(1996).
15) Statistics Canada(1997).
16) 青木卓志他(1997)，山本他(1998)および東京都(1999).
17) ノルウェーにおける自然資源会計の開発については以下が基本的な文献である．Garnåsjordet P. A., and H. V. Saebø(1986). Alfsen, Knut H., T. Bye and L. Lorentsen(1987). EUROSTAT(1996).
18) Cornière, P.,(1986). パース等は，ノルウェーの自然資源会計とフランスの水資源会計および自然遺産会計を検討している．そして，これらの会計システムを便益・費用の観点から判断すると，イギリスが直ちに作成に着手すべきであるとは思わないと評価している（Pearce et. al., 1989, p. 117).
19) NAMEA の開発経緯と関連文献については本書第10章を参照されたい．
20) Weber, Jan Louise(1983)が，自然遺産会計の構想を提起した初期の文献であ

る.また,Statistics Canada(1994) が,このシステム全体についての新しい解説を含んでいる.
21) SERIEE は,フランス語 Système Européen de Rassemblement de l'Information Économique sur l'Environnement の省略形である.
22) たとえばイタリア中央統計局は,SERIEE, SEEA, NPA の3システムを統合する研究に高い優先順位を与えている.Musu, Ignazio and D. Siniscalco(1996).

参 考 文 献

合崎堅二(1983),「生態会計の構図」『会計』,第124巻第5号,日本会計研究学会.
青木卓志・桂木健次・増田信彦(1997),「地域における環境・経済統合勘定―富山県の場合―」『研究年報』富山大学日本海研究所,第22巻.
大来佐武郎監訳(1972),ローマ・クラブ「人類の危機」レポート『成長の限界』,ダイヤモンド社.
河野正男(1983),「水資源問題と地域社会会計」『会計』,第124巻第5号,日本会計研究学会.
河野正男(1998),『生態会計論』森山書店.
環境科学研究所編著(1973),『人間環境宣言』日本総合出版機構.
環境庁編(1994),『平成6年版 環境白書』大蔵省印刷局.
環境庁(1998),『環境資源勘定策定に関する基礎調査報告書』.
黒澤清(1972a),「生態会計学の発想」『産業経理』Vol. 32, No. 1.
黒澤清(1972b),「環境会計学の課題」『産業経理』Vol. 32, No. 10.
経済企画庁(1995a),「SNA サテライト勘定に関する特別研究会報告」.
経済企画庁(1995b),『国民経済計算体系に環境・経済統合勘定を付加するための研究』.(財)日本総合研究所委託調査報告書.
経済企画庁(1997a),「無償労働の貨幣評価について」.
経済企画庁(1997b),『季刊 国民経済計算』No. 113.
経済企画庁(1998a),「1996年の無償労働の貨幣評価」『季刊 国民経済計算』No. 116.
経済企画庁(1998b),「1996年の無償労働の貨幣評価の一部改訂について」『季刊 国民経済計算』No.117.
経済企画庁(1998c),「環境・経済統合勘定の試算の概要」『季刊 国民経済計算』No. 117.
経済企画庁(1998d),『環境・経済統合勘定の推計に関する研究』.(財)日本総合研究所委託調査報告書.
経済企画庁(1999),『環境・経済統合勘定の確立に関する研究』.(財)日本総合研究所委託調査報告書.
経済企画庁(2000a),『環境・経済統合勘定の確立に関する研究』.(財)日本総合研究所委託調査報告書.
経済企画庁(2000b),「環境保護支出勘定の第二次試算及び廃棄物勘定の試算について」『季刊 国民経済計算』No. 124.
経済審議会 NNW 開発委員会編(1973),『新しい福祉指標 NNW』,大蔵省印刷局.
小池浩一郎・藤崎成昭編(1997),『森林資源勘定―北欧の経験・アジアの試み』アジ

ア経済研究所.
小口好昭 (1991),「メソ会計としての水の会計学」『会計』, 第139巻第5号, 日本会計研究学会.
小口好昭 (1994),「水資源開発の会計学的・経済学的分析」『環境の変化と会計情報』, 中央大学経済研究所研究叢書 28.
小口好昭 (1996a),「流域の総合管理と水道事業民営化の帰趨:水資源会計の主体論を中心に」『水利科学』No. 231 (第40巻第4号), pp. 26-50, 水利科学研究所.
小口好昭 (1996b),「社会的共通資本の会計学」『会計』第150巻第3号, 日本会計研究学会.
西頭徳三 (1993),「水資源管理の現代的評価―水利施設の資産性の認識」西村博行監修『地域資源と組織の現代的評価』明文書房.
西頭徳三 (1995),「湖沼の水資源会計的意義」久守藤男教授退官記念出版会編『地域農林業の課題と方向』創成社.
西頭徳三, 松岡淳 (1997),「資源・環境問題と生活者による経済学―試論:空間経済学の提起」中川・村尾・西頭編著『現代社会と資源・環境政策―担い手と政策の構築に向けて』農林統計協会.
原田富士雄 (1983),「水の社会会計―職能論的アプローチ試論」『会計』, 第124巻第5号, 日本会計研究学会.
藤崎成昭編 (1994),『環境資源勘定と発展途上国』アジア経済研究所.
東京都職員研修所調査研修室都市環境ライン (1999):『平成10年度東京都環境・経済統合勘定の試算に関する調査研究報告書―環境・経済統合勘定 GDP に関する調査研究』.
山本充・林岳・出村克彦 (1998),「北海道における環境・経済統合勘定の推計―北海道のグリーンGDPの試算」,『商学討究』小樽商科大学, 49(2・3), pp.93-122.
Alfsen, Knut H., T. Bye and L. Lorentsen(1987), *Natural Resources Accounting and Analysis : The Norwegian Experience 1978-1986*, Central Bureau of Statistics, Oslo.
Adriaanse, A., S. Bringezu et. al.(1997), *Resource Flows : The Material Basis of Industrial Economies*, World Resources Institute.
Ahmad Y. J., S. El-Serafy and E. Lutz(1989), *Environmental Accounting for Sustainable Development*, The World Bank.
Cornière, P.,(1986), Natural Resource Accounts in France, An Example : Inland Waters, *Information and Natural Resources*, OECD, Paris.
Ernst Lutz(ed.)(1993), *Toward Improved Accounting for the Environment*, The World Bank.
EUROSTAT(1994), *European System for the Collection of Economic Information on the Environment*.
EUROSTAT(1996), *Nordic Natural Resource and Environmental Accounting : Physical accounts for forest resources, marine resources, nutrients and environmental protection expenditures and experiences in Finland, Norway and Sweden of linking physical and monetary accounting and*

economic valuation studies.
EUROSTAT (1999), *Environmental Accounts 1999 : Present state and future developments.*
Franz, Alfred and Carsten Stahmer (eds.)(1993), *Approaches to Environmental Accounting*, Proceedings of the IARIW Conference on Environmental Accounting, Baden, Austria, 27-29 May 1991, Physica-Verlag.
Garnåsjordet P. A., and H. V. Saebø (1986), A System of Natural Resource Accounts in Norway, *Information and Natural Resources*, OECD, Paris.
Keuning Steven J., and Mark de Haan (1998), Netherlands : What's in a NAMEA ? Recent results, Uno, Kimio and P. Bartelmus (eds.)(1998), pp. 143-156.
London Group on Environmental Accounting (2001), *SEEA 2000 Revision—Public Review*, Drafts of 1 May 2000.
Moss, Milton (ed.), 1973, *The Measurement of Economic and Social Performance*, NBER.
Musu, Ignazio and D. Siniscalco (1996), *National Accounts and the Environment*, Kluwer Academic Press.
Nordhaus, W. and J. Tobin (1972), "Is Growth Obsolete ?", NBER (ed.), *Economic Growth*, Fiftieth Anniversary Colloquium V, NBER.
Pearce, D., A. Markandya, E. B. Barbier (1989), Blueprint for Green Economy, Earthscan Pub., Ltd., U.K. 和田憲昌訳 (1994)『新しい環境経済学―持続可能な発展の理論』ダイヤモンド社.
Statistics Canada (1994), *National Accounts and the Environment, Papers and Proceedings from a Conference*, London, England, 16-18 March 1994.
Statistics Canada (1997), *National Accounts and the Environment, Papers and Proceedings from a Conference*, Ottawa, Canada, 17-20 June 1997.
Statistics Sweden (1996), *Third Meeting of the London Group on National Resource and Environmental Accounting*, Proceedings Volume, Stockholm, Sweden, 28-31 May 1996.
Steurer, Anton (1995), The Environmental Protection Expenditure Accounts of EUROSTAT's SERIEE, in U. S. Bureau of Economic Analysis (1995), pp.109-124.
Study for the European Commission Directorate Deneral XII (1997), *Methodological Problems in the Calculation of Environmentally Adjusted National Income Figures*, Two Vols.
United Nations (1993a), *System of National Accounts*. 経済企画庁経済研究所国民所得部訳 (1996)『1993年改訂 国民経済計算の体系』, 経済企画協会.
United Nations (1993b), *Handbook of National Accounting : Integrated Environmental and Economic Accounting : Interim version*. 経済企画庁経済研究所国民所得部訳 (1996)『国民経済計算ハンドブック:環境・経済統合勘定』, 経済企画協会.
Uno, Kimio (1995), *Environmental Options : Accounting for Sustainability*, Kluwer Academic Publishers.

Uno, Kimio and P. Bartelmus(eds.) (1998), *Environmental Accounting in Theory and Practice*, Kluwer Academic Publishers.

U. S. Bureau of Economic Analysis(1995), *Second Meeting of the London Group on National Resource and Environmental Accounting*, Conference Papers, Washington, D.C. 15-17 March 1995.

Van den Bergh, Jeroen C. J. M.(ed.)(1999), *Handbook of Environmental and Resource Economics*, Edward Elgar.

Weber, Jan Louise(1983), The French natural patrimony accounts, *Statistical Journal of the United Nations Economic Commission for Europe*, Vol. 1, No. 4, pp. 419-444.

第 3 章

日本企業の外部環境会計の現状と展開の方向性

はじめに

　地球環境問題が世界各国で大きな社会問題となるとともに，企業レベルでもこれを反映した持続可能性の条件を探る動きが見られるようになってきたが，利害関係者との環境コミュニケーションを促進する環境報告書はそのための有力なツールとして位置付けられている．環境報告書は，1990年前後から環境保全対策の先進的企業によって公表され始めたが，日本でも他の先進諸国と同様に，90年代後半から公表企業数が加速度的に増加し，2001年時点では上場企業の一割以上が環境報告書を公表しているといわれている[1]．また，こうした動きを推し進める大きな力となっている環境報告書作成のためのガイドラインが，政府機関，国際機関，シンクタンク，非営利団体などから公表されているが，そこに含まれる情報は，環境保全策や環境負荷に関するものだけでなく，環境コスト，環境効率，持続可能性といったさまざまな側面を含むようになってきている．こうした状況のなかで，環境コストについては，環境庁が，1999年に『環境保全コストの把握及び公表に関するガイドライン──環境会計の確立に向けて──』（中間取りまとめ）（以下「ガイドライン1999年報告」と略称）を[2]，2000年に『環境会計システムの確立に向けて（2000年報告）』

(以下「ガイドライン 2000 年報告」と略称)を公表し[3]，日本企業の環境報告書における環境コストや環境会計に関する情報の開示は急速に進展した．本稿では，こうした日本企業の環境報告書における環境保全コストおよび環境会計の開示状況を分析しながら，今後の展開のための方向性と課題を明らかにしていく．

第1節　環境報告書における環境保全コストの開示調査

1. 調査対象・調査方法

本調査では[4]，東証・大証・名証1部上場企業1,433社に対して，環境報告書の送付依頼書を2000年3月に発送し，同年6月末日までに回答のあった218社の報告書を調査対象とした．ただし，以下の情報を掲載しかつ企業外部に公表しているものを環境報告書と定義したことから，対象となる環境報告書

a．環境方針（理念，基本姿勢，宣言など）

表3-1　環境保全コストデータ集計結果

回答企業数	環境報告書公表企業数	環境コスト開示企業数	環境コスト分類	効果情報	
218社	環境報告書 194社　冊子 180社　HP 14社	開示企業 99社	費用+投資 52社	㋐+㋑	10社
				㋐	2社
				㋑	12社
				なし	10社
			費用 11社	㋐+㋑	2社
				㋐	0社
				㋑	2社
				なし	7社
			投資 36社	なし	36社
		非開示企業 95社			
	グループ内 4社 その他報告書 20社				

注1：環境報告書送付依頼状対象企業：東証・大証・名証1部上場企業1,433社
注2：効果情報項目の記号：㋐－環境保全効果，㋑－経済的効果

b．環境目標・目的，取り組みに関する定性的・定量的情報

公表企業数は194社（冊子180社，ホームページ14社）となった．なお，企業グループの環境報告書が2冊あり，そこに含まれる4社は分析対象企業数から除いてある．

調査結果の概要は表3-1で示されるが，主に，環境保全コスト（環境投資および環境費用）の開示[5]，同コストと他の開示情報との関係，同コスト投入による環境保全効果および経済的効果の開示，準拠した環境会計ガイドライン・報告書ガイドラインといった点について調査を行った．

2. 環境保全コストの開示状況

194社の環境報告書のうち，当該企業の全社またはその環境負荷にかかわる主要部分を対象として，環境費用，環境投資額のいずれかもしくは両方を開示しているものは99社である．環境庁「環境にやさしい企業行動調査」平成12年度版では，調査に回答した上場企業1,170社のうち17.3％の企業が環境会計を既に導入し，34.2％の企業が導入予定であることから[6]，環境報告書の増加に伴って環境保全コスト情報の開示も進んでいくことが予想される．

表3-2の環境保全コスト開示企業一覧からもわかるように，業種別では電気機器（20社），化学（19社），輸送用機械（11社），鉄鋼（6社），食料品（6社），機械（5社），電気・ガス業（5社）といった相対的により多くの環境保全コストを必要としてきた業種や，リサイクル，PRTR（Pollutant Release and Transfer Register）などに関する法制度の進展，消費者の環境意識の高まりなどの影響によって，将来，環境保全コストの大幅な増加が見込まれる業種の企業が多く含まれている．また，ほとんどの企業は，当該企業だけを環境保全コストの対象としているのに対し，いわゆる連結会計の範囲とは異なるものの，6社がグループ企業も対象に加えている．

開示されている環境保全コストの種類は，総額のみを記載したものから，かなり詳細なものまで，開示レベルに大きな差がある．把握・開示方法については，30社が「ガイドライン1999年報告」に，5社が「ガイドライン2000年

表 3-2　環境保全コスト開示企業一覧

	会　社　名	業　種	会計GL	分　類	ISO取得	報告書GL	意見書
1	㈱イトーヨーカ堂	小売業		A			*
2	㈱岡村製作所	その他製品	G	A	*	S	
3	キリンビール㈱	食料品	G	A	*	S	*
4	昭和電線電纜㈱	非鉄金属	G2	A	*		
5	㈱東芝	電気機器	G2	A	*		
6	日興證券㈱	証券・商品先物取引	G2	A		S	*
7	㈱ノーリツ	金属製品		A	*		
8	㈱ファミリーマート	小売業	G2	A			
9	松下電工㈱	電気機器	G	A	*		
10	㈱リコー	機械	G	A	*		
11	宝酒造㈱	食料品	G	B	*		
12	アイシン精機㈱	輸送用機器	G	C	*		
13	愛知製鋼㈱	鉄鋼		C	*		
14	NEC	電気機器		C	*		
15	王子製紙㈱	パルプ・紙	G	C	*		
16	九州松下電器㈱	電気機器		C	*		
17	㈱クボタ	機械	G	C	*		
18	TDK㈱	電気機器	G	C	*		
19	東レ㈱	繊維製品	G2	C	*	R	
20	凸版印刷㈱	その他製品	G	C	*		
21	ブラザー工業㈱	機械	G	C	*		
22	松下精工㈱	電気機器		C	*		
23	松下通信工業㈱	電気機器		C	*		
24	松下電器産業㈱	電気機器		C	*		
25	森永乳業㈱	食料品	G	C	*		
26	横河電機㈱	電機器	G	C	*		
27	アサヒビール㈱	食料品		D	*		
28	荏原	機械	G	D	*		
29	大阪ガス㈱	電気・ガス業	G	D	*		
30	キャノン㈱	電気機器		D	*		
31	キャノン販売㈱	卸売業		D	*		
32	協和発酵工業㈱	医薬品		D	*	R	
33	コスモ石油㈱	石油・石炭製品		D	*		
34	サッポロビール㈱	食料品	G	D	*		
35	三洋電機㈱	電気機器		D	*		
36	JT	食料品		D	*		
37	㈱資生堂	化学	G	D	*		
38	住友商事㈱	卸売業	G	D	*		
39	㈱西友	小売業	G	D	*		
40	大日本インキ化学工業㈱	化学		D	*	R	
41	田辺製薬㈱	医薬品		D	*		
42	中国電力㈱	電気・ガス業		D			
43	中部電力㈱	電気・ガス業		D	*		
44	帝人㈱	繊維製品		D	*	R	*
45	㈱デンソー	輸送用機器	G	D	*		
46	東京ガス㈱	電気・ガス業		D	*		
47	東京電力㈱	電気・ガス業		D			
48	TOTO	ガラス・土石製品	G	D	*		
49	トヨタ自動車㈱	輸送用機器		D	*		*
50	㈱豊田自動織機製作所	輸送用機器	G	D	*		
51	トヨタ車体㈱	輸送用機器		D	*		
52	日立マクセル㈱	電気機器		D	*		
53	㈱フジクラ	非鉄金属	G	D	*		
54	本田技研工業㈱	輸送用機器	G	D	*		
55	三井物産㈱	卸売業	G	D	*		
56	三菱化学㈱	化学		D	*	R	

第3章　日本企業の外部環境会計の現状と展開の方向性　57

57	㈱大林組	建設業	G	E	*		*
58	富士通㈱	電気機器	G	E	*		
59	アイカ工業㈱	化学		F	*		
60	中京コカ・コーラボトリング㈱	食料品	G	F	*		
61	いすゞ自動車㈱	輸送用機器		H	*		
62	㈱INAX	ガラス・土石製品		H	*		*
63	ソニー㈱	電気機器		H	*		
64	大成建設㈱	建設業		H	*		*
65	ダイハツ工業㈱	輸送用機器		H			
66	日産自動車㈱	輸送用機器	G	H	*	S	
67	三菱自動車工業㈱	輸送用機器	G	H	*		
68	旭化成工業㈱	化学		I	*	R	
69	旭電化工業㈱	化学		I	*	R	
70	NKK	鉄鋼		I	*		
71	花王㈱	化学		I	*	R	
72	川崎重工業㈱	輸送用機器		I	*		
73	川崎製鉄㈱	鉄鋼		I	*		
74	㈱クラレ	繊維製品		I	*		
75	㈱神戸製鋼所	鉄鋼		I	*		
76	JSR㈱	化学		I	*	R	
77	シャープ㈱	電気機器		I			
78	昭和電工㈱	化学		I			
79	新日本製鐵㈱	鉄鋼		I	*		
80	住友化学工業㈱	化学		I	*	R	
81	住友金属工業㈱	鉄鋼		I	*		
82	ダイキン工業㈱	機械		I	*		
83	大日本印刷㈱	その他製品		I	*		
84	太平洋セメント㈱	ガラス・土石製品		I	*		
85	タバイエスペック㈱	電気機器		I	*		
86	東ソー㈱	化学		I	*	R	
87	東洋インキ製造㈱	化学		I	*	R	
88	東洋紡㈱	繊維製品		I	*		
89	日東電工㈱	電気機器		I	*		
90	日本合成化学工業㈱	化学		I	*	R	
91	日本製紙㈱	パルプ・紙		I	*		
92	日本ゼオン㈱	化学		I	*		
93	日本化薬㈱	化学		I	*	R	
94	日本油脂㈱	化学		I	*		
95	日立化成工業㈱	化学		I	*	R	
96	㈱日立製作所	電気機器		I	*		
97	藤沢薬品工業㈱	医薬品		I			
98	富士写真フイルム㈱	化学		I	*	R	
99	㈱堀場製作所	電気機器		I	*		
100	三井化学㈱	化学		I		R	
101	三菱製紙㈱	パルプ・紙		I	*		
102	三菱電機㈱	電気機器		I	*		
103	三菱レイヨン㈱	繊維製品		I		R	

注1：会計GL・報告書GLは準拠しているガイドラインを表す．
　　　G：ガイドライン1999年報告　　G2：ガイドライン2000年報告
　　　S：GRIガイドライン　　　　　R：レスポンシブケア基準・指針
注2：ISO取得項目の＊はISO14001取得企業を示す．
注3：意見書項目の＊は第三者意見書添付を示す．
注4：分類項目は以下の開示内容を示す
　　　A：(環境費用＋環境投資)＋環境保全効果＋経済的効果　　B：(環境費用＋環境投資)＋環境保全効果
　　　C：(環境費用＋環境投資)＋経済的効果　　　　　　　　　D：(環境投資＋環境費用)
　　　E：(環境費用)＋経済的効果＋環境保全効果　　　　　　　F：(環境費用)＋経済的効果
　　　H：(環境費用)　　　　　　　　　　　　　　　　　　　　I：(環境投資)
注5：松下電器産業㈱・九州松下電器㈱・松下精工㈱・松下通信㈱はグループで1冊の環境報告書を公表．
注6：キヤノン㈱・キヤノン販売㈱はグループで1冊の環境報告書を公表．

表 3-3 環境管

記載内容 業　種	対象企業数		環境方針・理念・基本姿勢・憲章	環境目的・目標	行動計画・プラン	環境負荷の全体像	環境保全体制の組織	法規制遵守
全　産　業	194	掲載企業数	194	118	121	31	176	71
		割　合（％）	100.0	60.8	62.4	16.0	90.7	36.6
環境保全コスト開示企業	99	掲載企業数	99	71	65	22	94	43
		割　合（％）	100.0	71.7	65.7	22.2	94.9	43.4
環境保全コスト非開示企業	95	掲載企業数	95	47	56	9	82	28
		割　合（％）	100.0	49.5	58.9	9.5	86.3	29.5
製　造　業	139	掲載企業数	139	85	90	27	129	59
		割　合（％）	100.0	61.2	64.7	19.4	92.8	42.4
環境保全コスト開示企業	86	掲載企業数	86	58	58	20	81	38
		割　合（％）	100.0	67.4	67.4	23.3	94.2	44.2
環境保全コスト非開示企業	53	掲載企業数	53	27	32	7	48	21
		割　合（％）	100.0	50.9	60.4	13.2	90.6	39.6
非　製　造　業	55	掲載企業数	55	33	31	4	47	12
		割　合（％）	100.0	30.0	56.4	7.3	85.5	21.8
環境保全コスト開示企業	13	掲載企業数	13	13	7	2	13	5
		割　合（％）	100.0	100.0	53.8	15.4	100.0	38.5
環境保全コスト非開示企業	42	掲載企業数	42	20	24	2	34	7
		割　合（％）	100.0	47.6	57.1	4.8	81.0	16.7

報告」に準拠している．両ガイドラインに準拠した企業間でもばらつきはあるが，概ね公表用環境保全コスト集計表の主要項目ごとに開示がなされている[7]．前出の「環境にやさしい企業行動調査」では，11年度に「ガイドライン1999年報告」を活用している上場企業が約110社なのに対し，12年度に「ガイドライン2000年報告」を活用している上場企業は約260社に上っていることから，今後「ガイドライン2000年報告」準拠企業数と環境会計開示企業数の増加が予想される．

また，両ガイドラインの他に，化学業界を中心に約100社が加盟する日本レスポンシブル・ケア協議会の会員企業19社がレスポンシブル・ケアの趣旨（後

第 3 章　日本企業の外部環境会計の現状と展開の方向性　59

理情報開示状況

環境マネジメントシステム		従業員教育・啓蒙	取引先・関連会社の指導・支援・要請	コミュニケーションの状況報告	社会貢献	物量情報の把握	財務情報の把握	オフィス・間接部門の取組	グリーン調達	外部からの評価（表彰等）	PRTR	研究開発	環境に配慮した製品	第三者意見・検証
認証有	認証無（環境監査の実施）													
163	20	133	62	60	158	176	99	117	78	82	83	138	154	22
84.0	10.3	68.6	32.0	30.9	81.4	90.7	51.0	60.3	40.2	42.3	42.8	71.1	79.4	11.3
92	6	75	42	33	88	95	99	59	43	51	59	71	83	14
92.9	6.1	75.8	42.4	33.3	88.9	96.0	100.0	59.6	43.4	51.5	59.6	71.7	83.8	14.1
71	14	58	20	27	70	81	0	58	35	31	24	67	71	8
74.7	14.7	61.1	21.1	28.4	73.7	85.3	0.0	61.1	36.8	32.6	25.3	70.5	74.7	8.4
128	9	93	42	37	111	128	86	76	54	66	79	103	116	9
92.1	6.5	66.9	30.2	26.6	79.9	92.1	61.9	54.7	38.8	47.5	56.8	74.1	83.5	6.5
83	4	63	35	26	75	83	86	49	36	47	57	62	76	6
96.5	4.7	73.3	40.7	30.2	87.2	96.5	100.0	57.0	41.9	54.7	66.3	72.1	84.9	7.0
45	5	30	7	11	36	45	0	27	18	19	22	41	43	3
84.9	9.4	56.6	13.2	20.8	67.9	84.9	0.0	50.9	34.0	35.8	41.5	77.4	81.1	5.7
35	11	40	20	23	47	48	13	41	24	16	4	35	38	13
63.6	20.0	72.7	36.4	41.8	85.5	87.3	23.6	74.5	43.6	29.1	7.3	63.6	69.1	23.6
9	2	12	7	7	13	12	13	10	7	4	2	9	10	8
69.2	15.4	92.3	53.8	53.8	100.0	92.3	100.0	76.9	53.8	30.8	15.4	69.2	76.9	61.5
26	9	28	13	16	34	36	0	31	17	12	2	26	28	5
61.9	21.4	66.7	31.0	38.1	81.0	85.7	0.0	73.8	40.5	28.6	4.8	61.9	66.7	11.9

述）に基づいた環境報告書（本調査の定義による）を作成している．会員企業は同協議会策定のレスポンシブル・ケア基準・指針に準拠して同協会提出用の実施報告書／計画書を作成しているが，そこでは環境コスト関連では環境保全投資額の表示が指示されていることもあり[8]，同会会員企業は環境保全コスト情報の開示企業数において大きな割合を占めているものの，そのうちの 13 社は環境投資額のみの開示にとどまっている．したがって，会員企業が同基準・指針に基づいた環境情報を一般に開示していくと同時に，同基準・指針に「ガイドライン 2000 年報告」で示されている環境保全コストを導入することが必要と思われる．

3. 環境保全コスト情報と環境管理情報

　環境会計システムは，いうまでもなく企業の環境管理システムのなかで機能しているが，環境報告書においてもこうした環境管理システムに関する多くの情報が開示されている．調査対象となった環境報告書の環境管理関連情報の開示状況は表3-3の通りである[9]．環境保全コストとの関連性を明らかにするために，開示率は環境保全コスト開示企業と非開示企業に細分類されているが，オフィス・間接部門の取組以外の項目ではすべて環境保全コスト開示企業の開示率が環境保全コスト非開示企業のそれを上回っており，さらに環境目的・目標，環境負荷の全体像，法規制遵守，環境マネジメントシステムの認証取得，取引先・関係会社の指導・支援・要求，物量情報，外部からの評価，PRTRなどでは10％以上の開きがあることから，環境保全コスト開示企業の環境情報開示の積極的姿勢をはっきりと読み取れる[10]．

第2節　環境保全コストがもたらす環境保全効果

　環境保全コストの投入によって実現した環境負荷の減少（場合によっては増加）情報は，環境会計や環境管理システムを構築するために必要不可欠である．表3-2の分類項目A，B，Eに該当する13社がこうした環境保全効果を開示しているが，本調査ではこれらの情報を表3-4に示すように，6種類に分類

表3-4　環境保全コストの環境保全効果開示状況

環 境 保 全 項 目	開示企業数
① 省資源・省エネルギー	12（4）
② 環境負荷物質排出削減	12（4）
③ グリーン調達	3（1）
④ 製品に関する環境負荷削減（材料，使用など）	5
⑤ 社会貢献活動	2（1）
⑥ 環境効率指数・環境保全指数	2

注1：開示企業数13社（「ガイドライン2000年報告」準拠企業数4社）
注2：開示企業数の（　）内は「ガイドライン2000年報告」準拠企業数

した．なお，開示企業数のうち「ガイドライン2000年報告」に準拠する企業数を（　）内に示した．ただし，項目ごとの開示内容について，準拠するガイドラインによる大きな影響は見られない．

①では，ほとんどの企業が，水，電気，石油などの消費削減量を開示しているが，宝酒造だけが原材料の削減量を開示しており，より広範囲の環境保全効果がとらえられている．

②では，12社すべてが廃棄物削減量を，約2/3の企業がCO_2排出削減量を開示しており，その他にNOx，SOx，排水，煤塵などの削減量情報が示されている．また，こうした個別の環境保全効果と環境コストとの関係を示した数少ない事例の1つが表3-5の宝酒造の「環境保全効果対比型」環境会計である．そこでは，1年間に排出もしくは消費した物質ごとの数量が前年度と比較する形で示されており，これらはその増減に影響を与えた環境保全コストとも対応している（表3-5のECOについては後述）．

④の製品に関する環境負荷削減は，製品構成物質の環境負荷削減と製品使用時の環境負荷削減に関するものであり，③のグリーン調達同様に，LCAの観点からも重要な情報であるが，今後は環境コストとの対応関係や，製品単位あたりの環境保全に関する情報なども求められるであろう．また，⑤の社会貢献活動では，参加人数・参加時間などが開示されている．

⑥の環境効率指数，環境保全指数としては，リコーが環境改善効率（eco-efficiency：EE）と環境負荷利益率（eco-ratio）の算定を試みている．まず，環境負荷物質ごとの環境保全コストあたりの環境負荷削減量を示すEE値は以下の計算式によって求められる[11]．

　　　環境改善効率＝環境負荷削減量／環境費用総額

環境負荷物質としては，CO_2，NOx，SOx，産業廃棄物，また消費資源として水が取り上げられ，おのおのの環境負荷総量，同削減量，EE値が示されている．

さらに，環境負荷を発生する際に生み出される，環境負荷単位あたりの経済的価値を示すeco-ratioは次の計算式によって求められるが，

表3-5 宝酒造「環境保全効果対比型」環境会計

<table>
<tr><th colspan="2"></th><th colspan="3">地球環境からの調達</th><th colspan="2"></th><th colspan="5">地球環境への放出</th></tr>
<tr><th colspan="2"></th><th colspan="2">原料の調達</th><th colspan="2">資源エネルギーの調達</th><th></th><th colspan="3">大気排出, 排水の発生</th><th colspan="2">工　場　廃　棄　物</th><th>容　器　包　装　排　出</th><th>環境保全</th></tr>
<tr><th></th><th>原材料</th><th>非リサイクル素材容器包装品</th><th>用　水</th><th>電　力</th><th>燃　料</th><th>排　水</th><th>CO2</th><th>NOx</th><th>SOx</th><th>再資源化されない廃棄物</th><th>消費後リサイクルされない容器包装</th><th>環境保全</th></tr>
<tr><td>98年度</td><td>106</td><td>27,600</td><td>6,818</td><td>34,581</td><td>25,400</td><td>5,788</td><td>47,000</td><td>245</td><td>142</td><td>1,950</td><td>28,600</td><td></td></tr>
<tr><td>97年度</td><td>110</td><td>35,600</td><td>7,251</td><td>33,238</td><td>27,800</td><td>5,833</td><td>51,000</td><td>290</td><td>169</td><td>16,462</td><td>36,600</td><td></td></tr>
<tr><td>(単位)</td><td>千t</td><td>t</td><td>千m³</td><td>千kwh</td><td>kl</td><td>千m³</td><td>t-c</td><td>t</td><td>t</td><td>t</td><td>t</td><td></td></tr>
<tr><td>改善率 (%)</td><td>3.6</td><td>22.5</td><td>6.0</td><td>-4.0</td><td>8.6</td><td>0.8</td><td>7.8</td><td>15.5</td><td>16.0</td><td>88.2</td><td>21.9</td><td></td></tr>
<tr><td>個別ECO</td><td>1.2</td><td>30.0</td><td>2.0</td><td>-4.0</td><td>8.6</td><td>0.3</td><td>7.8</td><td>10.3</td><td>10.7</td><td>147.0</td><td>29.2</td><td></td></tr>
<tr><td>関連環境コスト(千円)</td><td>0</td><td>4,345</td><td>10,860</td><td>0</td><td>0</td><td>23,086</td><td>7,391</td><td>6,507</td><td></td><td>78,057</td><td>719,974</td><td>95,043</td></tr>
<tr><td colspan="12">金額合計</td><td>945,263千円</td></tr>
</table>

注：ECO算出基準は以下の通りである。
㋐ 環境負荷物質ごとの改善活動について, 社外の環境問題研究者3名と社内の環境業務担当者3名による議論・投票を経て5段階評価値を決定。
㋑ 5段階評価÷3 (5段階評価の中央値) ＝個別ECO
㋒ 重み付け値×改善率＝個別ECO
㋓ 重み付け値×改善率＝重み付け値

出典：宝酒造株式会社 [13] 5, 12頁.

eco-ratio＝売上総利益／環境負荷総量

これらの環境効率性を分析するための指標は，GRI（Global Reporting Initiative）やWBCSD（World Business Council for Sustainable Development）などの報告書に代表されるように[12]，企業の環境政策にとって重要なツールとして位置付けられており，さまざまな指標の開発と実践が期待されている．

項目⑥のうち，環境保全指数としては，表3-5に示した宝酒造のECOがあげられる[13]．算定方法は同図表の注に示したが，同社の環境政策の方向性が数値化され，それらの数値が環境保全コストと環境保全効果に結び付けられている．同社が「環境負荷削減　緑字」と呼ぶ，個別ECOの平均値すなわち22ECO（98年度）が意味する内容については，さらに検討が必要であるが，表3-5で示されている一連のデータは，環境データと環境保全コストデータとのリンクの方法について，重要な方向性を示唆している．

以上のように，環境保全コストと対応する形で環境保全効果を開示している企業はまだ13社であるが，表3-2のISO項目からもわかるように，環境マネジメントシステムの構築は，調査対象のほとんどの企業で進められていることから，環境保全コストの把握と同コストの内部管理への適用が進めば，環境保全コストとリンクした形での環境保全効果情報の開示も進むものと思われる．

第3節　環境保全コストがもたらす経済的効果の開示状況

米国のEPA（environmental Protection Agency）やドイツ環境省・環境庁が，企業に環境会計を導入するもっとも大きなメリットとして指摘し，その多くの環境会計プロジェクトで実証しているように，環境保全措置はコストと同時にプラスの経済的効果をもたらすケースも多い[14]．企業が公表する環境会計においても，さまざまな経済的効果が示されているが，本調査では，表3-2のA，C，E，Fの項目に分類されている26社が同効果を開示している．経済効果の分類項目とその内容を開示している企業数は表3-6の通りである．なお，環境庁のガイドラインでは，経済的効果の把握・開示方法は「ガイドライン2000年報告」で初めて取り扱われたため，同準拠企業数をかっこ内に示した

表 3-6　環境保全コストの経済的効果開示状況

経 済 効 果 項 目	開示企業数
① リサイクルによる有価物の売却益	18（2）
② 省エネルギーによって削減された費用	18（3）
③ 省資源によって削減された費用	9（1）
④ 廃棄物の減少によって削減された費用	16（2）
⑤ 環境管理効率化によって削減された費用	3
⑥ 回避された環境リスク費用	4（1）
⑦ 付加価値貢献額	2
⑧ 環境調和型製品売上高	5（2）

注1：開示企業数26社（「ガイドライン2000年報告」準拠企業数5社）
注2：開示企業数の（　）内は「ガイドライン2000年報告」準拠企業数

が，項目ごとの開示企業数を見る限りは準拠するガイドラインによる大きな差は見られない．

　まず，表3-6の①⑧は環境保全コストと同様に，既存の会計データを再分類したものであり，把握もさほど困難ではない．ただし，⑧については，環境保全コストとの関係が必ずしも明確でない場合が多く，表示する場合は，他の経済的効果と明確に区分する必要がある．

　②～④は①同様にもっとも多くの企業が開示していたが，その理由として，把握の確実性をあげている企業が多くみられた．また，海外の事例を見ても，①～④の項目は，環境保全コストもしくは環境保全活動がもたらす経済的効果をもっとも顕著な形で表していることから，日本企業においても，まずこれらの情報の把握と開示が進むものと思われる．⑤では，金額的には大きくないが，環境管理情報を蓄積することによって削減されたコンサルタント料や従業員の環境教育費用が示されている．

　⑥には，環境保全措置を講じることによって回避された保険料，損害賠償費用，修復費用，操業停止による損失などが含まれる．これらのいわゆるみなし効果は，把握方法や対象が企業によって異なる．まず，富士通は，回避された法規則不遵守事業所操業停止損失を以下の計算式によって算定している[15]．

回避額＝(付加価値／稼働日数)×操業ロス日数

また，リコーはISO14001における汚染防止にかかわる改善項目について，以下の計算式によって効果（リコーでは偶発的効果と呼んでいる）の計算を行っている[16]．

偶発的効果金額＝基準金額×発生係数×影響係数

ここで，基準金額は，訴訟，操業停止，修復のそれぞれについてリコーの過去のデータや一般的事例から，また，発生係数と影響係数は，発生頻度と影響範囲から設定されている．ただし，両者とも開示されているのは，算定結果の金額のみであり，計算式右辺の構成要素の具体的なデータは，まだ開示段階にない．

回避した損害賠償金額の算定式をさらに詳しく開示した例として東芝の環境報告書が挙げられる[17]．そこでは，以下の式で物質ごとに回避環境負荷費用が計算されている．

回避環境負荷費用＝カドミウム公害単位あたり賠償金額
×環境負荷物質削減量×重み付け

ここで，カドミウム公害単位あたり賠償金額は，イタイイタイ病が引き起こされた際に発生した健康被害，農業被害などに対する損害賠償関係費総額（348億6,700万円）と当該事業者のカドミウム排出量2786.97 kgから12,510,720円／kgと算定されている[18]．また，環境負荷物質ごとの重み付けは[19]，水質環境基準および米国産業衛生専門家会議で定めた物質ごとの許容濃度ACGIH－TLV（American Conference of Governmental Industrial Hygienists Inc. Threshold Limit Value）に基づいて試みられている．

これらの回避されたリスク費用の算定には，多くの計算上の仮定が必要なことから，社会的コンセンサスを形成していくことはなかなか難しいが，計算プロセスも提示した情報開示の試みは高く評価される．もちろん，実際に適用された企業内の意思決定プロセスに関する情報開示があればより説得力をもつことはいうまでもない．

⑦の付加価値貢献額は，リコーと富士通が開示している[20]．計算方法は以下

の式で示されるが,両社とも大きな違いはない.

付加価値貢献額＝付加価値×事業エリア内環境費用／製造経費

これらは,⑧の環境調和型製品売上高と同様に,企業にとって重要な情報ではあるが,環境保全コストとの関係をさらに検討する必要がある.

第4節　環境会計と報告書ガイドライン

1.　GRI ガイドラインとレスポンシブル・ケア基準・指針

図表3-2からわかるように,環境保全コスト開示企業99社のうち,3社がGRI ガイドラインに基づいた報告書を,18社がレスポンシブル・ケア基準・指針をベースにした報告書を公表している.

後者のガイドラインは,化学物質のライフサイクルすべての過程で,企業が自主的に環境・安全・健康面の対策を行っていく国際的活動の一翼を担う日本レスポンシブル・ケア協議会が策定している[21].同基準・方針は,ISO14001よりも広い環境・安全を対象領域としている.安全は広い意味では環境領域に含めて議論されることも多く,たとえばPRTRなどは環境,安全のいずれの領域からみても重要な問題である.したがって,環境会計サイドでも,関連対象領域の把握を考えていく必要があろう.

前者のガイドラインは企業の持続可能性報告書を対象としているが,そこではレスポンシブル・ケアの対象よりもさらに広い,企業活動の環境・経済・社会の各側面およびそれらの間の関係を対象としている.同ガイドラインは1999年に公開草案が公表され[22],2000年6月に2000年版ガイドラインが公表されたばかりであり[23],今回の調査対象となった企業でも経済面と環境面をリンクさせる環境保全コストと諸効果との関係などに関する情報はほとんど登場していない.ただし,将来的には企業が環境面,社会面といった局面からも評価され,またそうした評価が経済面に大きく影響する状況が想定される.そこでは,会計がすべての局面にかかわる共通の測定ツールとして重要な役割を担うことが予想されることから,同ガイドラインの動向は注目に値する.

2. 環境会計ガイドライン

「ガイドライン 1999 年報告」と「ガイドライン 2000 年報告」に準拠した企業の環境保全コスト開示状況については既に述べたが，図 3-2 からもわかるように，準拠企業は相対的により多様な項目を開示しており，特に環境保全コストの何らかの効果情報を開示している企業 25 社のうち 15 社が「ガイドライン 1999 年報告」，5 社が「ガイドライン 2000 年報告」準拠企業である．そこで，「ガイドライン 2000 年報告」の内容を，本調査の結果と照らし合わせながら概観しておく．

「ガイドライン 1999 年報告」公表後，企業実務家，公認会計士などとの意見交換を経て作成された「ガイドライン 2000 年報告」では，環境会計システムを「企業等が，持続可能な発展を目指して，社会との良好な関係を保ちつつ環境保全への取組を効率的かつ効果的に推進していくことを目的として，事業活動における環境保全のためのコストとその活動により得られた効果を可能な限り定量的（貨幣単位又は物量単位で表示）に把握（測定）し，分析し，公表するための仕組み」と定義していることからもわかるように，効果面も公表対象として明示している．

まず，コスト面の分類では，「ガイドライン 1999 年報告」のコスト分類に，環境に与えた損傷に対応したコストに関する項目が加えられている．環境保全効果では，環境保全コストとの関連付けが行いやすい事業エリア内での効果，生産される製品・サービスのライフサイクルの上・下流での効果を物量単位ベースで把握・公表することを推奨している．また，環境対策の効率性や環境効率性などを図る比較指標も例示されている．本調査では，表 3-4 からわかるように，事業エリア内効果である「省資源・省エネルギー」と「環境負荷物質排出削減」は環境保全効果開示企業のほとんどが開示しているのに対し，上・下流効果である「グリーン調達」と「製品に関する環境負荷削減」は 3 割程度の開示にとどまっている．また，効率性の指標については，環境会計で先進的な一部の企業が開示しているにすぎない．「ガイドライン 2000 年報告」準拠企業の増加にともなって今後の開示情報の拡大が期待される．

また，経済的効果は，確実な根拠に基づいて算出される効果と仮定的な計算に基づく効果に分類される．表3-6の「リサイクルによる有価物の売却」「省エネルギーによって削減された費用」「省資源によって削減された費用」「廃棄物の減少によって削減された費用」「環境管理効率化によって削減された費用」が前者に該当し，「回避された環境リスク費用」が後者に該当する．ただし，現在までのところ，仮定的な計算手法に関するコンセンサスが十分に確立されていないことから，後者の開示企業は少数にとどまっている．

ま　と　め

本稿では，日本企業の環境保全コストおよび環境会計の開示状況の分析を行ってきたが，開示企業数，開示情報の質・量などは，目覚しい進展を遂げており，しばらくは，同様の傾向が続くものと思われる．そこで，今後，より有効な情報が開示されるために必要と思われる方向性と課題を指摘しておく．

企業の情報開示におけるもっとも基本的な問題として，開示情報と情報利用目的との対応関係が指摘される．すなわち，「ガイドライン2000年報告」で設定されている消費者・取引先・投資家・金融機関・地域住民・NGO・行政・一般国民などの情報利用者に対して，おのおの必要とされる個別環境会計情報をより明らかにしていくことが重要となってくる．例えば，現在の開示形式は，企業が環境管理システムをより効率的に行っている事実を示し，持続可能な経済社会を形成していくための基礎データを明らかにしているという点において高く評価されるが，今後は，企業内部の意思決定に環境会計を導入していくと同時に，プロジェクト単位，製品単位といったより詳細な情報を開示することが必要となってくる．

こうした環境会計の多様な利用目的を考える場合に必要なのが，他の情報と環境保全コスト情報のリンクである．環境報告書においては，いくつかの方向性が考えられるが，まず，環境マネジメントの流れを示す情報とのリンクが挙げられる．「ガイドライン2000年報告」で行われた環境コストの効果面の充実や環境省「環境報告書ガイドライン（2000年度版）――環境報告書作成のため

の手引き──」への環境会計の導入[24]，「ガイドライン2000年報告」と内部環境会計とのリンクの試みなどはこうした流れに沿ったものであり[25]，そこでは，環境負荷の現状認識から，企業経営における環境計画の位置付けと内容，環境保全コストの投入，環境保全効果，経済的効果といった一連の流れのなかで環境コストを把握していく必要性が指摘される．

ただし，「ガイドライン2000年報告」で示されている環境負荷の種類ごとの環境保全コスト分類と，個別の環境保全活動のコスト分類および環境パフォー

表3-7 機械工業環境会計ガイドライン・内部集計用フォーマット概念図

			1 生産活動での環境負荷の低減	2 産業廃棄物対策の実施	3 環境保全に優れた資材・機材の採用	4 環境保全に優れた製品の開発	5 環境負荷の少ない製品の回収・再利用	6 自社製品の環境負荷の低減	7 輸送にともなう環境負荷の低減	8 緊急時への対応	9 管理部門等における環境保全	10 海外事業展開における環境配慮	11 環境管理の実施	社会との共生
環境保全コスト	投資額													
	費用額	減価償却費												
		設備リース費												
		維持運営費	人件費											
			電力費											
			水道光熱費											
			下水道料金											
			廃棄物処理費・リサイクル費											
			測定費											
			原材料費											
			修繕費											
		その他												
		費用額合計												
実績	環境保全コスト（金額）	投資額												
		費用額												
	環境パフォーマンス（物量・定性）													
目標	環境予算													
	環境パフォーマンス（物量）													
実績と目標の差異	（金額）													
	環境パフォーマンス（物量）													
環境保全対策に伴う経済的効果（金額）														
比較指標（環境効率性指標）														

出典：日本機械工業連合会[18] 6, 10頁から作成．

表3-8 環境省環境保全コスト体系と機械工業環境保全コスト体系の相関マトリクス概念図

環境省 ガイドライン体系	機械工業における 環境会計体系	1 生産活動での環境負荷の低減	2 産業廃棄物対策の実施	3 環境保全に優れた資材・機材の採用
事業エリア内コスト	公害防止コスト			
	地球環境保全コスト			
	資源循環コスト			
上・下流コスト				
管理活動コスト				

出典：日本機械工業連合会 [18] 10頁.

マンス分類とは必ずしも対応していない．こうした問題点を解消しようとした試みとして，日本機械工業連合会の「機械工業における環境会計ガイドライン」があげられる[26]．同連合会では，1999年に機械工業向けの環境パフォーマンス評価のためのチェックリストを作成しており[27]，そこでは，環境保全活動の一覧表さらには活動ごとのパフォーマンスレベルおよびパフォーマンス指標が示されている．同ガイドラインでは，表3-7で示されるように，環境保全活動に関するコストとパフォーマンスがそれぞれ目標および実績ベースで把握され，同時に目標達成度，経済的効果，比較指標などによる分析が行われる．また，こうしたコストは，具体的な費用項目を例示した，環境省ガイドライン体系と機械工業体系との環境保全コスト項目の相関マトリクスを通して（表3-8参照），外部公表用の環境会計へと変換することができる．もちろん，内部管理目的の環境会計システムとして，これらはまだ出発点にすぎないが，広まりつつある外部環境会計を内部管理目的へと拡張していくための重要な方向性を示唆している．

次に，レスポンシブル・ケア報告や持続可能性報告に示されているような，情報開示の対象となる企業活動領域が拡大した場合に新たに登場してくる情報と，これに関連する環境保全コスト情報もしくは会計情報とのリンクである．

ここでは,環境保全の効率性に関する指標や,測定対象領域の拡張などが問題となってくる。

最後に,GRIでも取り上げられているが,地域,産業,国レベルのマクロ環境情報と企業,自治体レベルのミクロ環境情報のリンクである[28]。環境問題は,

表3-9 「製造業の経常的環境保全コスト調査」(単位DM)

Ⅰ 対象領域 ― 廃棄物経済,水質保全,騒音対策,大気保全

コストの種類	廃棄物経済	水質保全	騒音対策	大気保全
1．環境保全装置稼動コスト				
1.1　人件費(賃金,給与,福利厚生費)				
1.2　補助材料および消耗品				
1.3　エネルギー				
1.4　減価償却				
1.5　支払利子				
1.6　支払サービス料およびその他				
2．環境保全装置と関係なく発生するコスト				
2.1　政府への支払料金および負担金				
2.2　支払サービス料およびその他				
3．環境負荷物質の排出				
3.1　排水				
3.2　州法で定められている排出物				

Ⅱ 環境領域 ― 自然・環境保全

コストの種類	自然・環境保全
1.1　政府への支払料金および負担金	
1.2　支払サービス料およびその他	

Ⅲ 環境領域 ― 土壌保全

コストの種類	土壌保全
1．土壌保全装置稼動コスト	
1.1　人件費(賃金,給与,福利厚生費)	
1.2　補助材料および消耗品	
1.3　エネルギー	
1.4　減価償却	
1.5　支払利子	
1.6　支払サービス料およびその他	
2．土壌保全装置と関係なく発生するコスト	
2.1　政府への支払料金および負担金	
2.2　支払サービス料およびその他	

出典:Fichter, K. / Loew, T. / Seidel, E.[31] S.162-163.

地域, 国, 地球といったさまざまなレベルで考察すべき性質のものであることから, 環境保全コストやその効果の評価も, こうした観点から行われる必要がある. 環境負荷物質ごとの環境負荷の評価や, 製品あたりの環境保全コストや環境負荷の評価といった問題である. もちろん, 企業が直接関与しないこうしたデータを企業が自ら測定することは難しい. ただし, ドイツなどでは, 連邦統計局が表 3-9 で示したフォーマットによって製造業の代表的企業 15,000 社（建築業は除く）を対象とした調査を 1997 年から開始しており, 日本の環境庁でも登録企業の環境会計情報をネット上で開示する試みを開始した. いずれも, 集計されたデータの活用はこれからの課題であるが, 企業サイドでも, 情報開示によって, データベースの構築と環境保全活動の社会的コンセンサスの形成に貢献すると同時に, 産業レベルやマクロレベルのデータによって, 自社の環境保全活動をより客観的に評価していくことが必要となってくる.

1) 環境省 [8] 61 頁. 地球環境とライフスタイル研究会 [15] 58 頁参照. また, ヨーロッパ諸国では, 1999 年時点でドイツ, オランダ, イギリスなどで, それぞれ 210 社, 150 社, 80 社が環境報告を公表しているが, 人口規模を考慮すると, ノルウェー, オランダがそれぞれ人口 1 千万人あたり, 約 160 社, 約 100 社で最も多く, 日本は約 20 社で必ずしも多くない. Future, IÖW, Umwelt Sfting [32] 参照.
2) 環境庁 [2]
3) 環境庁 [3]
4) 本調査は横浜国立大学経営学部生態会計研究室が行っている環境報告書調査の 2000 年度版に基づいている. 環境報告書の詳しい分析については, 河野 [11] 参照.
5) 環境保全コストは, 環境に悪影響を及ぼす恐れのあるものすなわち環境負荷を低減させることを目的としたコストを意味する（環境庁 [3] 11-14 頁参照）.
6) 環境省 [8] 98 頁.
7) 「ガイドライン 1999 年報告」では「直接環境負荷削減コスト」「環境に係る管理的コスト」「生産, 販売した製品等の使用, 廃棄に伴う環境負荷低減のためのコスト」「環境 R&D コスト」「環境関連社会的取組コスト」「その他の環境保全に関連したコスト」に, 「ガイドライン 2000 年報告」では「事業エリア内コスト」「上・下流コスト」「管理活動コスト」「研究開発コスト」「社会活動コスト」「環境損傷コスト」である. 環境庁 [2] 11 頁, 環境庁 [3] 35 頁.
8) 日本レスポンシブル・ケア協議会 [20] 参照.
9) 地球環境とライフスタイル研究会が平成 12 年 10 月に行った日本企業を対象と

10) 環境マネジメントシステムの認証取得，PRTR は，環境保全コストの開示・非開示にかかわらず，製造業の開示率が非製造業の開示率を大きく上回っていることから，その比率が環境保全コスト開示企業と非開示企業との差に反映している．また，オフィス・間接部門の取組については，環境保全コストの開示・非開示にかかわらず，非製造業の開示率が製造業の開示率を大きく上回っており，その影響で両者の開示率がほぼ同じ数値になっている．
11) リコー [24] 27 頁．
12) GRI [34][35], WBCSD [36] 等参照．
13) 調査時点の環境報告書には未掲載であったが，環境保全指数は，アサヒビール，リコー，などでも試みられている．アサヒビール [1]，リコー [25]．
14) EPA の一連のケーススタディ (www.epa.gov/opptintr/acctg/, 2001, July), BUM/UBA [27]，Gege [33]，Bennett, James [26] 等参照．
15) 富士通 [22]
16) リコー [24]
17) 東芝 [16] 11 頁．
18) イタイイタイ病の被害額の算定はイタイイタイ病弁護団弁護士資料から作成されている．
19) 重み係数は，水質環境基準および ACGIH-TLV に定められているカドミウムの基準値に対する各環境負荷物質基準値の倍率の逆数である（東芝 [17] 11 頁）．
20) 富士通 [22]，リコー [24] 参照．
21) 日本レスポンシブル・ケア協議会 [21]
22) GRI [34]
23) GRI [35]
24) 環境省 [6]
25) 環境省 [5]，産業環境管理協会 [12] など参照．
26) 日本機械工業連合会 [18]
27) 日本機械工業連合会 [17]
28) GRI [35]

参 考 文 献

[1] アサヒビール㈱ エコレポート2000，2000年7月．
[2] 環境庁・環境保全コストの把握に関する検討会『環境保全コストの把握及び公表に関するガイドライン―環境会計の確立に向けて―』(中間取りまとめ)，(www.eic.or.jp/kisha/attach/66241-1.html) 2001 年 7 月．
[3] 環境庁・環境会計システムの確立に関する検討会『環境会計システムの確立に向けて (2000 年報告)』(www.eic.or.jp/kisha/attach/66241-1.html) 2001 年 7 月．
[4] 環境庁『環境会計ガイドブック』環境庁 2000 年．
[5] 環境省『環境会計ガイドブック2』環境庁 2001 年．

［6］ 環境省『環境報告書ガイドライン(2000年度版)―環境報告書作成のための手引き―』2001年2月.
［7］ 環境省『事業者の環境パフォーマンス指標―2000年度版―』2001年2月.
［8］ 環境省『平成12年度環境にやさしい企業行動に関するアンケート調査報告書』地球・環境人間フォーラム，2001年7月.
［9］ 河野正男『生態会計論』森山書店，1998年.
［10］ 河野正男「環境会計ガイドラインの意図と方向性」『企業会計』第52巻第9号，2000年8月.
［11］ 河野正男「環境報告書の現状と課題」『横浜経営研究』第21巻第4号，2001年3月.
［12］ 産業環境管理協会『平成12年度環境ビジネス発展促進等調査研究（環境会計）報告書』2001年3月.
［13］ 宝酒造株式会社『TaKaRa緑字決算報告書1999』1999年.
［14］ 地球環境産業技術研究機構『地球環境関連技術の推進に関する調査(Ⅵ)―環境会計に関する調査―』2000年.
［15］ 地球環境とライフスタイル研究会（国立環境研究所）「企業の環境コミュニケーションが循環社会システムづくりに与える影響《平成12年度　日本企業編》」2001年3月.
［16］ ㈱東芝『東芝環境報告書2000』2000年6月.
［17］ 日本機械工業連合会編・河野正男監修『環境パフォーマンス評価チェックリスト』日刊工業新聞社，1999年.
［18］ 日本機械工業連合会『機械工業における環境会計ガイドライン』2001年7月.
［19］ 日本公認会計士協会「環境会計に関する基本的考え方～環境会計の概念フレームワークに向けて」『JICPAジャーナル』2000年3月号.
［20］ 日本レスポンシブル・ケア協議会「レスポンシブル・ケアのパフォーマンス指標管理作成指針」，(www.nikkakyo.org/jrcc/kijyun/index.html，2001年7月).
［21］ 日本レスポンシブル・ケア協議会『レスポンシブル・ケア報告書2000』2000年.
［22］ 富士通株式会社「環境会計制度」の導入について(www.eco.fujitsu.com/topics/2000/eco19990531.html，2001年7月).
［23］ 八木裕之「持続可能性報告と会計」『商大論集』第51巻第6号，2000年3月.
［24］ ㈱リコー「環境会計」(www.ricoh.co.jp/ecology/system/4.html，2001年7月).
［25］ ㈱リコー『環境報告書1999』1999年.
［26］ Bennett, M., James, P., *The Green Bottom Line Environmental Accounting for Management Current Practice and Future Trends, Greenleaf*, 1998（國部克彦監修，海野みづえ訳『緑の利益　環境管理会計の展開』産業環境管理協会，2000年).
［27］ Bundesumweltministerium/Umweltbundesamt, *Handbuch Umweltkostenrechnung*, Verlag Vahlen, 1996（宮崎修行監訳『環境原価計算』日本能率協会マネジメントセンター2000年).
［28］ Canadian Institute of Chartered Accountants, *Full Cost Accounting from an*

Environmental Perspective, 1997.
[29] EPA, *Environmental Accounting Case Studies : Green Accounting at AT&T*, 1995, (www.epa.gov/opptintr/acctg/, 2001, July).
[30] EPA, *Environmental Accounting Case Studies: Full Cost Accounting for Decision Making at Ontario Hydro*, 1996, (www.epa.gov/opptintr/acctg/, 2001, July).
[31] Fichter, K./Loew, T./Seidel, E., *Betriebswirtschaftliche Umweltkostenrechnung*, Springer, 1997.
[32] Future, IÖW, Umwelt Sfting, *Das Ranking Umweltberichte 2000*, (www.ranking-umweltberirhte.de/, 2001, July).
[33] Gege, M. hrsg., *Kosten senken durch Umweltmanagement : 100 Erfolgsbeispiele aus 100 Unternehmen*, Flanz Verlag, 1997（今泉みね子訳『環境マネジメントにおけるコスト削減』白水社，1999年）.
[34] Grobal Reporting Initiative, *Sustainable Reporting Guidelines Exporsure Draft Public Comment and Pilot Testing*, 1999（環境監査研究会訳『持続可能性報告ガイドライン公開草案（一般からのコメントおよび試行テスト用）』1999年.
[35] Grobal Reporting Initiative, *Sustainable Reporting Guidelines on Economic, Environmental, and Social Performance*, 2000（www.grobalreporting.org/, 2000, July).
[36] World Business Council for Sustainable Development, *Measuring Eco-Efficiency : a Guide to Reporting Company Performance*, (www.wbcsd.org/, 2001, July).

第 4 章

財務会計・付加価値会計・環境会計
―― フランス環境会計における
　　　クリストフの見解をめぐって ――

はじめに

　しばしば，1990年代は「環境の10年」と呼ばれるように，EMAS[1] (EU環境管理・監査システム：Eco-Management and Audit Scheme) や ISO14000シリーズ（環境管理システム）などによって，さまざまな環境管理・監査の手法が提案され制度化されてきた．このような状況にあって，企業ないし事業体の環境問題に対する取り組みを明らかにするために，「環境会計（comptabilité environnementale)」または「生態会計（comptabilité écologique)」がにわかに注目を集めている．わが国では，1999年は「環境会計元年」と呼ばれ，同年3月には環境庁によって『環境保全コストの把握及び公表に関するガイドライン――環境会計の確立に向けて（中間とりまとめ）――』が公表されるとともに，多くの企業が本格的に環境会計に取り組み始めた．そして2000年3月には，環境庁は『環境会計システムの確立に向けて（2000年報告）』を公表し，環境保全コストに対する効果の把握をも含む環境会計システムを提唱した．これによって，一応の「環境会計」の骨格ができあがったことになろう．

　それでは，環境会計は会計に環境という修飾語が付されているように，会計

領域の問題として環境を対象とすることになるが，それは伝統的な会計の枠組みとどのような関係にあるのだろうか．環境会計は会計の立場から環境問題にアプローチするものであるとしても，環境会計は財務会計にもとめられる機能と馴染むものなのか．この点は，環境会計の役割を検討するためにも不可欠なものであり，どのような観点から環境会計が必要とされ，その機能を発揮するためにはどのような様式が望ましいのか，またこの数年に企業が自発的に公表してきた環境会計の様式をめぐる問題点が何に基因しているのかを明らかにしてくれるものと思う．

そこで本章では，フランスにおける環境会計の構想とその後の経緯について概観し，財務会計と環境会計がどのような関係にあり，環境会計の意義を高めるためにはどのような視点が必要であるのかを，付加価値会計との関係から考えてみることにしよう．

第1節　社会貸借対照表と環境会計

環境会計について考察するほとんどの論者は，環境会計の源流が1970年代初頭に登場した一連の社会関連会計（comptabilité sociétale）にあることを指摘している．そこでは，環境会計はけっして自立した存在ではなく，社会関連会計の下位部分として位置づけられてきた．このような指摘を踏まえて，今日の環境会計の展開を考察するためには，社会関連会計のフランス的な具体化としての社会貸借対照表（bilan social）[2]が，どのような役割をもって登場し，それがまた環境会計とどのような関係にあるのかを考察しておく必要がある．この点を明らかにするために，社会貸借対照表の制定から環境会計の登場に至る経緯を概観しておこう．

周知のように，1977年にフランスで実現した社会貸借対照表は，他国に類をみないものであり，法的根拠をもつために労働法においてその作成が義務づけられている．その条項（L. 438-3条）によれば，「社会貸借対照表とは，社会領域において企業の状況を評定し，実行された成果を記録し，また前年度と前前年度において生じた変化を測定することができるように，主要な数値資料

をひとつの書類に要約したものである」とされている.

　この社会貸借対照表は,伝統的な会計の観察対象である経済領域ではなく,社会領域における企業の状況を評定するためのもので,社会関連会計のフランス的な適用形態とみなすことができる.フランスにおいては,概して社会問題は労働問題と同義であり,当時の経済社会的背景から労働問題の解決が喫緊の課題であった.そのために,労働者に関わる数値資料,すなわち雇用,報酬・諸手当,衛生・安全条件,その他の労働条件,職業訓練,職業関係,およびこれらの条件が企業に依存する限りでの従業員や家族の生活状況,などに関する情報の提供が,社会関連会計の一環として具体化されたのである.

　このように社会貸借対照表は,社会関連会計の下位部分として位置づけられるものであり,それによって提供される数値資料は,企業を取り巻く利害関係者の一部,すなわち従業員との関係に限定されている.したがって,社会貸借対照表をもってそのまま社会関連会計の完結をみるのではなく,新たに広義の社会問題としての環境問題についての取り組みがつぎに必要になる.

　すでにフランスでは,環境会計は約20年前に構想され,《生態貸借対照表(bilan écologique)》として公表されている.フランス環境省は,1978年に企業が生態貸借対照表を作成する可能性についての研究を企て[3],企業会計のなかに生態(l'écologie)を統合するためのいくつかの解決策を提案した.これらの提案は,CNC(フランス国家会計審議会：Conseil National de la Comptabilité)の研究グループのテーマとしてとりあげられ,CNC(CNC, 1980, p. 12.)は,「社会貸借対照表は企業と従業員との関係に結び付いている.これに対して,生態《貸借対照表》は,企業とその環境との関係について数値化された資料を提供するだろう.天然資源の汚染や損傷の問題は,実際に生産活動に関連しており,また次第次第に企業の経営管理に環境保全を統合することが有用になっている」との認識から,つぎのような2つの方法による生態貸借対照表の作成を推奨した.

　第1の方法は,表4-1-1と表4-1-2のように,伝統的な会計のなかに分散する環境に関する情報をフローとストックの両面から貨幣単位と物量単位で把

表 4-1-1　生態貸借対照表（貨幣単位表示）

項　　　　目	t-1	t	変　動（％）
Ⅰ．環境保全に用いられるストック			
1. 環境保全に用いられる資材・器具（ex. 土木工事用運搬具）			
2. 再利用可能な設備ないしエネルギーの節約（ex. 暖房装置）			
3. 汚染および公害の低減設備（ex. 浄水装置，廃棄物処理，防音装置）			
Ⅱ．環境保全に用いられる設備，資材および器具の利用に関わるフロー			
1. Ⅰ.1.で定義された資材および器具の減価償却費			
2. Ⅰ.2.およびⅠ.3.で定義された設備の減価償却費			
3. 外部作業・給品および用役（ex. 企業外での有毒廃棄物の処理）			
4. 環境保全活動に帰属する費用			
5. Ⅰで定義された設備の維持および運転に充てられるエネルギーの取得費用			
6. 汚染課徴金の支払い			
7. 汚染防除奨励金の受取り			
8. Ⅰで定義された設備の資金調達のために得られた助成金・優遇利率での貸付金			
9. 危険引当金（ex. 罰金・反則金）			
Ⅲ．生産活動に関連するフロー			
1. エネルギーの購入費用／販売生産物の物量単位			
2. 原材料の購入費用／販売生産物の物量単位			
3. 用地の取得			
4. 用地の売却			

表 4-1-2　生態貸借対照表（物量単位表示）

項　　　　目	t-1	t	変　動（％）
Ⅰ．ストック			
1. 企業の天然財産（ex. 建造用地・非建造用地の面積）			
Ⅱ．フロー			
1. 消費エネルギー／販売生産物の物量単位			
2. 消費原材料／販売生産物の物量単位			
3. 正味汚染物質排出量と残留物の貯蔵量			
4. 売却用地の面積			
5. 取得用地の面積			

出所：CNC, 1980. p. 13.

第4章 財務会計・付加価値会計・環境会計 81

表 4-2 生態貸借対照表

項目	手段						成果				定性的注釈
	資本費用	従業員		エネルギー・原材料		汚染	エネルギー・原材料の節約		リサイクル評価額		
		人件費	人数	費用	数量	総量	利得	数量	利得	数量	
特許権………											
研究開発費………											
課徴金………											
助成金………											
部門契約………											
技術更新設備………											設備の種類 別記述・実施様相（頻度）
汚染防除設備………											
リサイクル設備ないし副産物および残留物の評価額………											
企業財産の管理設備………											企業の天然財産に関する成果の記述

＊ 環境省の研究において提案されたものよりも簡略化されている。
出所：CNC, 1980, p. 15.

握し，その経年的変化を分析することを企図しており，社会貸借対照表の様式に対応している．第2の方法は，表4-2のように，環境管理に対する企業の貢献を明らかにすることができるような会計的装置（dispositif comptable）を設けるものである．このような生態貸借対照表は，企業，工場および生産工程での分析のために準備されたものであり，つぎのような3つの側面をもっている．

(1) 生産活動の分析（天然資源の製品，副産物および残留物への転換）
(2) 環境保全の実施手段や獲得された成果についての研究
(3) 企業活動の天然財産へのインパクト

生態貸借対照表のこのような側面は，第1の方法が，ライフ・サイクルの分析を通じて，汚染防除（dépollution）を可能にする資材の取得・利用，リサイクルおよび原材料・エネルギーの節約，また同様に研究開発費，有毒廃棄物の処理費用および汚染に対する課徴金などについての情報をひとつの書類（計算書）に再分類・集計する役割をもっており，また第2の方法が，環境保全コストに対する効果の分析を狙いとして，物量単位で汚染低減の効果を把握するとともに，貨幣単位で原材料・エネルギーの節約やリサイクル評価額などのいわゆる経済的効果を把握する役割をもっていることを意味している．また，とくに土地や山林などの天然財産については，効果を記述的に説明することに配慮がなされている．

CNC（CNC, 1980, p. 12.）は，このような生態貸借対照表の作成によって，汚染防除費の認識や原材料・エネルギーの合理的な利用に寄与することができ，この利用の経験を踏まえて，企業が最善の解決策を見出すことができるようになるとの考えから，諸企業が率先して生態貸借対照表を作成することを要望した．ところが，当時のフランスにおける経済社会的背景からして，生態貸借対照表はほとんど具体的な展開をみることなく，暫くのあいだ影を潜めることになった．クリストフ（Christophe, B., 1992b, p. 96.）によれば，その後1990年には，実現することはなかったが，議員立法によって生態貸借対照表の法制化が試みられ，1990年代初頭における環境情報に対する要求の高まり

とともに、この生態貸借対照表が再び注目されることになる。

本格的にフランスで環境会計が問題になってくるのは、EMASが1993年に制定されてからであろう。1994年には、欧州会計諮問フォーラム（Forum Consultatif de la comptabilité）[4]での環境会計に関する会計規定の草案がCNCで検討され、また1995年には、会計専門雑誌 *Revue Française de Comptabilié* において「環境と会計」に関する特集が組まれるとともに、OEC（専門会計士協会：Ordre des Experts-Comptables）の高等審議会が叢書本の出版を目的として「会計と環境」をテーマとする研究グループを創設した。OECのその研究では、PCG（Plan Comptable Général）の枠組みのなかに環境に関わる諸要素を反映させるためのガイドラインとして、グリーン・プラン・コンタブル（Plan Comptable vert；略称，グリーンPC）が提示された。

このように環境会計は、社会関連会計の下位部分として位置づけられ、社会貸借対照表とともに社会関連会計としての役割を担うことを予定されてきた。この社会関連会計は、クリストフ（Christophe, B., 1992b, p. 96.）によれば、企業がつぎのような2つの目標を達成するための情報システムであったとされる。

① 企業活動によって引き起こされる外部性を問題として、社会関連領域における企業責任を正確に担保すること（社会関連利用のための分析会計を構築する試み）；

② 外部性の低減について得られた成果を第3者に伝達すること（伝統的な会計の枠組みのなかで財務会計によって支持される役割と同じ）。

社会関連会計のこのような目標からすれば、生態貸借対照表は社会貸借対照表と同様に外部性にアプローチするために構想されたことになる。それではなぜ、社会貸借対照表は法制化され、生態貸借対照表は法制化されることがなかったのであろうか。この点については、シュネーデル（Schneider-M. G., 1998, p. 64.）が、現在でもなお、「北欧諸国では、地方政府や近隣住民が企業の環境管理に対する強力な圧力手段となっているが、このような傾向はフランスにあっては大変ゆっくりと進行している。フランスにおいては、まだ伝統的な産業

雇用確保が自然環境の尊重原理よりも重要なのである」と指摘していることを，ひとつの要因として認めなければならないであろう．しかし，社会関連会計の延長線上で環境会計を考えるならば，外部性との関係からこのことを問わなければならない．

この問題について，クリストフ（Christophe, B., 1992b., p. 96.）は，「どのように外部性を考慮するのかを知らなかった」からであると説明している．社会関連会計の具体化のひとつとしての社会貸借対照表に記載される数値資料は，伝統的な会計と直接的な関係をもっており，社会関連会計の本来の狙いである外部性との関係が限定されたものになっている[5]．これに対して環境問題は，企業を取り巻くすべての利害関係者に関わるものであり，社会貸借対照表が対象とする特定の利害関係者としての従業員に限定されるものではない．環境会計は，この外部性の問題に真正面から取り組むものであり，「環境会計は社会関連会計の一部ではなくそのものである」とさえ言われることにもなる．この点は，後（表4-3）にみるように，クリストフが社会貸借対照表を伝統的な会計の構成要素とみなしていることにも反映されていると思われる．

したがって，外部性を考慮することをその役割とする社会関連会計の延長線上で環境会計を構想するとすれば，上にみた生態貸借対照表の第1の方法ばかりではなく，第2の方法である新たな会計的装置を設けることによって，外部性の内部化がどの程度なされ，それがまた環境保全に対してどのような効果をもたらしたのかを測定し，外部の環境情報の利用者に伝達することが重要な課題となってこよう．

第2節　財務会計と環境会計

環境会計は社会貸借対照表と同様に外部性を測定することを課題としている．それでは，環境会計が対象とする外部性は財務会計とどのように関わり，財務会計はどのようにその外部性を考慮するのか．

図 4-1 伝統的会計と環境会計の観察領域

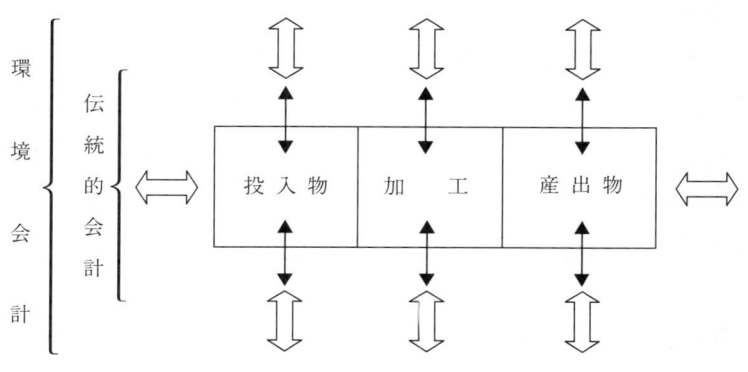

◆──▶ 財務会計と同時に環境会計による情報として利用されるコスト
⇔ 企業活動に起因する外部性

出所：Christophe, B., 1992b, p. 98.

1. 環境会計の外部性

クリストフ（Christophe, B., 1992b, p. 98.）は，外部性に対する財務会計と環境会計との観察領域の相違を図 4-1 のように示して，両者の関係を説明している．

図 4-1 から明らかなように，環境会計は，企業の計算書には現れない外部性を研究することを主な目的としている．だがそれは，伝統的な会計（財務会計）の枠組みで考慮される環境保全対策に関わるコストについての情報をも伝達する関心をもっている．したがって環境会計は，財務会計とは異なる外部性を考慮するという特異性をもつことになるが，相互浸透のあるコストに関しては財務会計から完全に分離されていない．そのために，環境会計は 2 つの観察領域をもつことになる．すなわち環境会計は，財務会計の枠組みですでに把握されるデータばかりではなく，財務会計が提供しないデータをも会計的装置を設けて首尾一貫した方法で提供することを試みる．ここに，環境会計が環境問題に対する会計的アプローチと呼ばれる所以があろう．

この観察領域で問題となるのは，財務会計に現れる内部化された相互浸透の

あるコストと相互浸透のない外部性のコストとの区別である．クリストフの考える環境会計は，両者を含むものであり，内部化されたコストと内部化されなかったコストを識別し，内部化されなかったコストをどのように評価するのかが問題となってくる．と言うのは，環境保全対策をおこなうことによって内部化されたコストと，内部化されなかったコストの評価は異なるのであり，内部化されたコストに対する効果を内部化されなかったコストとの関係から把握することによって，環境保全対策の有効性を判断することが，環境会計を構築するさいの懸案となっているからである．

環境会計がこのような外部性に対する会計的アプローチとして位置づけられるならば，環境会計は伝統的な会計とどのような関係にあるのか．クリストフは表4-3のようにそれぞれの構成要素を対照させて，伝統的な会計と環境会計とを比較している．

表4-3　伝統的会計と環境会計

伝 統 的 会 計	環 境 会 計
経 営 分 析 会 計	エ コ ビ ラ ン
財 務 会 計	負の付加価値
社会貸借対照表 （1977年法律）	環境貸借対照表または 生態貸借対照表

出所：Christophe, B., 1992a, p. 51.

この比較から明らかなように，エコビラン（écobilan）[6]は汚染を低減させるための生産プロセスの分析をその役割としており，管理会計と同様に内部的な利用に供される経営分析会計と対応関係にある．これに対して，ここで問題としなければならないのは，財務会計と同様に外部的な利用に供される負の付加価値の算定や環境／生態貸借対照表の作成である．この点でまず注目されるのが，すでに指摘したように，社会貸借対照表が伝統的な会計の構成要素として位置づけられていることである．この社会貸借対照表と財務会計をつなぐ概念が付加価値であり，付加価値会計は伝統的な会計のなかに含まれている．つぎに注目すべきことは，環境／生態貸借対照表が社会貸借対照表と対応関係に

あることである．このことは，社会貸借対照表の作成が法制化されたことに引き続いて，生態貸借対照表に関する研究が開始され，1980年にCNCによってその作成が推奨された経緯からしても，社会貸借対照表と生態貸借対照表がそれぞれの問題に対処するために，同じレベルでの手法として考案されたことを示していると考えられよう．だが，両者の外部性に対する性格は異なる．そしてさらに，クリストフが問題とする環境会計の視点は，社会貸借対照表に対応する環境会計ではなく，財務会計に対応する環境会計，すなわち負の付加価値（valeur ajoutée négative）の算定にあることに注目しなければならない．このような負の付加価値概念の導入は，後にみるように，環境問題への会計的アプローチとして，財務会計と融合した環境会計を構想させることになる．

2. 財務会計と外部性

どのようなデータを収集し，どのように測定・伝達するのかは，それを使って何をするのかにかかっており，環境に関する貨幣情報の選別のさいには，企業によって追求される目的，すなわち何を意思決定するのかを問うことが必要になる．したがって，OEC高等審議会の「会計と環境」の研究（OEC, 1996, p. 56.）においては，財務会計と環境会計との観察領域の問題は，実際に企業によって環境に対して支出された金額を認識するのか，それとも環境保全対策に関するコストの増加分を企業に負担させることを集合体が決定するならば，企業の負担となるコストをシュミレーション（帰属・擬似計算）して把握するか，いずれの視点をとるかによって異なってくると考えられている。

この研究メンバーであるアントーム（Antheaume, N., 1996, pp. 55-61.）は，このような観点から，企業に対する環境情報の要求を，財務会計が応えることのできるものとできないものとに区分して，環境会計の2つの様式について言及している．まず，環境情報の要求に財務会計の枠組みをもって応えようとする立場についてみてみよう．欧州会計諮問フォーラムにおける環境会計に関する見解やOECの提示するグリーンPCの立場がこれに該当する．

CNC（CNC, 1994, pp. 15-17.）の会計原則・国際関係部門のメンバーは，

1994年12月15日に会計諮問フォーラムでの環境会計に関する草案を検討し，つぎのような環境会計の定義を採用している．

「環境会計は，企業活動によってもたらされる自然的要素の悪化 (raréfaction) やこの悪化を回避するためにとられた手段に関する情報を提供することをその役割とするシステムである．」

これに対してクリストフ (Christophe, 1992b, p. 97.) は，つぎのように環境会計を定義している．

「環境会計は，企業活動に結び付く自然的要素の悪化の程度に関する有効な情報システムであり，この悪化を低減するために，また第3者に伝達するために利用しうる情報システムである．」

CNC の検討した環境会計の定義とクリストフのそれとでは，一見すると何ら異ならないようにみえる．しかし両者は，「環境会計は企業の環境保全活動に関する情報の測定と伝達の体系である」ということを指示しているとしても，クリストフは自然的要素の悪化の程度を問題とし，環境会計が自然的要素の悪化の改善やその効果を伝達するために有用であることを強調している．言い換えるならば，CNC の視点は経済社会状況を背景とする環境情報の要求に応えるための環境会計を問題としているが，クリストフの視点は会計の立場から積極的に環境問題に関与し，その解決に有用な環境会計の様式を問題としていることになろう．したがって，このような定義に基づく環境会計に対する CNC の見解は，クリストフの視点とは異なり，それまでほとんど指針が設けられてこなかった環境に関わる項目の記帳処理について，財務会計の立場から検討をおこなうものとなる．その内容は，引当金の設定と環境支出の資産計上の問題に集約される。

- 生態関係の危険・費用引当金の設定については，その設定のための判断基準として，つぎのような点が検討されている．

―企業が環境にもたらす損傷を防止・低減または修復する義務を法律上ないし契約上負っていること；

―執行役員会がそのような損傷を低減または修復することを約束しているこ

と；たとえば役員会が，そのことをおこなう意思表明または一般的政策，その活動部門の現行業務ないし公衆の期待を考慮して行動することを免れることができないような場合には，または役員会が環境にもたらされる損傷を予防・低減ないし修復することを決定し，この決定を他の企業部署か外部のいずれかに伝達した場合には，このような契約が存在するものとみなす；また，

―負債ないし損失の金額が充分な確実性をもって評価されうることを条件とする．

これらの基準に対するCNCの当該部門のメンバーの意見（CNC, 1994, p. 16.）は，2つに分かれた．ひとつは，この基準を受け入れるために環境システムの検証人認可制度を至急整えることを主張する立場である．もうひとつは，これらの基準はとくに斬新なものではなく，これまでの会計原則における引当金の設定基準で充分であるとの立場である．この立場は，公衆の期待は企業に環境保全対策を約束させるように迫るので，引当金の設定は難しい問題を投げかけることになるとの危惧を表明している．

- 生態関係の支出の資産計上については，環境保全支出はコストとして計上されるが，自然資源を保全するため，生態的な損傷を回避するため，またその規模を縮小するために認められる支出は，それらが企業活動に継続的に役立つと想定される場合には，つぎのような2つの基準のうち1つが該当するならば，固定資産化することができると規定されている．

―それらの認められた費用が，予想される生態的な利益（bénéfices écologiques）に関係し，また企業の資産能力を増加させるか，その安全性ないし効率性を改善することによってその耐用年数を延長するならば．

―それらの認められた費用が，将来の活動にもたらすことになる環境汚染を限定ないし回避することができるならば．

この条件については，生態的な利益という概念が問題となったが，この点についてのフォーラムの立場は，解釈の柔軟性を保持するために慎重であり，また将来展望的なものであるとされている．しかしながら，環境保全対策の有効

性は，内部化されたコストに対する効果を内部化されなかったコストとの関係から把握することによって判断されると考えられるのであり，この概念が明確に定義されなかったことは，内部化されなかったコストの把握の難しさを示していることになろう．

CNC が検討したこれらの問題について，アントームと同じく OEC の「会計と環境」の研究メンバーであるミコール（Mikol, A., 1995, pp. 35-36.）は，つぎのような見解を述べている．

環境関連の引当金については，自然環境の保全に関する 1976 年 7 月 19 日付法律 n° 76-663 に対処するために，すでに許容されてきており，また環境関連支出の資産計上については，それが研究開発費に該当するならば，1983 年 11 月 29 日付デクレ第 19 条；IASC 基準 n° 9（1999 年 7 月以降，n° 38 の発効により廃止．）によってすでに資産計上されている可能性がある．したがって，PCG82 の単純な適用ないし注釈は，企業相互間の比較を可能にする環境状況の忠実な描写（une image fidéle）を企業が提供するのに充分なものである．

CNC の検討やミコールの見解から明らかなように，ここで対象とされる環境会計は，財務会計の枠組みのなかに環境情報をいかに取り込むかが問題とされている．したがって OEC（OEC, 1996, pp. 45-93.）は，「PCG のエスプリは環境を考慮することを可能にする」との立場から，より実践的に環境問題にアプローチする手法のひとつとして，PCG の勘定組織において環境に関わる取引を記帳するためのガイドラインである，グリーン PC を提示している．これによって，表 4-4 のような貨幣評価による環境情報は，環境会計と相互浸透のある環境コストを提供することが促進されることになる．しかしながら，とくに引当金については，実際に環境に対して支出されたものではないので，「定義および金額評価」欄でも指摘されているように，まだ多くの評価上の問題を抱えている．

財務会計の枠組みでとらえられるこのような環境情報は，株主・債権者や企業の内部管理にとって有用な情報となるであろう．しかし，それは企業を取り巻くすべての利害関係者の情報要求に応えることはできない．アントーム

第4章 財務会計・付加価値会計・環境会計 91

表4-4 貨幣情報の情報内容

	定義および金額評価	企業間・産業部門間の比較の可能性	情報内容
課徴金、租税および罰金	実行は容易	いずれにおいても、課徴金は地域および産業部門によって異なる。	企業がそのあいだの企業は地域およびあいだのコストとの支払うことになるものを表示する。
過年度中に実現された投資（R&D支出は別に処理される。）	汚染除去投資に関係する場合は容易。新技術の導入ないし工程の変更の場合には…何が環境に関係する部分かを決めることは難しい。	つぎのことに依存する。・これらの投資を評価するためには、これらの前提が明確に公表されること・同一の前提を採用する企業数	投資額と次年度以降に生じる汚染低減とのあいだには、明確に確立される関係はない。(IFFの支出は、汚染の種類、活動部門および設置場所によって、同じ効果をもたらさない。)*
汚染の防止、原材料・エネルギーの節約に使用される固定資産	汚染除去投資に関係する場合は容易。いわゆる新技術を考慮する場合には難しい。環境に関係する部分は何か？	比較は総額によってのみ可能であるに過ぎない。・これらの投資を評価するためには、これらの前提が明確に公表されること・同一の前提を採用する企業数	これらの資産が大きさければ大きいほど企業が環境を尊重する程度が高いと結論してはならない。環境に使用される資産は総額で比較するし、また重大な環境問題に直面している会社を識別することができるので、過年度中に実現された投資よりも好ましい。
天然資源（水、大気、原材料）やエネルギーの消費に関係するコスト***	水、電気…などの請求書から、実行は容易。	産業部門間の比較可能性はない。逆に、同じ活動を行う企業の比較を企図することはできる。	不変価格で、企業はその活動を行うために必要な天然資源やエネルギーをうまく「管理」しているか。
運営コスト（人件費、維持費、分析費…）	投資と同様	投資と同様	多年度での経年変化を観察する目的で、または他の産業部門ないし会社との比較を実現する目的で、これらの運営コストを環境に使用される資産の総価値に引き戻す可能性。
生態破壊の低減を目的とする研究開発支出	投資と同様	投資と同様	ある企業が予測して対策を試みる問題の性質やその対策に充当するようになる金額についての指標として役立ち得る。
将来コストのための引当金	多数の予想外の出来事のために注意を要する評価：・はるか未来の期限・技術上の変化・立法上の変化	まちまちで比較可能性を要する評価方法、比較可能性も同様である。	将来、企業に提起されることになる諸問題の性質や過去になされた見積評価の失敗を正すために、実際にはならない金額についての指標として役立ち得る。

* : Antheaume, N., 1996によって補完された部分。 ** : Antheaume, N., 1996によって追加された項目。
出所：Antheaume, N., 1996, p. 57 et Le rapport environnement, 1996, pp. 68-69.

(Antheaume, N., 1996, p. 58.) は，そのような環境情報の要求として，つぎのものを挙げている．

—その活動に基因する汚染を低減するために，また天然資源やエネルギーの消費を根本的に削減するために，企業によって達成された努力を判断すること；

—環境へのインパクトが最も弱いものを多数の工程ないし生産物の間で選択すること；

—企業の汚染活動の事実から第3者によって負担される支出を概算すること．企業がこれらのインパクトのために集合体が支払うことになるコストの全体を完全に保証しなければならないとすれば，天然サイトの破壊，大気中の二酸化硫黄のトンあたり排出ないし重要な天然資源の採取は，どのぐらいのコストになるのか．

このような環境情報の要求に応えるためには，新たな会計的装置を施した環境会計の別の様式を検討する必要がある．アントーム（Antheaume, N., 1996, pp. 58-59.）によれば，このような環境会計の様式に対処するために，これまでに2つの方法がとられてきたとされる．

ひとつは，内部的にはライフ・サイクルの分析であり，外部的には環境宣言や環境報告書に現れるもので，環境政策の目標，その目標を達成するための手段および達成された成果を表すものである．これらの報告は義務的なものではないが，その内容は EMAS と同じものである．すでにフランスでは，約300の企業がル・モンド（Le Monde）を通じて環境報告をおこなっていると言われる．しかしこのような方法は，物的データを解釈するさいに，環境レセプターの質（大気，水，土壌など，汚染の受容度の相違），生態系の複雑性，気象条件および汚染の種類，などが重要な因子となるので，地域や活動部門の異なる企業間の比較を困難にする．また総合化の指数は，その指数を構成しているさまざまな汚染物質の重み付け（pondérations）の選択および正当性に依存することになる．

もうひとつは，自然環境へのインパクトの事実によって，企業が集合体に負

担させることになるコストについての情報を提供することに関係している．これはフル・コスティングないし全部コスト（full costing ou coûts complets）と呼ばれる方法に基づいている．その代表的な事例として，オランダの情報処理コンサルタント会社である BSO/ORIGIN 社の環境勘定（environmental accounts）がある．この環境勘定は，しばしば環境会計の進むべき方向を示唆するものとして考察されており，その様式は環境会計の課題とも言うべきものである．

第3節　付加価値会計と環境会計

BSO/ORIGIN 社は，1990 年の年次報告書において，自社の活動による環境へのインパクトを貨幣評価し，それを付加価値から控除して環境勘定を作成することを試みている．そこには，個別企業の立場から付加価値概念が導入されており，とくにフランスでは，クリストフ（Christophe, B., 1989, pp. 67-73.）も考察しているように，マクロ環境会計との関係を視野に入れたミクロ環境会計の様式として注目される．

1.　BSO/ORIGIN 社の環境勘定

BSO/ORIGIN 社の環境勘定にあっては，企業活動によって環境汚染がもたらされるが，当該企業が汚染防除対策をとることによって外部性の内部化をおこなったとしてもなお残る外部コスト，すなわち集合体ないし第3者によってコストの負担がなされる外部性および放置される環境悪化が環境勘定の対象に含まれている．言い換えれば，企業がいかに環境への負荷を低減させることに努力したとしても，企業活動そのものが環境に対して負荷を与えることは免れることはできないのであり，その負荷は企業が国民経済においてその貢献として生み出す付加価値から控除されるべきもので，これを控除した価値が環境に配慮した当該企業の国民経済に対する貢献であるとの考え方に基づくことになる．

表 4-5 は，1990 年の BSO/ORIGIN 社の環境勘定[7] の要約であり，これは下式のような諸概念に基づいて算定されている（CICA, 1997, p. 89.）．そこでは，

約 Dfl. 2 億 5,500 万の付加価値から約 Dfl. 200 万の当該企業以外で処理された環境保全対策に対するコストや最終的に残留する汚染の評価額が控除されて，約 Dfl. 2 億 5,300 万の正味付加価値が算定されている．なお，内部化されなかった外部性である控除価値は，成果（Dfl. 2,100 万）の約 10 ％に相当する．

この算定式から明らかなように，BSO/ORIGIN 社の環境勘定では，付加価値は国民福祉としての国民所得への企業の貢献度として位置づけられている．したがって，環境問題は国民福祉の観点からすればマイナスの要素であり，これ

表 4-5　BSO/ORIGIN 社の環境勘定（単位：Dfl.千）

付 加 価 値：	255,614	控 除 価 値：	
環境影響コスト：	2,209	環境影響コスト	2,209
環 境 支 出：	216	環 境 支 出	−216
			1,993
		正味付加価値：	
		付 加 価 値	255,614
		控 除 価 値	−1,993
			253,621

正味付加価値＝付加価値−控除価値

付　加　価　値：人件費
　　　　　　　　＋減価償却費，引当金
　　　　　　　　＋財務支出
　　　　　　　　＋租税公課
　　　　　　　　＋純利益（−損失）
控　除　価　値：企業活動に基因する環境影響コスト
　　　　　　　　−これらの影響を低減するための当該企業による環境支出
環境影響コスト：当該企業以外での排出対策ないし処理に関連する環境コスト
　　　　　　　　＋残留影響コスト，すなわちすべての処理や対策が施された後に残る環境への影響の貨幣評価額
環　境　支　出：第3者への支払，すなわち当該企業の排出（汚水防除や浄水処理，廃棄物回収や処分）に関連する委託環境活動のための支出
　　　　　　　　＋環境関連税
　　　　　　　　−環境関連補助金
限　界　コスト：所与の排出レベルを充足するための排出処理および／または対策の単位あたりコストによる評価額

が付加価値から控除され，環境に配慮する企業の国民福祉への真の貢献度として正味付加価値が算定されている．このような手法は，上妻（上妻，1993, pp. 35-36.）が説明しているように，マクロ環境会計としてのグリーン GDP の算定手法を援用したものである．

グリーン GDP は GDP ―［環境保全目的の最終需要］・［自然環境の悪化分］として算定される．この算定式から明らかなように，環境影響コストは，［環境保全目的の最終需要］と［自然環境の悪化分］に対応しており，付加価値からの控除価値はこの環境影響コストから当該企業が実際に負担したコストを中間消費として控除したものになる．またここでは，環境関連税マイナス補助金が考慮されているが，環境支出として含めるか否かについてはさまざまな見解がある[8]．国民会計との関係からすれば，租税は政府消費支出として最終需要に結び付くものである．環境のサテライト勘定（INSEE, 1986, p. 19.）では，政府が課徴金，税金，罰金などとして得た資金を環境保全対策に充当すれば，政府が資金提供者となる．したがってこのような方法は，マクロ環境会計の手法を援用したミクロ環境会計の試みとみなされ，付加価値会計の延長線上での環境会計の提案として一応の評価を与えることができるのであるが，マクロ環境会計と完全な概念的対応関係をもっているわけではない．

ところで，この BSO/ORIGIN 社の環境勘定は，当該企業そのものがどのように環境保全活動をおこなって，正味の付加価値を生み出したのかがみえないとの批判を受けることがある．BSO/ORIGIN 社は情報コンサルタント会社であり，その環境負荷の大部分が自動車輸送，事務所の暖房・電力消費によるものであるために，環境保全対策を強く意識しないかもしれないが，このことは製造業にとっては大きな問題であろう．したがって，表 4-3 の伝統的な会計と環境会計との対応関係からすれば，当該企業がどのように環境に配慮して正味付加価値を生み出したのかを明らかにする役割を，環境／生態貸借対照表の作成にもとめる必要がある．この点は，社会貸借対照表に組み込まれた付加価値概念が付加価値会計の分配面に視点をあてるものであったが，生産性の分析との関係から付加価値会計の生産面が強調され，余剰計算書（comptes de surplus）[9]

の登場をみたことに相応する．

このように，BSO/ORIGIN 社の環境勘定は，マクロ環境会計の手法を援用して，これまでにみられなかったミクロ環境会計の様式を採用している．それは，つぎのような2つの点で，新たな挑戦をしているところに大きな特徴があると指摘される（CICA, 1997, p. 69.）．

① 貨幣価値による評価が信頼しうるまた正確なものとみなされるように，環境へのインパクトや影響について，貨幣価値で評価するための適切な方法論や前提を決めること．

② 外部利用者の情報要求がどのようなものであろうと，外部利用者にとって意義があり，有用な方法でフル・コスト情報をどのように伝達するのかを決めること．

これらの特徴は，環境情報が独立した数値資料ではなく，それを伝統的な会計の枠組みと結び付けることを企図するところに由来する．付加価値概念はそのために導入されている．したがってそこでは，それぞれの環境情報の項目が，付加価値の算定と嚙み合うように評価されなければならない．すなわち，付加価値から控除される価値を，どのように貨幣評価するのかが問題となる．

BSO/ORIGIN 社（CICA, 1997, pp. 90-91.）は，この点について，社会が環境問題について合理的な態度をとり，排出制御手段の限界コストが限界ベネフィットに等しくなる点まで環境保全対策がとられることになるという基本的前提のもとに，限界コストを評価基準としようとした．ところが，このような前提はすべての環境要素に適合しない．また，環境保全対策に関わるベネフィットを評価するためには受益者を特定する必要があり，不特定多数に関わる受益者のベネフィットを評価することは難しい．そこで BSO/ORIGIN 社は，ある水準での環境保全の限界コストをもって貨幣評価の道を開いている．すなわち，健康上の最適な環境水準を達成するために必要な排出制御手段の限界コストを算定することによって，この問題に対処している．たとえば，二酸化硫黄や窒素酸化物の排出を制御する限界コストは，オランダの国家環境政策追加計画（NEPP-Plus）によって示された水準の2倍をもって，二酸化炭素の排出水準

は気象変動に関する政府間パネル（IPCC：Intergovermental Panel on Climate Change）のガイドラインをもって，汚染水については飲料水としての浄化水準をもって，大気汚染や浮遊灰については，焼却廃棄物の1％がリサイクルされ，残留物はすべて焼却される水準をもって，それぞれの限界コストを算定している．そして，このように算定された限界コストを排出量に乗じることによって，環境影響コストが算定される．したがってここでは，ある環境要素の特定の水準での環境へのインパクトに対するコストが環境影響コストの算定基準とされており，すべてのインパクトを考慮する算定基準がとられているわけではないし，またその波及効果をも含めたある環境要素のすべての価値（コスト）が問題とされているわけでもない．

　このような方法がとられたのは，言うまでもなく環境負荷の程度を決めることのできるような市場が存在しないからである．もし環境負荷のコストを正確に評価することができれば，環境管理にとってそれは理想的な方法であろうし，政策の優先性を決めるさまざまな環境負荷の相対的な重要度を表現するかなり良い手段となるであろう．しかしながらBSO/ORIGIN社は，上にみたような間接的な方法をとり，その評価が正確ではないものとしても，すなわちその評価の不充分性を認識しつつも，それが環境影響コストの序列を示すのに役立つと考えている．確かに貨幣評価は，環境要素の相対的な重要度を示すことになると考えられる．しかし，このような重要度の序列は，物量に対して重み付けをおこなうことによっても可能である．環境影響コストの序列を問題とするのであれば，いずれにしても汚染物質の重み付けの選択や正当性の問題がつきまとうのであり，あえて貨幣評価に固執する必要もないであろう．したがって，BSO/ORIGIN社の環境勘定にとって，伝統的な会計と結び付けることを企図し，付加価値算定の様式と絡めて環境情報を提供しようとしたことこそ問題とされなければならない．この問題こそ，フランス会計において，これまでに幾度となく検討されてきた課題なのである．

2. 負の付加価値と環境会計

BSO/ORIGIN 社の環境勘定は，マクロ環境会計，すなわちグリーン GDP の算定手法の援用であった．このようなミクロとマクロとの会計手法の援用は，とくにフランスでは周知の関係である．クリストフ（Christophe, B., 1989, p. 67.）もこの点について，つぎのように述べている．

「財務会計とは異なり，環境に関する企業会計は一般的な経済的解釈の体系化を整えていない．それゆえ環境情報の不充分性に対して，企業会計が環境情報に関して，外見上もっと進歩している国民会計から着想を得る義務がないかどうかを問うことができる．実際，フランスにおいては，さまざまな会計システムの変革は，少なくともその形式面においては，両会計の接近によって特徴づけられるものと思う．したがって，この確認からすれば，企業会計と国民会計が環境情報のレベルで収斂すると考えるのは当然であろう．」

このような一般的な観念に対してクリストフは，情報処理の方法や環境情報の要求の充足方法に関して，両会計が異なった視点にあることを説明しようとする．その典型が企業会計における引当金の問題であり，当該企業の環境へのインパクト（環境損傷）に対して積極的に引当金を計上することを想定し，これを負の付加価値として控除することを検討する．この負の付加価値は，環境負債の考え方に結び付くもので，クリストフ（Christophe, B., 1995, p. 88.）は，BSO/ORIGIN 社の環境勘定をとりあげ，付加価値からの控除価値に対応することを指摘している。

負の付加価値に相当する引当金の設定が，財務会計の枠組みのなかで認められるならば，クリストフ（Christophe, 1992a, p. 52.）は，つぎのような処理（仕訳）がなされるとする．

(借方) 62 負の付加価値勘定 ××× (貸方) 15 環境引当金 ×××

ここで用いられている勘定番号は，1982 年 PCG のものであるが，68：引当金繰入額勘定ではない．それは，仕入および外部費用のための勘定 62 であることに注意しなければならない．というのは，このような環境引当金の設定に

よる環境コストは，PCG の発展システムでの成果計算書，すなわち経営管理中継残高表（tableau des soldes intermédiares de géstion）において算定される付加価値からの控除項目となるからである．

　引当金の設定そのものに関しては，何ら斬新性があるわけではない．上にみたように，欧州会計諮問フォーラムでも財務会計の枠組みのなかで，環境に関連する引当金の設定が検討されていた．この環境引当金がそのような環境関連の引当金と異なるのは，BSO/ORIGIN 社の環境勘定と対応させるならば，付加価値からの控除価値のうちどれほどが当該企業の環境負債として認識されているのかを判断させるためのものであり，何ら法的義務がなくとも引当金を設定するところにある．したがって，この負の付加価値概念の導入による貸借対照表と損益計算書は，つぎのように表示されることになる．

貸借対照表		損益計算書	
<積　極>	<消　極>	<費　用>	<収　益>
固　定　資　産	自　己　資　本	仕入高・外部費用	売　上　高
棚　卸　資　産	研究開発引当金	**負の付加価値**(1)	
流　動　資　産	**環 境 引 当 金**	その他の費用	その他の収益
	負　　　　　債	正　味　成　果 (2)	
		修　正　成　果(2)−(1)	

出所：Christophe, 1992a, p. 52.

　財務会計における引当金は，環境関連コストを事前に認識することによって，将来のリスクに備えることができる．PCG の15：危険・費用引当金はまさにそのために設定される．ところが，引当金の設定要件を充たすことによって環境関連の引当金が設定されたとしても，国民経済の立場からすれば，外部コストが内部化されたことにはならず，実際の支出があってはじめて内部化されたとみなされることになる．したがって，PCG において導入された経営管理中継残高表において，負の付加価値という要素を考慮したとしても，その結果をそのまま国民経済における環境支出と結び付けることはできない．このことは，個別

企業の会計に付加価値概念が導入されたとしても，企業の中継勘定（comptes intermédiares entreprise）を介在させることによって国民会計との接合が企図されたのと同様に，負の付加価値についても，つぎのような接合関係を想定しなければならないことを意味している．

企業会計における環境経営費用（環境引当金繰入額を含む）

= 　企業会計での環境コスト
　－環境引当金繰入額
　＋年間投資額

= 　国民会計での環境支出
　＋貸借対照表に計上される環境引当金
　＋負の付加価値に関係する環境引当金

= 　国民会計での環境コスト

出所：Christophe, B., 1992a, p. 55.

このようにクリストフは，PCG の経営管理中継残高表における付加価値算定の要素に負の付加価値を組み込む可能性について検討している．これによって，企業の中継勘定での資料収集と結び付く国民会計における環境支出，望むならば国民会計においても環境コストの把握が可能になる．したがってクリストフ（Christophe, B. 1992a, p. 57.）は，ミクロ環境会計とマクロ環境会計の相違を指摘するが，両者の補完関係については否定していない．

BSO/ORIGIN 社の環境勘定は，グリーン GDP の算定手法を援用したものであった．そこで算定される正味付加価値は，減価償却費を含むグロスの概念であり，さらには引当金を含むものであった．これに対して，伝統的な会計における財務会計の枠組みのなかで，環境問題に対処するために考慮されるのが負の付加価値に対する引当金の設定である．クリストフは環境規制に対処する引当金以外に，環境負荷に対して企業が任意で設定する引当金を付加価値の算定要素として考慮するために，それを負の付加価値と呼んで環境に対する対価

（中間消費）として控除することを検討している．したがって，BSO/ORIGIN社の環境勘定における正味付加価値は，グリーンGDPの算定の狙いを色濃く反映することになり，当該企業が持続可能な開発をめざす社会的目標において，付加価値を生み出すためにどれほど環境負荷を与えているのかを表すことになるが，クリストフの立場は個別企業の視点にあり，当該企業がいかに環境問題に対処して成果（損益）を計上したのかを修正成果として示すことが狙いとなっている．その算定結果は，グリーンGDPの意図するところとは異なり，当該企業の環境に対する積極的な配慮の度合いを財務会計の概念と関連させて示すことになる．

したがって，負の付加価値概念を環境会計の構成要素として位置づけることは，企業が環境に及ぼした負荷（損傷）を修復するために投入されなければならないコスト，すなわちクリストフが規定する外部性に対して，当該企業が内部化することを予定するコストを表すことになる．しかしながら，この負の付加価値に対応する引当金を設定するためには，その要件である合理的な概算の可能性が，他のいずれの要件よりも中心的な問題となろう．この点についてクリストフ（Christophe, B., 1995, p. 90.）は，汚染の網羅的な把握，市場の欠如，特定の汚染の負担配分およびコストに対する効果の相関関係の把握など，4つの観点から評価上の問題点を指摘している．

付加価値会計との関係からするBSO/ORIGIN社の環境勘定とクリストフの見解は，それぞれが依拠するマクロかミクロかの視点の相違を反映しているが，いずれにしても外部性のコストをどのように評価するのかを課題とすることになる．しかしながら，クリストフの考察は，企業の中継勘定を介して国民勘定での環境支出さらには環境コストを算定することを示唆するものであった．したがって，経営管理中継残高表の付加価値が企業の中継勘定に集計されて，産業別付加価値率を算定することをひとつの狙いとしていたように，企業の中継勘定に集計された環境支出ないし環境コストと付加価値との関係，さらには付加価値構成要素との関係をもって，企業が考慮すべき一定の負の付加価値額が概算ではなく実績値として提示されることになる．これもまた，BSO/ORIGIN

社の環境勘定と同様に,すべての環境影響コストを問題とするものではないが,このような情報連環は現実に考慮されている外部性を認識させることになり,企業が内部化すべき外部性に対して産業別の標準ないし競争条件を提示することになろう.

かくして,BSO/ORIGIN 社の環境勘定にしろ,クリストフの環境引当金の設定にしろ,マクロとミクロとの関係から環境情報を付加価値会計と結び付ける意義を見出すことができる.このような環境会計の提唱は,付加価値会計の登場の意義と重なることになる.

第4節 付加価値指標の有効性

かつてペイトン・リトルトン(Paton, W. A. and A. C. Littleton, 1965, p. 3, 訳書, 1969, p. 5.)は,『会社会計基準序説』において,企業経営の公的側面についてつぎのように述べ,会計の役割のひとつとして資源配分の効率性を指摘した.

「資本は公共の利益に役立つような産業に,また同一産業のなかでは経営者が資本を有効に利用しうる企業に流入すべきである.……収益力(earning power)についての信頼しうる情報は,資本が有能な者の手中へ流入し,また不要産業から流失することにたいして重要な助けとなりうる.」

またクリストフ(Christophe, 1992b, p. 97.)は,環境会計の定義にさいして,その有効性(efficient)の観点から第3者に対する情報の提供を重視して,つぎのように述べている.

有効性とは,「コボー(Cobbault)によれば,その機能を遂行するのに適しているということであり,情報システムは,(市場経済の厳密な枠内に位置づけられようが位置づけられまいが)資源の配分を決定するための信頼しうるサイン(signaux fiables)を表明しなければならないだろう.」

新古典派的な世界を想定した「一般株主・投資者」を指向する会計のこのような役割は,企業の収益力に関する情報の提供が,国民経済全体の効率的な資源配分に寄与することになり,財務会計制度におけるミクロとマクロの組織的

な連環のための論拠を与えてきた．もともとミクロ経済学では，「個」が「全体」に対して貢献する機能をもつとは考えられていないのであり，全体の構成要素の行動目標が相互に調整されてバランスすることが，全体社会体系の目標となる．それゆえ，環境という財の価値がたとえ市場において裁定されないとしても，企業活動に関わる環境負荷が，ひいては環境保全対策の効果が企業の収益力に影響を及ぼすならば，企業が環境問題に対して配慮しないことは，資源の効率的な配分という会計の役割に応えることはできないことになる．したがって，環境会計がこのような資源配分の効率性という役割と結び付くためには，どのようなサインを措定するのかが問題となろう．

CNCの環境会計についての見解やOECの提示するグリーンPCは，当該企業がどのように環境に配慮したのかを財務会計の枠組みをもって判断させることになる．そこでは環境会計の新たなサインは問われない．これに対して，BSO/ORIGIN社やクリストフの場合には，伝統的な会計が財務会計と社会貸借対照表とを結び付ける付加価値概念の導入によって社会問題への対処を企図したのと同様に，付加価値概念をもって環境会計のサインを見出すことを試みている．

投資者が環境問題に直接関心を示さないとしても，環境問題への対処のいかんによって企業の業績が影響されることが実証されるならば，企業の業績と相関して環境資源の効率的な配分がおこなわれると考えることができる．しかし，このことがすべての環境要素に該当しないならば，企業の業績向上（収益力）には結び付かない環境コストは，伝統的な視点からする投資者の判断からすれば無視されることになろう．したがって，環境問題を解決するためには，法的な拘束性に依存せざるを得ないことにもなる．またここに，資金調達と環境への配慮とを直接的に結び付ける役割をもって，エコ・ファンドが登場した意義を見出すこともできよう．だが環境問題は，企業に対する利害関係者のすべて，すなわち投資者を含む社会の構成員のすべてに関わっており，企業の業績もまた環境問題に関わるすべての要因によって作用されるとみなければならない．それゆえ，環境会計の視界は，投資者だけではなく，環境問題に関わるすべて

の利害関係者を対象にし,それが収益力にどのように影響を及ぼすことになるのかを判断させるようにすべきであり,ここに環境会計への総合指標としての付加価値概念導入の意義を認めることができる.

グリーン GDP の算定において,環境に配慮することは GDP の減少をもたらすのではなく,むしろ GDP を増加させることが示されたように,環境に配慮することは付加価値の増加と結び付くことになる.したがって,付加価値指標と環境への配慮は正の相関関係をもつことになり,付加価値指標を環境会計のサインとするならば,環境を含む資源配分の効率性に寄与することができるかもしれない.ところが,付加価値概念は生産性の観点からすれば,さまざまな構成要素が総合されたものであり,必然的に付加価値の創造に関与した利害関係者のあいだでその分配の裁定をしなければならない.企業に付加価値の分配の裁定が任されている以上,環境への配慮はこのような裁定の問題を避けることはできない.

また付加価値概念は,環境会計のすべての問題に答えることはできない.原材料・エネルギーの消費は,経営状況での技術的変更がないものとすれば,天然資源の悪化をもたらし,その消費による汚染は水や大気のような自然的要素の悪化をもたらす.逆に,原材料の節約は,天然資源の保全に寄与し,自然的要素への環境負荷を低減させる.これに対して,環境汚染防止のためのコストは,環境負荷を低減させるが,天然資源の保全には関係しない.いずれの方法をとるかによって,当該企業にとっての効果(収益力)は異なってくる.したがって,シュネーデルが指摘しているように(Schneider-M. G., 1998, p. 64.),「汚染が社会的に重視されるものであれば,汚染防止対策をとるが,それが大きなものでなければ,そのコストが収益に結び付く節約の方法がとられる」ことになる.このような事情は,付加価値概念からは判断することができないものであり,どのような環境保全対策によって付加価値が生み出されたのかを判断するのは,余剰計算書と同様に環境/生態貸借対照表の役割となり,付加価値算定項目との関係からそれを作成する必要があろう.

環境問題に対する利害関係者にとっては,外部性が内部化され,環境負荷が

回避されるか低減されるならばそれで満足であるかもしれない．しかし環境会計は，経営主体がこの外部性をどこまで内部化し，それをどのように効率的（戦略的）におこなっているのかを問題としなければならない．企業が何らかの環境保全対策をとることによって環境負荷が低減するとしても，環境負荷を低減させるための環境コストが，収益力に対してマイナスの要因となるならば，環境に配慮した企業の製品価格は上昇することになるであろう．また，グリーン・エネルギーのように，消費者が割高な料金を許容するかもしれない．逆に，そのことが製品価格の上昇に結び付かず変化がないとすれば，エネルギー・原材料の節約やリサイクル収益のような経済的効果があったか，付加価値構成要素のいずれかの分配に変化があったことになるであろう．したがって，企業の環境保全対策のためのコストは，ある時点での環境を維持するためになされた付加価値の生産面の分析を，環境／生態貸借対照表に余剰分析の手法，とくに生産諸要素の価格低下や製品価格の上昇からもたらされる継承余剰（héritage）を組み入れておこない，その分配の関係に対して付加価値算定項目のいずれがどれほど関与しているのかを明らかにする必要があろう．このことを考慮すれば，付加価値指標はミクロ環境会計のサインとして，環境に関する総合的な情報連環を形成することに役立つと思われる．

1) フランスでは，SMEA（Système de Management Environnemental et d'Audit）と呼称される．
2) bilan social という表現は，労働組合の報告書の名称としても用いられており，これと区別するために，また会計の立場から bilan social を問題とすることを意図して，社会貸借対照表と呼称することにする．bilan environnemental/écologique についても同様．
3) 1977年には，マクロ環境会計としての環境のサテライト勘定（compte satellite de l'environnement）に関する研究も始められている．
4) このフォーラムは1990年に創設され，欧州諸国の会計標準化機関，欧州専門会計士連盟（FEE），欧州企業代表機関，財務分析家などを含み，会計分野での欧州委員会に助言をすること，また各国専門家の意見交換を促進することを役割としている．
5) 社会貸借対照表においても，企業の環境情報を提供することができるとの見解もあるが，従業員関係と環境関係は EAE（企業の年次調査）においても，つぎのように明確に区分される．

報告されるべき事項：
——事故による汚染防止の支出（貯留容量，緊急停止，制御装置）．
——労働者保護のための投資を除いて，企業活動によって引き起こされる危険に対する予防や対策の支出（爆発，火災…）．
6) エコビランについての考察はここでは割愛するが，ラブーズら（Labouze, É. et R. Labouze, 1991, p. 78.）は，付加価値に対する環境破壊の価値の比として生態的収益性（rentabilité écologique）の分析手法を提案している．
7) BSO/ORIGIN 社の環境勘定については，OEC（OEC, 1996, p. 57.）や，CICA（カナダ勅許会計士協会：Canadian Institute of Chartered Accountants）の研究報告書（CICA, 1997, Appendix b, pp. 89-98.）においても紹介されている．以下の考察は，CICAの研究報告書に基づいている．
8) 1995年12月に公表された欧州会計諮問フォーラムの報告書では，環境破壊の予防または低減，ないしすでに引き起こされた汚染の修復に関連する支出のみが環境支出とみなされ，課徴金，租税および罰金などは環境支出とみなされてはいない．ICAEW（イングランド・ウェールズ勅許会計士協会；Institute of Chartered Accountants in England and Wales）やCICAはともにこれらを環境支出とみなしている．これに対して，OECは，表4-4の上段の情報内容にみられるように，現状を何も変えないために企業が支払うものであり，課徴金，租税および罰金を環境支出として含めるが，環境保全支出と区別して表示することを提案している．
9) 余剰計算書とは，総生産性の変化とこれに関与する利害関係者への分配との関係を，差異分析の手法によって表示したものである．この点については，小関（1988, pp. 65-83.）を参照されたい．

参 考 文 献

上妻義直（1993）「オランダBSO社の環境計算書」『社会関連会計研究』第5号．
小関誠三（1988）「フランス会計のマクロ視点と余剰計算書」，『会計』第133巻第1号
Antheaume, Nicolas(1996),"Comptabilité et environnement— Quelles évolutions pour la comtabilité et pour la profession d'expert-comptable ?—", *Revue Française de Comptabilité*, n° 284 Décembre.
Antheaume, Nicolas et Pierre Marcenac(1999), "Les rapports environnement—Un phénomène de fond qui concerne la profession comptable—", *Revue Française de Comptabilité*, n° 313 Juillet-Août.
Christophe, Bernard(1989), "L'Environnement naturel : source de rapprochement entre la comptabilité nationle et la comptabilité d'entrprise ?" *Revue Française de Comptabilité*, n° 206-Novembre.
Christophe, Bernard(1992a), "L'expert-comptable face à la comptabilité environnementale", *Revue Française de Comptabilité*, n° 235-juin.
Christophe, Bernard(1992b), "La comptabilite environnementale et ses enjeux", *Revue Française de Gestion*, Juin-Juillet-Août.
Christophe, Bernard(1995), "Les informations écologiques de la comtabilité financière

traditionnelle", *Revue Française de Comptabilité*, n° 272 Novembre.
CICA(1997), *Full Cost Accounting from an Environmental Perspective*, CICA.
CNC(1980), *Bulletin Trimestriel du Conceil national de la comptabilité*, n° 45-4e trimestre.
CNC(1994), *Bulletin trimestriel du Conceil national de la comptabilité*, n° 101-4e trimestre.
INSEE(1986), *Les comptes satellites de l'environnement, Métodes et resultats*, Collections de l'INSEE, série C, n° 130.
Labouze, Éric et Robert Labouze(1991), "Qu'est-ce qu'un écobilan ? ─ L'expert-comptable et la gestion de l'environnement─", *Revue Française de Comptabilié*, n° 229 Décembre.
Labouze, Éric et Robert Labouze(1995), "La comptabilité et l'environnement", *Revue Française de Comptabilité*, n° 272 Novembre.
Mikol, Alain(1995), "La comptabilité environnementale doit-elle être normalisée ?", *Revue Française de Comptabilité*, n° 272 Novembre.
OEC(1996), *Information financière et environnement*, ECM.
OEC(1996), *Le rapport environnement*, ECM.
Paton, A. C. and A. C. Littleton(1965), *An Introduction to Corporate Accounting Standards*, AAA.（中島省吾訳『会社会計基準序説』森山書店，1969）
Schneider-Maunoury, Grégory(1998), "Éco-bilan et analyse comptable", *Revue Française de Comptabilité*, n° 302 Juillet-Août.

第 5 章

環境負債の認識
──負債概念の拡大について──

はじめに

　環境問題は時代とともに変遷し，深化している．1970年代のそれは環境規制の強化によって対応し，一定の解決をみたことは周知のとおりである．しかし，それはあくまでも緊急避難的であり，「負の遺産」はそのまま潜在的に今世紀にまで持ち越されているといっても過言ではない．最近，日本経済新聞の社説は「環境革命，まず一歩を踏み出せ」というタイトルで，つぎのような警告を発している．つまり，21世紀の最初の10年で，文明が大量生産・大量消費・大量廃棄という体質の転換に成功しなければ，地球上の生態系は随所で破綻し，人知による修復はおぼつかなくなる（日本経済新聞社，2001, 1. 8），というのがそれである．そうした中で，企業は環境保全の取り組みや，それに対する資金投入とその成果を会計情報として開示するいわゆる「環境会計」の動きが活発である．ただし「環境会計」といってもその領域は，現行の制度会計の枠組みの中で開示するものから，その枠に限定されることなく生態論の視点を配慮したものまで多様な領域に及んでいる．さらに「環境会計」として想定されている情報内容も，財務情報に限定することなく企業の環境特性を反映した数量情報や記述情報まで含めて議論されているのが現状である．

ところで，1992年6月,「国連環境開発会議」で採択された『環境と開発に関するリオ宣言』では，27の行動原則をかかげているが，その1つに「各国の効果的な環境法の制定（第11原則）」がある．しかし，国内法であれ，国際法であれ，法制度の進展は，政府開発援助（ODA）や企業活動の早い動きと世界的規模の広がりに追いつけず，現実とかけ離れたものになっているのも現実である（坂口洋一, 1997, pp. 223-224)．と同時にわれわれは，基本的な環境規制の進展は必要であると認めつつも，過度の規制強化による自由企業制度の崩壊をおそれるものである．効率的な環境規制により，企業は，優れた，しかもコントロールのよく効いた内部管理システムによって環境負荷を低減する努力を継続し，その結果を外部に公表していかなければならない．この対応は，一方的な規制強化に突き進むことを回避するもので，会計は，自己規制と情報公開の手段としてその役割が期待されている．

わが国では，環境会計上の諸問題のうち，現行の制度会計の枠組みを前提として貸借対照表上の環境負債についてはほとんど検討されていないのが現状である．環境負債とは，当期の環境関連支出ではないが，環境保全のために将来支出される額を見積計上することである．こうした環境負債の認識・測定の制度化が，アメリカやカナダおよびヨーロッパの会計基準設定機関や公認会計士協会により進められており，また国連もグローバルな視点に立って環境会計の国際的調和化に向けて積極的に指針作りに係わってきている．外国におけるこうした動向の背景には，環境関連の規制強化に伴う環境コストと環境負債の増大にもかかわらず，年次報告書には環境情報が欠如していること，さらに会計処理の裁量余地の多さに基づく比較可能性の点で問題があること，などが考えられる．

以下ではまず環境負債に関連して，わが国の企業会計原則の引当金規定について概観し，その上で企業の実際の開示状況について検討する．そこでの論点は，環境関連の費用と損失を経済的事実として如何なる時期に認識し，会計上いかなる時点で引当金を計上しているかである．本来ならば，現実の環境汚染による人的被害が発生する以前に，つまり顕在化する前の段階で原因となるそ

の事実を発見し，経営管理上，適宜に対応することが要請されている．そうした早期の環境保全処理と同時に，それを会計上，環境負債として認識し，開示する必要がある．

そうした意味から，わが国の現状を踏まえながら，国連の環境会計の見解を基礎にして，今後の環境負債の1つの方向を検討する．グローバルな命題の解決には，危機意識の世界的な共有と，合意に基づく共同行動は不可欠であり，したがって国連の環境会計の取り組みに注目している．とりわけ，引当金の問題は，見積性と不確実性のゆえに主観性が介入し，したがって実務面では弾力的性格を有している．また会計基準についても負債概念の規定不在から，その本質は必ずしも明確ではない．公害時代の会計処理，グローバル化や地球環境問題で揺れている現代の会計上の対応を追跡し，さらには国連の環境会計論争に依拠しながら，現行負債概念の可能性について検討する．

第1節　わが国の環境負債の現状——引当金を中心として——

企業の業績尺度としての利益は，収益から費用および損失を控除して計算される．この場合，費用および損失は支出に基づいて計上されるが，その支出は必ずしも現金そのものの支出を意味していない．現金支出はもちろんのこと，未払費用のような支出が明確になった費用の額や，引当金のようにそれに準ずるものが含まれる．未払費用は債務の確定した費用であるが，引当金は法律的に確定していないが発生の可能性の高いものを指している．こうした引当金概念の導入は，企業の純資産の有高よりも収益力の測定に重点をおくもので，戦後のわが国の会計制度の動態論的会計思考として特徴づけられるものである．

しかし，こうした会計思考の中で，つぎのような問題に対してどのような会計処理が可能なのであろうか．例えば，数年後に大型の産業廃棄物が発生する場合，その処理に莫大な費用がかかる．また土壌の汚染度合いが進行し，問題となった土壌全体を取り除く必要が生じた場合，浄化作業に莫大な費用が必要となる．このように環境保全のために多額の処理コストが確実でないにしても高い確率で予想される場合，それに要する将来の費用を推定した上で，当期に

その費用を見越計上し，例えば「廃棄物処理引当金」とか「土壌浄化引当金」として貸借対照表の負債の部に計上することが可能であろうか．

この点について，昭和56年6月の商法改正に伴って修正された昭和57年4月の企業会計原則注解18が参考になる．そこでは，負債性引当金と評価性引当金とを含めた「引当金概念」が明確にされ，同時に，科目も具体的に例示している．このように例示されるに至った経緯は，商法287条ノ2の引当金の改正審議に際して，引当金から利益留保性引当金を排除することを前提として，偶発損失引当金まで引当金の範囲を拡大するという了解のもとに改正案が作成されたことにある（黒澤　清，1982, p. 19）．その結果，注解18において，偶発損失であっても発生の可能性の高いものについては，引当金に該当するとし，同時にその偶発損失引当金の例示として，債務保証損失引当金と損害補償損失引当金の2つが例示されたのである．つまり，従来の負債性引当金概念では狭きに過ぎたとして，これまでの費用性引当金に偶発の損失性引当金まで含めて上記の2つが例示項目として加えられている．

このように，わが国の企業会計原則においても，偶発事象に備えて引当金を設定することが認められるようになったが，このことはつぎのような文面からも確認できる．つまり，企業会計審議会の「負債性引当金等に係る企業会計原則注解の修正に関する解釈指針」（昭和57年4月）では，負債性引当金の設定要件の1つとしてこれまでの「確実に起こると予想され」が「発生の可能性が高く」に修正された．「確実に」という場合には，法的に定められた契約などよるもの（例えば退職給与引当金）や過去の実績からみてその発生の確実性を実証することができるものに限られていたが，「可能性が高く」になると，判断の難易度が増加するものの，ある事象に対して企業独自の判断から個別的な損失に備えて引当てを設定することが可能となる．

また，「偶発損失を計上することができない」という文面が，修正後では「発生の可能性の低い偶発事象に係わる費用または損失」について，「偶発損失の引当計上を全て否定しているのではなく，発生の可能性が低い場合の引当計上を禁止している」趣旨が明らかにされた．また，同解釈指針では，「修正後

の注解18に掲げられている引当金項目は実務の参考に供するための例示である」とし，この例示の解釈は概念規定に準拠して判断されたもので，その他の引当金もありうると示唆している．

それでは企業会計原則注解18では，引当金概念をどのように規定しているのであろうか．注解18では，引当金設定要件ついて「将来の特定の費用又は損失であって，その発生が当期以前の事象に起因し，発生の可能性が高く，かつ，その金額を合理的に見積もることができる場合」と定めている．その設定要件が充足される場合には，「当期の負担に属する金額を当期の費用又は損失として引当金に繰入れ，当該引当金の残高を貸借対照表の負債の部又は資産の部に記載するものとする．」としている．

したがって，以上の文面から引当金設定の要件は，(1) 将来の費用・損失事象が特定できること，(2) そうした事象が当期以前に起因していること，(3) そうした事象の発生可能性が高いこと，(4) 当該費用・損失の金額が合理的に見積り得ること，である．これらの要件をすべて充足すれば，当期の負担に属する金額が引当金として繰入れられ，また当該引当金の残高が貸借対照表の負債の部または資産の部に記載されることになる．ただし，すでに述べたように発生可能性の低い偶発事象にかかわる費用または損失については，引当金は計上することができない．

なお，設定要件(1)について，注解18では，将来の特定の費用だけでなく損失も含められているところから，費用性の引当金だけでなく損失性の引当金も対象になり，したがって損害補償損失引当金も含められることになる．費用性引当金も損失性引当金もともに見積計上される点では共通しているが，前者は事業遂行の中で継続的・経常的に発生するので，過去の経験確率や法規により費用または損失の見積りが比較的容易であるのに対して，後者は経営者の判断によるところが大きい．「確実」という条件から「可能性が高い」という条件に変更されたことは，すでに述べたようにある事象に対して引当てをするか否かの決定に経営者の判断が介入することになる．つまり，「可能性が高い」といっても，発生の確率が90パーセント以上なのかそれとも80パーセント以上

で済むのか，また，多くの企業の経験確率を参照して判断するのかそれとも特定の企業の経験に将来の予想を配慮して決定するのかであり，これらはすべて判断に左右されることになる．

また(2)の「当期以前の事象に起因する」とあるから，当期または前期との関連性が要請されている．そこで，将来の費用・損失事象の当期以前における起因が問題になってくる．例えば損害補償損失引当金を考える場合，訴訟とか住民との契約の締結がそれなのか，それ以前の振動とか騒音の発生自体なのか，「起因」たる原因をいつの時点で特定するかが問題になる．一般に，「原因」となる事実の存在を一定の期間に特定することは非常に困難である．なぜなら，時系列の流れの中で，企業内外のいくつかの事象が次第に累積し，複雑に絡み合って特定の損失が顕現し，現実化するのが通常であるが（岸　悦三，1984, p. 40），ここにも経営者の判断が重要な要素となってくる．

このように負債である損害補償損失引当金に関して，その性質上，推定・予測を伴い，客観的に設定することは困難なものが大部分である．したがって，経営者の判断に依存することが大きく，その計上は著しく恣意的になるおそれがあるので，できるだけ明確な基準を設けて，その引当計上の妥当性を確保することが必要である．いずれにしても，偶発損失は，わが国において，薬害，公害，債務補償，海外投資などで現実の問題になってきている．この点について，「注記」で十分な段階，「引当金」として計上が必要な段階，さらには「確定債務」として負債に記載する，といったように3つの処理が考えられる．過度に引当金を設定すれば，結果として利益留保性の引当金にまで拡大解釈されることになり，そのことが企業の利益操作の意図を助長する原因にもなる．

さらに引当金として，例えば損害補償損失引当金で処理するにしても，その認識時点は明瞭でなく，実務上からは問題あるとされている．以下では，わが国の環境に係わる引当金の現状につい概観してみる．武田薬品工業は，昭和53年3月決算では，2,500百万円のスモン訴訟塡補引当金を計上している．これは，和解金額を基準として計上したとされている．また，昭和55年9月期（中間決算期）におけるスモン訴訟塡補引当金は，12,796百万円にのぼってい

る．このように引当金概念を使用しているが，和解の成立は法的にはすでに確定した債務であり，したがってその実体は確定債務としての「未払金」という科目の方がより適切である（細田，1983, pp. 126-127）．

また，チッソの場合には，水俣病患者から損害賠償の請求を受け，法的決定を基礎として認定患者への賠償の基本的合意に基づいて補償を実施している．この合意という事実を根拠に当該引当金が設定されているが，これも引当金としては不適切であることは当然であろう．具体的数値でいえば，昭和53年3月期の有価証券報告書では，特別損失の部では水俣病補償金5,194百万円，水俣病補償引当金繰入2,436百万円，また特別利益の部では水俣病補償引当金戻入1,232百万円として表示されている．水俣病補償引当金は，洗替法により毎期設定され，取崩しがおこなわれ，実際の支出額は水俣病補償金という科目になっている．この数字から判断するに，実際支払額が過剰であり，引当金の不足がかなり大きいことが分かる（細田，1983, p. 127）．これの会計上の処理は，公害問題で日本列島が揺れ動いていた頃のものである．ところが，チッソの平成7年度の有価証券報告書では，水俣病補償損失6,328百万円，水俣問題解決一時金6,560百万円および公害防止事業費負担金2,791百万円等の水俣病関係の損失が計上されている（河野，1998, p. 182）．このことから最近のチッソの有価証券報告書では，水俣病補償引当金の設定がなく，単純に現金主義に従って水俣病に関連する支出を損益計算書に費用として計上し，貸借対照表上には，かつてのような引当金の記載が存在しないように思われる．

最近の有価証券報告書（平成7年度）では，上記のような過去の公害訴訟に係わる環境負債はむしろ例外である．住友金属鉱山，三井金属鉱業など大手の非鉄金属6社は，「金属鉱害等公害防止引当金」を記載している．このような引当金が環境負債として貸借対照表上に計上されたのは，「金属鉱業等公害防止措置法」によるもので，その法の指定する特定施設使用による鉱害防止のための支出見込額である．また日本化薬は，「旧福山工場土壌処理引当金」と「福山湾内浄化対策引当金」を記載している．前者は重金属汚染を受けた旧工場跡地の汚染処理に備えるために必要な支出見込額である．後者は，「公害防

止事業費事業者負担法」に基づき汚染原因者の一員として工事費を一部負担することになった結果，その支出に備えるための負担見込額が引当金として見越計上されている．さらに，矢作製鉄では「公害補償負担引当金」を記載しているが，これは「公害健康被害の補償に関する法律」に基づき，賦課金と拠出金に備えるべく当社の見積額である．そして住友金属鉱山と三菱マテリアルが「廃棄物処理引当金」を，また黒崎窯業が「鉱害補償引当金」を計上しているが，この他の企業はほとんど貸借対照表の注記による開示が中心である（久持英司，1998, pp. 130-131）．

わが国の事例から判断すると，貸借対照表上の環境に関する引当金の記載は，公害などの損害賠償を求める訴訟の場合，敗訴や和解に至った時点で損害補償損失の発生可能性が高いと判断し，決算時に「損害補償損失引当金」が設定されている．また，最近の有価証券報告書から明らかなように，環境に関連する規制強化，つまり「金属鉱業等公害防止措置法」，「公害防止事業費事業者負担法」および「公害健康被害の補償に関する法律」などの環境関連法規によって，環境修復・保全のための将来支出額を見積計上した上で引当金の設定がなされていることである．なお当期にその費用や損失を見越計上し，引当金を設定するといっても，武田薬品工業，日本化薬，矢作製鉄および黒崎窯業などのように環境修復コストに対処するという場合もあれば，大手の非鉄金属6社や三菱マテリアルのように将来の環境保全コストに対応する場合もあることが分かる．

以上の説明を整理すると，引当金の規定について「将来において特定の費用たる支出が確実に起こると予想される」から「発生の可能性が高い」に変更されたことは，環境負債認識のために，引当金計上の認識可能性の点から大きな前進であったと考えられる．しかし，すでにみたように，わが国の環境負債の認定つまり引当金の設定は極めて限られており，その会計処理は会計慣行として必ずしも実務上定着していない．その理由は，偶発損失が将来において現実に起こる可能性の程度は，大小さまざまであり，引当金設定には個々の企業の状況を斟酌して経営者にその判断が求められることにある．当該年度の費用ま

たは損失計上が妥当であったとしても，それはあくまで損失に備えた予測数値であって，どのような段階・時点で確定するかの問題もある．そこで，以下ではそうした問題を取り上げて検討することにする．

第2節　負債概念の解釈と環境負債の認識

上記で概観したように，訴訟での敗訴あるいはそれ以前の和解という事象は，不確実性を伴う段階からすでに確実性の段階，つまり確定債務の発生へと移行しており，したがって引当金の対象ではない．しかし，企業活動に起因する環境被害によって，地域社会などの住環境の悪化や人的被害が発生する前に，企業自らの責任において何らかの環境保全措置をとり，その結果を環境負債として，貸借対照表に描写できないのであろうか．自動車会社の土壌汚染の問題を例に取り上げて，このことを考えてみる．塗装工場では，通常，有害な化学物質を取り扱うが，(1) 創業初期の塗装工程の作業では，徹底した管理体制により漏出は微量であるから影響は少ないであろう．しかし，年数が経過するにつれて自然の浄化能力を超える結果，(2) 土壌汚染が進行する段階となり，遂には (3) 人的被害を招く程の汚染の深刻化による被害発生の段階となり，さらに (4) 訴訟の段階，(5) 和解または敗訴の段階，そして (6) 汚染土壌の浄化の段階になって終結する．

(1) と (2) の段階では，直接的な人的被害は発生していないが，(2) ではすでにその被害の原因となっている事象は潜在的に発生している．(4) と (5) の段階は，訴訟による裁判という最悪のケースであり，通常の企業では，そうした最悪のケースを回避して迅速に (6) の処置をするであろう．これまでの説明から，わが国において貸借対照表に引当金として記載されるのは，(4) か (5) の法的に支払義務が確定しているか，または既述のように関連する法規制によってその設定が求められている場合のみである．(2) と (3) については事例は少ないが，その場合，関連法規によって定められた手続きにより処理されているので，引当額に際しての見積りの困難性も相当に緩和されているものと思われる．

環境被害は，長期にわたって累積し，しかも複数企業の相乗作用によって顕

現化していくものである．企業活動には，いわゆるマイナスの製品を必然的に伴うものであり，したがって強制力のある法的規制からではなく，企業自らの判断で，その原因となる事実に着目し，早期に対応することがどうしても避けられないであろう．したがって，法的縛りがかかる以前に，上記の流れでいえば(2)の段階で環境保全の視点から環境負債を認識できないかが論点となってくる．

わが国の企業会計原則においては，負債の一部である引当金は，注解18により概念規定がなされているものの，負債それ自体の概念規定は存在しない．一方，欧米の環境会計に係わる各国の会計基準設定機関は，環境会計の開発に際して，既存の会計上の基本概念を検討し，またその枠組みの中で問題を処理している．もっとも既存の会計概念に基づくルールといえども，それはあくまでも利用者の経済的意思決定に役立つように，また，経営者に委託された資源の財務的スチュワードシップや説明責任の結果を示すように開発されてきた．したがって，環境会計が利用者の環境的意思決定に役立つためには，さらに経営者に委託された資源の環境的スチュワードシップや説明責任の結果を示すには，既存の会計の基本概念の他に，さらに追加的な指針が望ましい（United Nations, 1999, p. 22），というのも自然のなりゆきである．以下では，環境負債に関連して，FASB（アメリカ財務会計基準審議会）の負債概念について確認する．

FASBは「負債」を，「特定の実体の，過去の取引もしくは事象の結果として将来における他の実体に対する資産の移転またはサービスの提供という，現在の義務から生じる経済的便益の将来の犠牲の可能性」と定義している．この文言は，他の会計基準設定機関にも影響を与えている代表的定義である．この定義から，負債について下記のような3つの本質的な特質が認められることになる（FASB, 1985, 平松・広瀬訳書，p. 302）．

(a) 特定の事象の発生または要求に従って，ある特定の期日または確定しうる期日に，発生の可能性の高い将来の資産の譲渡または使用による弁済を伴うような，他の実体に対する現在の義務または責任を具体化している

こと．

(b) ある特定実体にそれを避ける自由裁量の余地をほとんど残さないか全く残さずに，ある特定実体に義務を負わせること．

(c) ある特定実体に義務を負わせる取引やその他の事象が，すでに発生していること．

　このことから，負債の要件とは(1)経済的犠牲を伴い，(2)ほとんどその義務が避けられないこと，(3)そしてその義務の原因となっている事象や取引がすでに発生していること，この3つである．なお，(3)の「義務の原因となっている取引や事象がすでに発生していること」については，その特徴の解釈をめぐって論争があるといわれている．CICA（カナダ勅許会計士協会）研究報告書の示唆するところでは，例えば，契約上のサインが過去の取引または事象の発生に基づいているか，がそれである（CICA, 1993, pp. 45-46, 平松・谷口訳書, pp. 83-84）．ここでは，実体に，浄化義務を負う程の環境汚染が発生していれば，契約の一部がすでに履行されており，よって負債が存在するという立場をとる．そうした解釈からすれば，環境汚染の発生そのものも負債を構成する1つの要件を有することになり，負債の残りの2つの要件を有すれば環境負債になる．

　1950年頃までの伝統的な負債概念といえば，法律上の金銭債務や債権者の請求権など確定債務が中心であり，不確実な見積りに基づく負債概念は否定されてきた（United Nations, 1999, p. 21）．つまり資産と同様に負債も，原始取引価額で測定し，貸借対照表上に記載するのが原則であった．しかし上記のFASBの負債概念では「経済的便益の将来の犠牲」という文言を含むところから，それは経済的概念へと変化し，さらには将来事象の認識と測定に踏み込むことを示唆するものである．

　環境負債の文脈の中でしばしば言及される会計基準に「偶発債務の会計」がある．将来ある事象が発生すれば，企業財務に何らかの損失を与える可能性がある．この場合，可能性のある損失を偶発損失という．FASB基準書第5号「偶発事象の会計処理」によれば，つぎの2つを充足する場合に当該損失に対

する引当を計上をすることとしている（FASB, 1975, para 8, United Nations, 1999, p. 21）.

(a) 財務諸表発行前に入手可能な情報により，貸借対照表日において資産が減損し，または負債が発生している可能性が大きいこと.

(b) 損失の金額が合理的に見積られるとき，がそれである.

AICPA（アメリカ公認会計士協会），UK（イギリス）とCICA（カナダ勅許会計士協会）の会計基準審議会，IASC（国際会計基準委員会）もこれまで類似の基準を公表してきた．ただし，「損失の可能性」と「損失金額が合理的に見積もられるのか」といった2つの問題が障害となって，これまで偶発債務は認識されてこなかったし，また，そうした論理は環境負債にも該当している．これに対して各国の会計基準設定機関は，こうした障害を理由に環境負債を認識しないことに反論を始めている（United Nations, 1999, p. 22）.

いずれにしても，環境に関する偶発債務はしばしば不確実性の要素が極めて高い．したがって，一貫性と信頼性を確保しながら，どのようにして財務諸表の本体に負債を計上するかが問題である．以下では，環境保全を視点にした負債概念の検討を，国連の「会計・報告の国際基準に関する専門家による政府間作業グループ（the Intergovernmental Working Group of Experts on International Standards of Accounting and Reporting：以下，ISARと略称する）の報告書に依拠しながら展開してみる．その内容は，これまで長年にわたって着手されてきたISAR自体の調査研究と欧米の会計基準設定機関の作業を総合したものである．なお，随所に引用している各国の会計基準設定機関の文言もISAR自体の報告書から直接引用したものである．その報告書の核心である「実務指針」（上田俊昭，2000を参照のこと）は，こうした予備的考察の成果である．

第3節 負債概念としての「義務」の拡張

すでに言及したように，負債の本質的特徴の1つは，実体にとって回避の裁量余地がほとんどないか全くないような義務が存在することにある．そこで義

務とは何かが問題になるが,「法的義務」だけでなく,「推定的義務」つまり法律や契約に基づくよりもむしろ特殊な状況から推定される義務や,又は倫理的もしくは道徳的配慮に基づく「衡平法的義務」,この3つのタイプの義務が識別される. 法的義務は,当然のことながら要件が充足するならば環境負債として認識される,という了解がある. 一方,推定的義務も負債としての要求事項を充足すれば当然のことながら負債として認識される,という一般的なコンセンサスがある.

FASB討議資料によれば,義務の概念は法的義務よりも広い. 法的責任が欠落している場合,汚染の浄化という推定的義務つまり法的負債を越える義務を,実体がもつというケースがあるとしている. 例えば,企業が法的に浄化義務のある生産サイトの1つに密接に関連している土地に汚染を識別することがある. 長期的に,良好な世論を形成するために,企業は膨大なコストがかかっても,法律の要求よりも高い基準で浄化する義務を負うこともある (United Nations, 1999, p. 23). IASC は,1997年8月の公開草案において,企業の過去の事象の結果として,経済的便益を譲渡するべき現在の法的または推定的義務を有するか,またはその場合にのみ引当金の計上が容認されるとしている. 現在の義務が存在するとは,経済的便益の譲渡をする以外に現実的な代替案が無い場合である. したがってIASCの立場は,「現実的な代替案」がありえない,という事実を強調している. IASC公開草案は,推定的義務としてつぎのような事例を挙げている. つまり生産サイトの1つに土壌の汚染を認識した企業にとって,法的に浄化の義務がないが,長期にわたる社会の利害のためや地域社会との関係維持のために,また公表された方針や過去の行動結果からそうする義務がある (United Nations, 1999, p. 24),という.

またIASC公開草案によれば,企業はいずれの支出も回避する裁量の余地を持ち続けるケースでは,負債は存在しないし,引当金も認識されないとし,取締役会の決定それ自体では引当金の認識のためには十分ではない,としている. このような決定が義務の発端とならないのは,その決定を撤回する権限を保持し,それによってその支出を回避できるからである,と明記している. 例えば

「土壌浄化引当金」の場合，取締役会で将来予想される土壌浄化の計画を承認しても，その承認を取り消す権限や計画自体を撤回することもありうるからである．

さらに，IASC公開草案は，法的ないしは推定的義務が過去の事象の結果として生じるとし，したがって将来に関連した支出を引き受けるべき単なる意図ないしは必然性は，義務を生じさせるには十分ではない，ということになる．また一般的な事業リスクは，貸借対照表日に存在する義務を生じさせないので，それらのリスクに対して引当金は設定されないとしているが，これも同様の趣旨と考えられる．1997年6月のUK-ASB（イギリス会計基準審議会）の財務報告公開草案（FRED）も，実体が経済的便益の譲渡をするのに現実的な代替案をもっていない場合に存在する（United Nations, 1999, p. 24），としてIASC公開草案のそれと類似のスタンスをとっている．

EAAF（ヨーロッパ会計諮問会議）の特記するように，環境負債や環境リスクが引当金として認識されるのは，企業の経営者が環境汚染の予防・削減・修復にコミットするときである．このようなコミットメントが存在するのは，例えば経営者が方針や意図の声明，産業の慣行や世論に準拠し，または企業経営者が環境汚染の予防・軽減・修復を決定し，その決定を内部的にまたは外部的に伝達するところでは，行動を回避する裁量の余地がほとんど無いに等しいことになる．こうした記述から，引当金として承認されるには，経営者の単なる宣伝としてではなく，社会一般に向けて表明された環境ポリシーとそれに裏づけられた計画，および明示的なコミットメントが必要であるということである．1995年4月のICAEW（イングランド・ウェールズ勅許会計士協会）の討議資料は同様の趣旨を特記している，つまり公的な声明もしくは宣言された方針の結果として，経営者がこのような政策を，撤回することなくコミットするならば，負債は明確になる（United Nations, 1999, p. 25），としている．

多くの会計基準設定機関は法的・推定的義務を負債に含めているが，しかし衡平法的義務には言及していない．UK-ASB公開草案では，法的義務に加えて，いくつかの推定的義務を強調している．それは実体の経営者の行動や陳述が，

実体外部の合理的な期待や行動に影響を及ぼし，その結果，その実体をして，閉鎖や除去を遂行するために実体の資源について将来の犠牲を回避する裁量の余地がない場合に生じる義務としている．また，UK-ASB 討議資料でも，経営者自身の行動によって回避できる支出は，負債の定義には該当しないし，また結果として引当金の認識には至らないとし，EAAF の文書は環境汚染を予防・軽減・修復するのにコミットしている企業の経営者に言及しているにすぎない．

一方，CICA の研究報告書によれば，負債には法的に強制された義務だけでなく，また衡平法的義務をも含むという．その義務は倫理的もしくは道徳的制約から発生し，したがって法的に要求されているよりもむしろ公平，公正，正義の視点から出てくるものである．CICA の研究報告書の表現では，たとえサイトを法的に浄化する義務はなくともそうする道徳的義務はあるかもしれない，ということを意味している．ISAR は，IASC，FASB および UK-ASB が衡平法的義務を承認していないことから，概念フレームワークまたは関連するステートメントに含まれる負債の定義を狭めているとし，専ら経営者の意図を根拠にして環境負債を認めることに躊躇があるようにみえる．その点から，ICAEW の 1996 年 10 月文書では，過去の汚染を浄化するための引当金は，実体がその汚染をただす義務をもつときよりも，その問題そのものに気付くと同時に設定されるべきであるとし，ICAEW 作業グループの示唆するように，このように広範囲に主張されている見解は，義務がないときでも必ず適切に開示する必要がある，とする見解を高く評価しているようにみえる（United Nations, 1999, pp. 25-26）．

以上の検討から，義務の概念を総括すると，例えば法による土壌浄化義務が存在しなくとも，持続可能性の観点から推定的義務や衡平法的義務が認知され，負債としての他の要件を充足すれば，それらの義務も財務諸表上に環境負債として計上されることになる．このように ISAR は，負債の多くは法的強制力のある義務から生じると認めつつも，それだけが負債の本質でないことを確認し，その上で，それを含むより広範囲な概念としての負債を指摘している．その根

拠としているのはFASBの負債概念である．しかし，推定的義務は負債に含めながら，衡平法的義務については結論として負債概念から除外している．経営者の良心，正義の感覚から発生し，公正，正当とみなされることをおこなうという衡平法的義務，これは単なる経営者の意図を根拠にしているということであえて負債にしていないのであろうか．もっとも倫理的もしくは道徳的であるこのような義務は，認識される以前にすでに推定的義務の特徴の一部をもっているということも影響していると考えられる．

第4節 合理的に見積もられる金額の程度

上記のように，負債として貸借対照表上に記載されるのは，回避できない義務の発生の可能性が大きい（probable）こと，さらに損失の金額が合理的に見積もられる場合のみである．そこで，発生の可能性が大きい（probable），とはどのような意味であろうか．将来の発生の可能性の程度については，「偶発事象（contingencies）」の基準が適用される．FASBの財務会計基準書第5号「偶発事象の会計」によれば，可能性の程度を3つの領域に分類している（FASB, 1975, 訳書，p. 63）．つまり（a）probableとは，可能性が大きい領域であり，それは将来，事実が発生する見込みがあるということであり，（b）resonably probableとは，可能性が合理的である領域であり，それは将来，事実の発生の可能性はなくはないが，大きいわけではないこと，そして（c）remoteとは，可能性がほとんどない領域であり，それは将来，事実の発生の機会がわずかである，ということである．この発生の可能性の程度に従って，つぎに述べるような偶発損失の計上または開示が求められる．（a）に属するものであって貸借対照表日に資産が減損し，または負債が発生していたものに限り，借対照表上に引当金を設定することができる．ただし，（a）に属するとしても，金額を合理的に見積もることができない場合と（b）に属する場合には，注記により表示することになる．

ところで金額が合理的に決定可能でないという理由で，偶発事象の損失を企業が記録できないことが指摘されている．負債の合理的な見積可能性に関連し

て，AICPA の特記するところでは，プロセスの初期段階では，多数の要素の不確実性のゆえに，コスト見積りをすることは困難であり，この要素には，サイトでの有害な中身（substance）の程度とタイプ，修復に使用される技術範囲，第3者に対する財務的責任と財務状況などが考えられる，としている．

そこで，AICPA の実務指針によれば，唯一の金額が特定されなくとも「損失の範囲」が合理的に見積もられる場合，損失金額の合理的な見積りという要求事項は充足されることになる．環境修復負債の範囲の見積りは，負債の種々の構成要素の見積りを結合することにより導き出される．修復プロセスの初期段階では，すべての負債の特別な構成要素は，合理的に見積りができないかもしれないが，しかし，こうした事実から負債の認識を締め出してはならない．認識される金額は，負債の最良の見積りであるべきであり，もし最良の見積りが特定できない場合，実体はその中の「最低の見積額」を認識すべきである（United Nations, 1999, p. 27），としている．

「最良の見積額」という認識は，今日では，一般に要求されている環境負債の慣行になりつつある．そこで「最良の見積額」とは何かが問題となる．UK-ASB 討議資料によれば，それは，その金額に不確実性があれば，バイアスのない，事情に精通した判断に基づくことであるとしている．唯一の数値が可能でなくとも，1つの範囲は可能なのである．少なくともその範囲内の最低金額が最良の見積額として利用されるべきであろうし，仮により良い見積額であればより高い金額の場合もあり得る，と述べている．EAAF 文書も，最良の見積りについて，技術と規制における既知の将来の動向を考慮にいれた既存の状況に基づくべきである，としている．もし採用された金額以上に損失の可能性があるならば，その事実を，注記によって開示すること（United Nations, 1999, p. 27），としている．

IASC は，1996年11月の DSOP（原則書草案）において，義務には市場価値により見積もられるべきであるとしているが，市場がないというケースがよくある．したがって，義務に対して見積額が適用されるが，それには考えられるすべての結果（outcome）と可能性を勘案して決定されることになる，と指

摘している．つまり（a）最も可能性の高い結果（すなわち最も高い可能性をもつ結果），（b）最大金額（すなわち，最もありそうな結果），（c）少なくともその範囲内（すなわち，最も低い可能性の結果から最も高い可能性の結果までの間のいずれかの金額）でのミニマムの金額，あるいは（d）予想価値（すなわち，結果をウエイトづけするため確率を用いながら，すべての可能な結果を考慮にいれた金額）の4種類がそれである（United Nations, 1999, p. 28）．

　土壌汚染による損失の合理的な見積額について，上記のケース別に，具体的な例を想定して考えてみよう．土壌汚染により500万円の損失が生じる可能性が10％で，200万円の損失が生じる可能性が30％で，損失50万円の可能性が70％である．（a）の「最も可能性の高い結果」では35万円であり，（b）の「最大金額」では500万円であり，（c）の「少なくともその範囲内でのミニマム金額」では下限である35万円から上限の500万円までの内いずれかであり，（d）の「予想価値」では145万円（500万円の10％プラス200万円の30％プラス50万円の70％）となり，見積金額がそれぞれ異なって認識されることになる．

　このDSOPを作成したIASC起草委員会は，上記の4つの中で，予想価値による方法こそが最も重要な見積方法であると表明しているが，その理由は，考えられるあらゆる結果とその可能性を反映しているからである，としている．

　以上，要約すれば，可能性の大きい将来支出の見積りとして唯一の金額が特定できなくとも，つまりそれが困難であるようなどのような状況でも一定の範囲の指定は可能であり，その範囲内で決定可能であることになる．その場合，経営者の最善の見積りでなければならないが，予想価値アプローチが最も重要であるとしている．なお，合理的な金額の見積額には一定の範囲があるとしても，将来支出の可能性が大きいのであれば，具体例の（1）において，最低がゼロということはありえないということになる．もし将来支出の可能性が大きいならば，一定の範囲内でのその金額はゼロであるから見積額を計上しないというのは論外ということになる．したがって，合理的な金額が一定の範囲で見積もられるからには，必ずある金額を発生させるということになる．

結びに代えて

　以上のように，本稿の後半では ISAR 報告書に依拠しながら，既存の一般に認められた会計基準を応用した環境会計の処理を概観してきた．これまでの財務報告書では，利用者の経済的意思決定に役立つように，また経営者に委託された資源の財務的スチュワードシップや説明責任の結果を示すには有効であったが，しかし環境的意思決定への役立ちや経営者に委託された資源の環境的スチュワードシップや説明責任の結果を示すには不十分である．そこで，既存の会計概念と基準を基本にしながらも，環境に配慮した追加的な会計基準や会計処理の指針に基づいてデザインされた財務報告書が不可欠となってくる．こうした環境会計の財務的アプローチは，すでに各国の会計基準設定機関によりピースミールに開発されてきているが，しかし，地球レベルの問題解決という視点から取り組む国連の ISAR 報告書に対してもっと注意深く見守っていく必要がある．

　ISAR 報告書に依拠して取り上げたのは負債概念が中心であったが，その核心を要約するとつぎのようになる．環境汚染に関連して，環境負債が認識されるためには以下の2要件を充足することである．

　まず，第1の要件として，実体（エンティティ）の側に，このような汚染を予防・削減・ただす義務があり，このような義務を回避する裁量の余地がほとんど無いことである．具体的にはつぎの3つのケースが想定されている．

(1) 行動に関して法律的もしくは推定的義務があること．
(2) 経営方針または決意の表明，産業の慣行や世評等から，経営者にとってこのような行動を回避する裁量の余地がほとんどないこと．
(3) 経営者がこのような行動を回避する裁量余地のための決定を，外部に対してまたは実体内部の他の部門に対して伝達していることである．

　さらに，第2の要件として，負債を決済するために必要な金額について，合理的な見積りがなされることである．ただし，見積りに困難が伴う場合には，その見積りに際して損失金額の範囲が指示され，その範囲内での最良の見積り

がなされることになる．なお見積りに際しては，専門家の判断にも依存することもあり，技術的にも規制的にも既知の動向は考慮されねばならないが，これまで実証されていない技術進歩の見越しは配慮してはならないない．このように2つの要件を同時に充足することで，環境負債として認識されることになる．

このような負債概念の拡張は，これまでの負債概念を基本にしており，地球環境保全という今日的問題の解決にとって極めて有効であると考えられる．ISARはこの負債概念の定義に依拠しながら，環境負債を議論し，整理しているが，しかし環境負債と引当金概念の関係については必ずしも明確であるとはいえない．推察するに，わが国の実務で定着している引当金会計も，欧米においてはそれほど定着していないという現状がある．引当金に代えて，見積負債（estimated liability）という用語が一般的であり，その主たる理由は「引当金（provision）という観念が，準備金または積立金（reserve）という観念と混同されやすい」（黒澤 清，1982, p. 16）からであるとされている．

しかし，現在，グローバルなレベルでの引当金基準化がIASCを中心に進められている．その背景には，引当金がすでに実践で普及してきているという現実である．しかし，それについても明確な指針が定着していないこともあって，経営者による財務諸表の数値操作の手段になっている現状が考えられる．また，わが国についていえば，すでに指摘したように，基本概念である負債概念の規定はなく，また引当金の計上規定はあるものの実務慣行についての明確な指針がないことから，恣意性介入の余地が多分にあるといわれている．

そうした概念上の問題をさらに厳密に検討するという課題は依然として残るものの，ISARの環境負債の考え方は，わが国の環境会計にどのような意義を有するであろうか．現実の環境汚染による人的被害または環境悪化が発生する以前に，個々の企業は自己管理システムによって対応することである．つまり顕在化する前の段階で原因となるその事実を発見し，経営管理上，一定の処置を施しながら，適宜にその対応する環境関連の費用と損失を経済的事実として認識し，環境負債もしくは引当金としてその結果を開示することである．この

ことは,上で述べたような負債概念の拡張から十分に可能であると結論できる.ただし,会計上の議論が予想されるのは,現在の義務として,法律上の義務の他に推定的義務を含めることの是非についてである.しかし,この推定的義務を一般に認めていくことが,環境負債の認識に通じると考えられる.現在,企業の自主的な取り組みである環境 ISO の認証取得の状況を考慮すれば,こうした拡張された負債概念の適用もそれ程困難とは思われない.ましてや,冒頭でも述べた背景から,環境面での企業活動の信頼性を向上させるためにも,また利害関係者の支持を勝ち得るためにも,企業の経営者は,こうした拡張された負債概念に基づく積極的な透明性と情報開示の努力を継続していくことが求められている.

参 考 文 献

合崎堅二(1983).『自由企業制度と会計』中央経済社.
上田俊昭(1998).「秩序維持機能としての会計と環境問題」『経理研究』第42号.
上田俊昭(2000).「財務報告書における環境会計」日本会計研究学会・特別委員会報告書『環境会計の発展と構築』第59回大会.
河野正男(1998).『生態会計論』森山書店.
黒澤 清(1982).「新しい計算・開示の体系について」『企業会計』第34巻第7号.
岸 悦三(1984).「引当金・準備金および積立金の費用性と利益留保性」『会計』第125巻第3号.
久持英二(1998).「有価証券報告書における環境情報の開示」『商経論集』第74号.
坂口洋一(1997).『地球環境保護の法戦略』青木書店.
日本経済新聞社(2001).「環境革命,まず一歩を踏み出せ」『1月8日朝刊』.
原田富士雄(1995).『動的社会と会計学』中央経済社.
細田末吉(1983).『改正商法による引当金会計の実務』中央経済社.
矢部浩祥(1996).「環境会計の現状と課題」飯野利夫・矢澤富田郎『現代会計理論と会計実践』税務経理協会.
CICA(1993). *Environmental Costs and Liabilities : Accounting and Financial Reporting Issues*,(平松一夫・谷口智香訳『環境会計―環境コストと環境負債』東京経済情報出版, 1995).
FASB(1975). *Statements of Financial Accounting Standards No.5, Accounting for Contingencies*,(日本公認会計士協会国際委員会訳『米国 FASB 財務会計基準書・外貨換算会計他』同文舘, 1984).
FASB(1985). *Statements of Financial Accounting Concepts No.6*,(平松一夫・広瀬義州訳『FASB 財務会計の諸概念(改訳新版)』所収, 中央経済社, 1994).
Schaltegger, S.with Müller, K./Hindrichsen, H.(1996). *Corporate Environmental*

Accounting, John Wiley & Sons.

United Nations (1996). *International Accounting and Reporting Issues : 1996 Review, Environmental Accounting*, Report by the Secretariat of the United Nations Conference on Trade and Development.

United Nations (1998). *International Accounting and Reporting Issues : 1997 Review, Environmental Accounting*, Report by the Secretariat of the United Nations Conference on Trade and Development.

United Nations (1999). *International Accounting and Reporting Issues : 1998 Review*, Report by the Secretariat of the United Nations Conference on Trade and Development.

第 6 章

製品指向型ミクロ環境会計の展開
―― シャルテガを中心に ――

第1節 シャルテガ理論による環境会計の特徴

 環境会計は企業経営における重要な課題で，わが国でも数多くの企業が経営管理手法として環境会計を導入しつつあり，環境報告書などを用いて成果の開示を試みる企業もある[1]．環境会計に関して確立した定義はまだ存在せず，試行錯誤で開発が進んでいる状態であるが，これまでのところ，ほとんどの取り組みは所与の経済システムを対象としたものである．

 だが，企業は製品やサービスを外部へ提供するために活動しているのであり，こうした経済活動こそが，原材料としての天然資源の採取や，有害汚染物質や地球温暖化に寄与するガスの排出などによる環境負荷をもたらしている．サイトや企業，プロセスのパフォーマンスを評価するための環境会計はもちろん重要だが，環境負荷とこれにともなう環境コストをその発生に「責任ある」製品やサービスに帰属させること（配分計算）も必要である．そこで，本稿はシャルテガによる環境負荷の配分計算を取り上げて，筆者が製品指向型アプローチによる新たな環境会計を構築するに当たっての端緒としたい．

 シャルテガ理論による環境会計は環境指向型会計（environmentally differentiated accounting）と生態学的会計（ecological accounting）から構成される．

環境指向型会計は伝統的会計の機能と枠組みを維持しながら，機構を精緻化し環境関連部分を分化させたものである．

生態学的会計は伝統的会計のサテライト会計システムであり，企業活動による環境干渉（environmental interventions）をさまざまな物量尺度で記録し，この結果をデータベースとして環境パフォーマンス（企業活動が自然環境に与える環境負荷の程度）を評価しようとする．なお，環境干渉とは，資源の採取や排出物の発生として企業活動が自然環境と行うマテリアルやエネルギーのやり取りのことである．シャルテガは環境干渉が公害問題や地球環境問題として表面化する環境負荷を引き起こす駆動力と考えるのである．

伝統的会計の部分集合である環境指向型会計と，サテライト勘定たる生態学的会計との2分法的な考え方がシャルテガ理論による環境会計の縦軸とするならば，環境負荷の配分計算は横軸に相当するもうひとつの主軸である．この配分計算に関して，シャルテガは伝統的な管理会計における活動基準原価計算（ABC：Activity Based Costing）の手続きを類推適用した環境 ABC（Ecological ABC）を提案する．

そこで，本稿は，初めに後述の第2節で環境指向型会計と生態学的会計の関係を明らかにする．続く第3節で生態学的会計を概括した後，第4節でモデルを用いて環境 ABC の手順を取り上げる．

第2節　伝統的会計の拡張と生態学的会計

環境規制の拡充にともなう罰金や料金，税金という形で，従業員の欠勤やモラール，企業イメージの低下という形で，あるいは，これらを回避するための環境保全活動のコストという形で，1970年代から環境コストは継続的に増加傾向にある．環境会計を考える上で，環境コストの管理は，企業経営に与える重大性から，もっとも重要な課題のひとつとなっている[2]．

環境コストの概念に関して，シャルテガは，環境悪化のうち何らかの形で社会厚生に貨幣的または非貨幣的な影響を及ぼすものと理解する．そして，社会正義などに関係せず環境上誘発されたということを強調するために「環境誘発

型コスト（environmentally induced costs）」と呼称し，「環境問題に固有の係わりを持ち，識別可能でかつ通常の企業行動に係わらないコスト」と定義する[3]．本稿では，以下，環境誘発型コストの意味で環境コストという用語を用いる．

シャルテガは企業にとっての測定のしやすさから，アメリカ環境保護庁（EPA：United States Environmental Protection Agency）に依拠して，図6-1のように環境コストを5つに分類する[4]．これらのうち浄化設備に係わる資本支出（減価償却を含む）やその経常・維持コストといった伝統的コストと，規制遵守や自主的対応に関係する隠れたコストは，ほぼ全て既に伝統的会計で認識されている．偶発コスト（偶発債務，潜在的な罰金や料金，税金など）も一部分ではあるが引当金や積立金として認識済みである．

図6-1 測定可能性から見た環境コストの分布

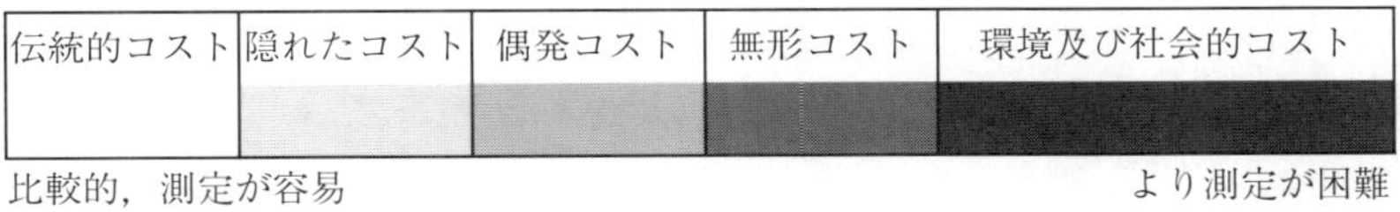

伝統的コスト	隠れたコスト	偶発コスト	無形コスト	環境及び社会的コスト

比較的，測定が容易　　　　　　　　　　　　　　　　　　　　　　　より測定が困難

出所：Schaltegger（2000），p. 102.

伝統的コストや隠れたコストの多くは，通常の原材料，資本財及び消耗品の費消コストとして処理されていたり，経営者の報酬や事務所の管理費，個別の製造工程に跡付けることができなかったその他のコストとともに一括して製造間接費に含められていたりする．これらの環境コストを財務諸表は明示的に反映していないが，少なくとも管理会計では，経営管理者の経済合理的な意思決定を改善するためにその他のコストから分化させて，責任ある製品やサービスへ適切に配賦する必要がある．伝統的会計におけるこのような環境関連部分の分化が環境指向型会計である．

環境コストの調査範囲に関して，伝統的コストと隠れたコストを中心に製品原価を測定することは，伝統的な財務報告を前提としてサイトや企業，あるいは製品別の期間損益を計算しようとする場合には適切である．だが，投資に対する意思決定のために長期的な財務指標を算出しようとする場合には，従来からの製品原価概念に調査範囲が必ずしも拘束される必要はない．投資評価

(investment appraisal) に際して，シャルテガは，焼却施設などの浄化設備の直接コストや間接活動に集計した間接コストといった伝統的会計が既に認識済みの環境コストに加え，潜在的債務と無形コスト（イメージ，従業員の欠勤，モラールなど）を含むように調査範囲を拡張する[5]．潜在的債務や無形コストは投資の収益性に間接的だが大いに影響することがありうるのである．

もっとも，こうして環境コストの調査範囲を拡張していくと，実際には図6-1に見るように，コストの認識や測定はますます困難ないし不可能になってくる．長期的な財務指標の導入による時間軸の拡張は，偶発債務や将来的に期待されるベネフィットを評価しやすくすることによって，この問題を解決する手法のひとつとなっているである[6]．

所与の経済システムにおける経済パフォーマンスの測定に関して，伝統的会計には今までに経験として蓄積してきたアドバンテージが明らかに存在する．環境指向型会計は伝統的会計の枠組みに依存するので，企業に対して現実に何らかのキャッシュフローをもたらす環境外部性に関しては，一定の認識基準に従い，実際費用を用いて必ず内部化しなければならない．だが，それ以外のものの内部化は（例えば，企業が与えた被害額を社会的コストとして見積もり，これを帰属計算して内部コストのように取り扱うと），かえって伝統的会計の数値を歪める結果になりかねない．環境コストの調査範囲を拡張する投資評価であっても，環境指向型会計は明確な指揮命令系統の存在が決定する伝統的会計の主体概念に縛られている．

環境問題はしばしば変化するものであり，環境指向型会計で取り扱われなかった事項が，原因企業に重大な財務的帰結を突然にもたらす可能性もある．環境指向型会計だけでは，環境コストの調査範囲や時間軸を拡張したとしても，経済活動にともなう企業の環境干渉や，これが自然環境に及ぼす影響を十分に認識できない．経営管理者は貨幣評価された会計情報だけに依存するのではなく，適切な意思決定のために追加的な情報システムを用意するべきである．そこで，シャルテガは，環境コストの調査範囲の拡張にともなう認識及び測定の困難性ないし不可能性を回避できるように，さらに，伝統的会計の主体概念に

よる束縛を回避して，社会的コストなど環境指向型会計が取り扱わない情報を補足できるように，生態学的会計という伝統的会計のサテライト勘定を構築しようと試みた[7]．

ところで，環境指向型会計を含む貨幣評価の伝統的会計と，物量表示のサテライト勘定たる生態学的会計はどのように結び付けられるのだろうか．シャルテガは，生態学的会計におけるデータ（汚染物の排出量やスループット量，環境パフォーマンス）に基づいたコスト配賦の精緻化という形で，会計システムの視点から伝統的会計とサテライト勘定の関連を指摘する[8]．だが，シャルテガ理論では，こうした会計システムの関連よりも，所与の経済システムにおける環境効率（eco-efficiency：economic-ecological efficiency）の測定プロセスを通じて，それぞれの会計システムが生み出した会計情報を意思決定で統合することが重視されている．

伝統的会計による会計情報は経済パフォーマンスを判断するために，他方，生態学的会計をデータベースとして計算した会計情報は環境パフォーマンスを判断するために，2分法的な考えのもと個別に用いられる．そして同時に，これらの会計情報をつぎの式のように統合することで，環境効率という視点から戦略オプションを評価できるようになると考えるわけである[9]．

環境効率＝経済パフォーマンス／環境パフォーマンス

環境効率は「持続可能発展のための世界経済人会議（WBCSD：World Business Council for Sustainable Development）」が普及させた概念で[10]，一般的には，伝統的会計による経済パフォーマンスを表す独立変数と，サテライト勘定をデータベースとして計算した環境パフォーマンスを表す独立変数の組み合わせとして表現することができる．

この数値が大きいほど環境効率が高い．環境効率を増進させるためには，経済的価値を増加させる一方で環境負荷を削減しなければならない．利害関係者の関心によっては，経済パフォーマンスか環境パフォーマンスか，どちらかを加重することになる．環境効率を用いた戦略オプションの評価に関して，シャルテガは，短期的なプロダクトミックスの決定や，長期的な視野に立った新製

品・事業の導入，既存製品・事業の廃止などを分析対象としてポートフォリオ分析を行う[11]．

以上のように，伝統的会計のコア体系とサテライト勘定に関しては，それぞれの会計情報を統合して利用することが予定されている．このために，分母の計算にデータベースを提供する生態学的会計の枠組みは，分子たる経済変数を生み出す既存の伝統的会計のそれと一致した考え方で設計するべきものとなる．第3節ではシャルテガの考える生態学的会計の枠組みを取り上げる．

第3節　調査目録の作成と影響評価

生態学的会計は環境会計の一領域であり，所与の経済システムを対象に環境資産（ecological assets）と環境干渉を記録，分析，そして，報告するものである．取り扱う項目の性質に従って，分析課題は特定時点におけるストック（環境資産）と，一定期間にわたるフロー（環境干渉）に大別できる．ストックの主要勘定は環境資産表（Eco-asset sheet）であり，伝統的な財務会計における貸借対照表に対応する．フローの主要勘定は同じく損益計算書に対応するEIA計算書（EIA statement）である．なお，EIAとは，企業活動が自然環境に与える付加的な環境影響（付加環境影響（EIA：Environmental Impact Added））のことであり，伝統的会計の付加価値に対応して環境パフォーマンスを表現する概念となっている．

物量表示のサテライト勘定に取り組む企業はますます増加しつつあるが，これまでのところ，取り組みのほとんどは生態学的会計のうち環境干渉を扱うフローに関するものである．フローが重視される理由は2つある[12]．ひとつはマクロ規模での重大な環境問題をもたらす主たる要因がサイト固有の環境干渉だということである．これに対し，多くの企業にとって，森林や淡水資源，景観などの環境資産の大部分は所有しているわけでもなければ，独占的に利用できるというわけでもない．もうひとつの理由は，環境干渉が環境資産よりも測定しやすいということである．そこで，本稿は，フローの側面から生態学的会計を取り上げていくことにする．

第6章 製品指向型ミクロ環境会計の展開 137

　環境干渉を取り扱う生態学的会計の手続きは，調査目録（inventory）の作成と影響評価（impact assessment）に大別できる[13]．さらに調査目録の作成には，投入産出勘定を用いた記録と，同性質の項目の集計（aggregation）という2つの手続きが存在する．

　生態学的会計が記録する環境干渉は a．生産要素としての資源の利用と b．汚染物質等の排出である．付加価値を生み出すためのあらゆる経済活動は必ず資源の利用や排出物の発生をともなうために，この2種類が大多数の企業にとっての関心の強い環境干渉となっているのである．シャルテガは資源の利用と排出物の発生を記録するために，マテリアルフローとエネルギーフローを把握する投入産出勘定を表6-1のように設定する．

表6-1　投入産出勘定の例示

グループ	種類	グループ	種類
10	マテリアルの投入	20	マテリアルの産出
100	鉱物資源	200	製品（EIAキャリアー）
101	バイオマス	201	再生利用分
102	水		・下級再生利用分
103	化石性エネルギーキャリアー	203	排出物
1030	原油	2030	埋立分
1031	石炭	2031	水中への排出
1032	ガス	20310	TOC（全有機炭素）
104	再生可能エネルギーキャリアー	20111	硫黄
105	原材料	20312	水
106	再生利用分	20313	…
	・下級再生利用分	2032	空気中への排出
		20320	二酸化炭素
		20321	窒素酸化物
		23122	VOC（揮発性有機化合物）

出所：Schaltegger(2000)．p. 271.

　投入産出勘定を設定するに当たっては，個別の製造工程が最小の公分母となる．経営管理の責任区分に従い個別製造工程における勘定を必要に応じて結合させることによって，製造部門やサイト，事業部，企業など，もっと上位の経済システムを対象とした勘定に展開することができる[14]．

マテリアルフローを記録する場合，投入面は生産要素としての資源の利用に関する項目であり，これらの項目は再生可能資源（バイオマスや水資源，木材など）と再生不能資源（鉱物資源や石油，石炭など）に大別できる．これらのうちエネルギーキャリアーはマテリアル資源の投入であると同時に，エネルギーフローの投入記録とも結び付くものである．マテリアルフローを見るだけではなく，そのエネルギーフローにおける意味を考慮しなければならない．このことを十分に区別しなければ，同じ項目を2つの視点から同時に取り上げる重複記入に陥ってしまう．

他方，生態学的会計の産出項目は製品と排出物である．排出物には排熱や放射線，騒音など，エネルギーのカテゴリーに属すものが存在するので，マテリアルフローと2重記入しないように十分に区別して記録しなければならない．

以上のような記録手続の後，投入及び産出それぞれの分類に基づき，表6-2のように同性質の環境干渉を kg や m³，個体数などさまざまな物量尺度のまま集計する．シャルテガは集計後の投入産出勘定を部門別 EIA 勘定と呼んでいる．

ところで，投入産出勘定を用いて記録・表示するのは，この形式が財務フローを取り扱う伝統的会計でもっとも一般に受け入れられた手法だからである．伝統的会計の長い歴史を通して蓄積した豊富な経験を活用できたり，既に管理会計で確立したマテリアルフローとエネルギーフローに関する効率的な手順を適用できたりするために，生態学的会計においても実際的な手法となる．伝統的会計との主要な相違点は，生態学的会計における勘定項目の性質から，貨幣評価したものではなく物量表示のままマテリアルフローとエネルギーフローを記録することにある．

生態学的会計の投入産出勘定では，質量・エネルギー保存の法則が支配しているために，網羅性を確保しかつ単一の尺度を用いる限り，投入合計と産出合計は必ず均衡する．だが，実際には網羅性と同時に経済性を考慮するので，重点的に管理する項目から優先して調査を始めるために，初期段階では投入合計と産出合計が必ずしも均衡するとは限らない．経験の蓄積によって投入産出勘

表6-2 製造サイトの部門別 EIA 勘定の例示

確認番号		データの質		期間当たり重量(トン)
1	投　　入		前 工 程	
101	プロピレン	測　定	製造サイト A	3,111.04
102	硫　　黄	計　算	製造サイト A	960.00
103	銅	計　算	製造サイト A	69.60
104	重炭素ナトリウム	測　定	納入業者(バート)	2,000.00
105	圧縮二酸化炭素	測　定	納入業者(ニール)	5.60
106	エ タ ン	測　定	納入業者(セラ)	20.00
107	冷 却 水	推　計	ポンプ室	2,000,000.00
108	水	測　定	ポンプ室	96,000.00
10	投入合計			2,102,166.24
2	産　　出		後 工 程	
201	製 品 A	測　定	乾 燥 室	869.09
210	副 産 物			
211	排水の含有物質			
212	水	推　計	排水処理施設	89,760.00
213	TOC	計　算	排水処理施設	3,014.40
214	AOX	計　算	排水処理施設	0.56
215	銅	計　算	排水処理施設	0.08
	副産物合計			92,775.04
220	再生利用される副産物と下級再生利用される副産物			
221	冷 却 水	測　定	再生利用	2,000,000.00
230	排 出 物			
231	集塵機から排出された大気汚染物質			
2311	二酸化炭素	測　定	環　境	2,002.40
2312	窒素酸化物	測　定	環　境	101.60
2313	二酸化硫黄	測　定	環　境	78.40
2314	粉　　塵	測　定	環　境	7.20
2315	銅	測　定	環　境	0.08
	排出物合計			2,189.68
232	廃 棄 物			0.00
20	産出合計			2,095,833.81
30	投入と産出の差分			6,322.43

製造サイト　　　　　　　　東の谷
期間　　　　　　　　　　　1ヶ月　2000年1月1日から2月1日まで
期間当たりの生産量　　　　869.09トン
備考：多目的な集塵機で排気を浄化している．一日当たり2度測定する．

出所：Schaltegger(1996)．p. 154, 及び Schaltegger(2000)．p. 274．

定の精度が高まっていくに違いない.

続いて，こうして作成した調査目録をデータベースとして，環境パフォーマンス指標(EIA 指標)(EIA indicators : Environmental impact added indicators)や環境パフォーマンス指数（EIA 指数）(EIA index : Environmental impact added index) を算出する．この手続きは影響評価と呼ばれるもので，情報利用者の理解を促進するために，何らかの価値判断に基づいて環境干渉の重み付けを行い，さまざまな物量尺度を少数ないし単一の尺度単位へと集約する.

影響評価の手続きは分類（classification）及び特性化（characterisation），EIA 指標の統合評価（valuation）という3段階から構成される[15]．分類では，投入産出勘定に設定した各勘定項目を，その貢献に従ってひとつ（もしくは，複数）の環境問題に帰属させる．地球温暖化問題を例に取れば，二酸化炭素やメタン，亜酸化窒素など，京都議定書による地球温暖化物質に準拠して，投入産出勘定（産出側）の勘定項目6つを選びだすのである．二酸化炭素に関しては，その発生が再生不能エネルギーキャリアーの利用に由来しているので，投入産出勘定の投入側からも勘定項目を選択しなければならない.

続く特性化では，勘定項目に記録した地球温暖化物質の排出量に，気候変動に関する政府間パネル（IPCC : Intergovernmental Panel on Climate Change）による「地球温暖化能力（global warming potentials）」を乗じて二酸化炭素等価へと換算する．各物質の排出量の換算値を集計することによって，地球温暖化問題に対する企業活動の悪影響の尺度となる EIA 指標が計算される[16]．同様の手順で，淡水資源の枯渇やオゾン層の破壊，廃棄物の処理など，ストレス要因区分ごとに EIA 指標を導出できる．これらの EIA 指標はさらに統合評価を経ることによって，企業活動が自然環境に及ぼす包括的な悪影響の尺度たる EIA 指数に換算することができる．なお，統合評価における換算係数は何らかの社会政治・経済的な目標に強く依存したものとなる.

第4節　環境 ABC による環境負荷の配分

わが国の製造業企業は，1970 年代における公害問題の教訓から，製造工程

で発生した汚水や廃棄物をいったん汚水処理施設や焼却施設などの浄化設備に運び込み，法規制や社内基準まで浄化した後にサイト外部へと排出するという傾向が強い．自然環境に汚染物質を直接に排出しているのはこうした浄化設備ということになるが，浄化設備が汚水処理や焼却にともなう環境干渉の原因というわけではない．サイト外部に製品を提供するための製造工程における活動が，汚水や廃棄物の発生という形で浄化設備における環境干渉を引き起こしているのである．そこで，環境に対する責任を明らかにするために，浄化設備における環境干渉を製造工程及び製品に配分することが必要である．環境干渉の配分に関して，シャルテガは，伝統的会計におけるABCの手続きを類推適用した環境ABCという手法を提案する[17]．

環境ABCを取り上げるに当たって，ABCという手法がどういうものなのかを初めに明らかにしておきたい．ABCはコストセンターによる活動(activities)ごとにコストを集計して，これらの集計値を活動の消費に応じコストキャリアーに配賦するという管理会計上の手法である[18]．コストセンターは工場管理における最小の管理単位のことであり，他のコストセンターから材料やサービスを購入し，それらの消費によって生産した製品あるいはサービスを他のコストセンターへ売却する場所のことである．一般的には，機械部や組立部といった製品の加工に直接従事する製造部門について，さらにコストセンターに細分化することが多い．

活動とは，仕入先への発注，納入品の受入や検査，搬送，設計，製造工程における段取・加工，製品検査，受注，発送など，コストを引き起こす第1次的な作用要因のことである．また，コストキャリアーは企業活動を通じて創造した付加価値にコストを負担させる概念であり，一般的には製品という意味で用いられる[19]．

ABCには，製品原価の測定を精緻化するというだけではなく，もうひとつ，製品原価の計算と製造工程の価値分析（どこで価値が付加され，どこで価値が破壊されたのか）を結び付けて，原価低減と工程改善の機会を発見しようとする意図が存在する．製品原価を引き下げるためには，製品の製造に必要となる

活動を媒介として資源の消費量を節約したり，価値を生まない活動を減らしたりすることが重要となるのである．ABC はこのために必要な情報を提供できる．価値分析は配賦計算で ABC を積極的に採用する論拠となっている．

さて，以上のような ABC の考え方とそこにおける諸概念を前提にして，シャルテガはつぎのように環境 ABC の具体的な手順を展開する．環境 ABC は製品計算に関して ABC と同様の手順を持ち，a．EIA センター会計（EIA center accounting）と b．EIA キャリアー会計（EIA carrier accounting），そして，c．一般間接活動に集計した環境干渉の配分という3つの手続きから構成される[20]．これらを説明するために，シャルテガは，サイトに設置した焼却施設が製造過程における排出物を全て処理するという図6-2 のモデルを提示する．焼却施設による汚染物質や有害廃棄物，汚水の発生総量は 2,400 EIA である．なお，図6-2 のモデルは，単純化のために，環境干渉の尺度として EIA 単位という用語を便宜的に用いている．

EIA センター（EIA centers）は伝統的会計のコストセンターに対応する概念であり，組織における管理者の責任区分を前提にした環境干渉を記録する公分母となる．製造の各段階やサイト，浄化設備など，マテリアル及びエネルギーを加工処理したり，あるいは，これらのフローを自然環境に排出したりする場所のことである[21]．EIA センター会計は，浄化施設で記録した「直接」環境干渉（以下，直接干渉と略す）を，その発生に責任ある EIA センター（機械部，組立部などの製品の加工に直接従事する製造工程）へと配分する手続きである．

EIA キャリアー会計は，EIA センター会計が配分した浄化設備の直接干渉を含む，責任ある EIA センターに集計した環境干渉を EIA キャリアー（EIA carriers）へと配分する手続きである．EIA キャリアーは伝統的会計のコストキャリアーに対応する概念であり，「付加価値の創造と同時に EIA の発生に責任がある製品及び製品群，部門，事業部等」のことである[22]．EIA キャリアー会計を行うことによって，環境問題という側面から管理者の業績を評価したり，事業戦略や製品戦略のあり方を検討したりすることが可能になる．また，EIA

第6章 製品指向型ミクロ環境会計の展開 143

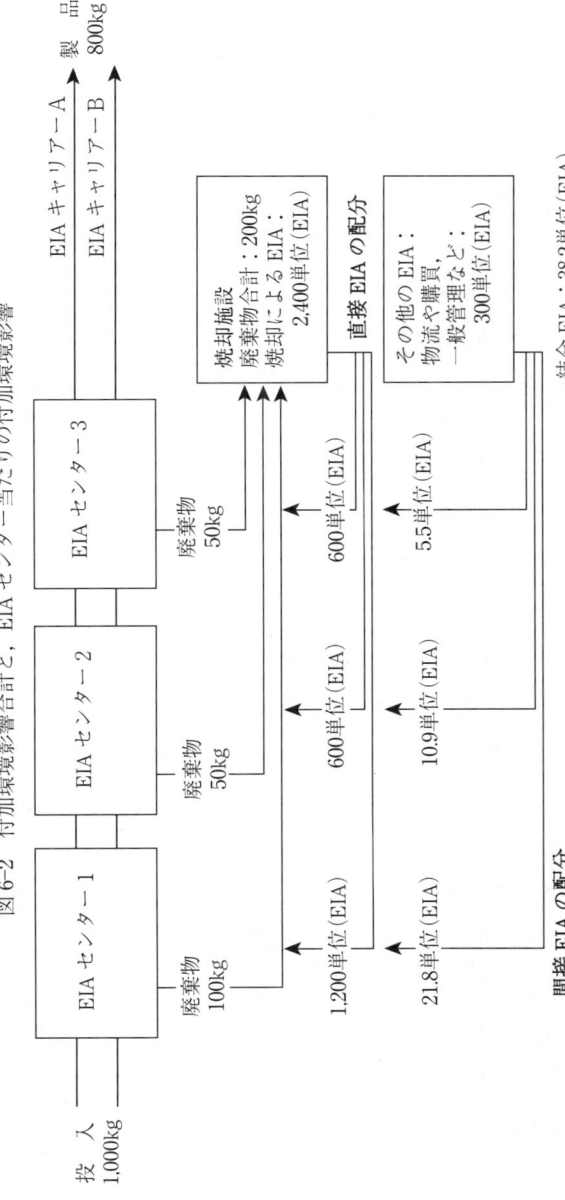

図6-2 付加環境影響合計と，EIAセンター当たりの付加環境影響

出所：Schaltegger (2000), p. 292.

キャリアーをコストキャリアーと一致させることによって，EIA で評価した環境干渉と貨幣評価の付加価値を，このキャリアーという境界で結び付けて環境効率の尺度とすることができるようになる．

3箇所の EIA センターが2種類の EIA キャリアーを製造する．EIA キャリアー A 及び B 800 kg を製造するための原料投入量は 1000 kg であり，そのうち 200 kg (EIA センター1は 100 kg，EIA センター2と EIA センター3は各 50 kg) が廃棄物として焼却される．図 6-2 のモデルには各 EIA センターからの排出物は全て同種の廃棄物であるという仮定があるので，排出量に応じて EIA センター1が 1,200 EIA，EIA センター2と EIA センター3がそれぞれ 600 EIA というように，EIA センター会計によって焼却施設の直接干渉を跡付けて配分することができる．配分した直接干渉は，EIA キャリアー会計によって，各 EIA センターから EIA キャリアー A 及び EIA キャリアー B にさらに配分される．

企業活動には以上のような直接干渉の他に，物流，輸送，購買や一般管理などの間接活動にともなって発生した「間接」環境干渉（以下，間接干渉と略す）が存在する．こうした間接干渉には，焼却施設に運び込まれた各 EIA センターからの廃棄物の排出量に結び付いた部分がある．例えば，廃棄物となるスループットを処理しているために機械設備の償却期間がそれだけ短くなっていたり，廃棄物が敷地を占拠しているために労働力や管理能力が余計に必要になっていたりしているのである．

廃棄物の発生が少なくなれば，間接活動の規模が小さくなり間接干渉を低減させることができる．そこで，廃棄物と関係がある間接活動を明らかにし，そこへ集計した間接干渉を配分することによって，各 EIA センターの管理者の注意を啓発し，廃棄物の削減を通じて間接干渉を減少させようとするのである．もちろん，間接干渉が重大な影響を及ぼさないようであれば無視してもかまわないが，輸送集約型の企業や，本社機能のような重要な管理活動が大量の電力を使用しているような場合には，EIA センター会計及び EIA キャリアー会計に続く第3の配分手続が必要となる．

間接活動が製造工程におけるスループット量に依存していると仮定するならば，間接干渉300EIAは各EIAセンターにおける投入量に基づいて配分されることになる．各EIAセンターにおける投入量の合計は2,750 kgなので，EIAセンター1の配分数値は300EIAの36.36％（2,750 kg分の1,000 kg）たる109EIAとなる．同様にEIAセンター2は32.73％（2,750 kg分の900 kg）で98EIA，EIAセンター3は30.91％（2,750 kg分の850 kg）で93EIAと計算できる．

続いて，各EIAセンターに配分した間接干渉のうち廃棄物に誘発された部分を計算する．EIAセンター1では廃棄物が100 kg発生しているが，ここで加工した中間製品のうち，続くEIAセンター2及びEIAセンター3では50 kgずつが廃棄物となっている．EIAセンター1の原料投入量1000 kgのうち200 kgは最終的に廃棄物となることを考えると，ここに配分した間接干渉109EIAの20％（1,000 kgうちの200 kg）たる21.8EIAが，EIAセンター1で排出した廃棄物によって誘発された間接干渉ということになる．EIAセンター2及びEIAセンター3に関しても同様の計算を行うと，EIAセンター2では投入量900 kgのうち100 kgが最終的に廃棄物となるので，廃棄物によって誘発された間接干渉は98EIAの11.11％（900 kgうちの100 kg）たる10.9EIAとなる．EIAセンター3では93EIAの5.88％（投入量850 kgのうち50 kgが廃棄物）たる5.5EIAとなる．

以上のような環境ABCによる3つの配分手続の結果，各EIAセンターにおけるスループット量と各EIAセンターから焼却施設に運び込まれた廃棄物の排出量というマテリアルフローに基づいて，EIAセンターにおける直接干渉と間接干渉の合計が決まる．この数値を価値分析に用いることによって，ABCにおいて原価低減と工程改善の機会を見つけ出すのと同じように，環境干渉を低減させる機会や環境効率を高める機会をもっと詳細に調査できるようになる．但し，実際には排出物の再生利用やコージェネレーション（例えば，排水による暖房システム）が存在するために[23]，図6-2のような配分計算は単純化された概念モデルでしかないこと．現時点では，EIAセンター会計はともか

くEIAキャリアー会計及び間接干渉の配分計算は，まだ構想の段階を抜け出ていないことを付記しておきたい．

ところで，生態学的会計では，影響評価した後のEIA指標やEIA指数を配分するのか，それとも，影響評価によって指標化する前にマテリアルフローとエネルギーフローを物量表示のまま配分するのか，どちらの順序を採用するのかに関してここで少し整理しておきたい[24]．実務における普及を優先して考えれば，伝統的な管理会計で貨幣評価した数値を配賦するのと同じように，影響評価によるEIA指標やEIA指数を配分することが適当であろう．しかし，筆者は物量表示のままフローを配分することが望ましいと考える．こうした順序を取ることで，同一の調査目録データに基づいて多様な評価方法を適用し，それらを相互に比較することが可能になる．環境干渉が環境に及ぼす悪影響に関して，現在の知識水準に制約されることなく，いつでも新たな調整が適用できるのである．

環境干渉を影響評価する前に配分すると考えた場合，環境ABCによる配分手続はつぎのような部門別EIA勘定間の転記をともなう．EIAセンター会計とEIAキャリアー会計における転記を考えてみよう．EIAセンター会計における転記は，浄化設備（配分元勘定）から配分したマテリアルフローとエネルギーフローに，EIAセンター（配分先勘定）の排出物を置き換えるものである．

また，EIAキャリアー会計は各EIAセンターに固有のマテリアルフローとエネルギーフローを累積させていく形で，EIAキャリアーに係わるサイト内の流入・流出を測定する手続きと考えることができる．このように考えると，EIAキャリアー会計における転記は，EIAキャリアーに累積した前工程（配分元勘定）までの流入・流出に，部門別EIA勘定（配分先勘定）の投入側に記録した前工程からの仕掛品を置き換えるものとなる．

以上のようにマテリアルフローとエネルギーフローを物量表示のまま配分するとした場合，環境ABCによる配分手続は伝統的な原価計算またはABCとは異なり，実際には環境干渉の置き換えないし「帰属計算（imputation）」である[25]．なお，部門別EIA勘定は投入側が資源の利用，産出側が排出物の発生と

いう全く異なる性質の環境干渉をそれぞれ別個に表すものである．したがって，投入側と産出側それぞれで配分計算を展開する必要があること，そして，EIAキャリアーの測定値も資源の利用と排出物の発生という2面性を持つものになることを付記しておく．

さて，環境 ABC を説明する最後に，「EIA 配分規則（EIA allocation rules）」や「EIA 配分の鍵（EIA allocation keys）」，EIA ドライバー（EIA drivers）といった概念を少し取り上げておきたい．EIA 配分規則とは，環境干渉を正確に配分するための一般的な処理手順である[26]．また，EIA 配分の鍵は，EIA キャリアーと発生した環境干渉との関係を説明して，環境干渉の配分基準となるものである．

環境 ABC における正確な配分には，配分規則と配分の鍵を適切に選択することがとても重要となる．図 6-2 のモデルでは配分の鍵として（同種の廃棄物と仮定した）排出物の重量を用いているが，この他にも焼却施設の利用能力，排出物の容積，そして，排出物に含まれる有害物質の容積及び重量などが考えられる．もし環境干渉を一括配分できるような共通的な鍵が存在しないのであれば，取り扱う排出物の種類や性質を個別に考慮することになる．

ABC でその意義と密接に関係する重要な概念としてコスト・ドライバーが存在するように[27]，環境 ABC においても EIA ドライバーが存在する．シャルテガは配分基準たる EIA 配分の鍵とは別個に EIA ドライバーを提示しており，EIA ドライバーをコスト・ドライバーにおける「活動の根源を意味する要因」として，自然環境への悪影響をもたらす駆動力の意味で用いている．「例えば，地球温暖化と結び付く二酸化炭素の排出や，光化学スモッグの原因となる有機化合物の排出である．」[28] EIA センターの管理者は EIA ドライバーを把握することによって初めて，自らに責任ある領域の環境パフォーマンスを改善させることができるようになる．

第5節　製品指向型環境会計における会計境界の拡張

シャルテガは，環境指向型会計を部分集合として含む伝統的会計と，そのサ

テライト勘定たる生態学的会計を2分法的に考えて，これらの会計システムが生み出した会計情報を，戦略オプションの評価という意思決定で統合的に利用することを予定している．この2分法的な考え方がシャルテガ理論による環境会計の縦軸である．これに対し経済活動の責任に応じて環境負荷とこれにともなう環境コストを配分する製品指向型アプローチは，横軸に相当するもうひとつの主軸となっている．

特定の指揮命令系統を対象とした環境会計から，環境負荷や環境コストの発生に最終的な責任を持つ製品へと環境会計の視点を転換しようとしたことは，シャルテガの大きな功績と思われる．本稿は環境 ABC を用いた環境負荷の配分計算を取り上げることによって，今後，いっそうの開発が必要となる製品指向型環境会計に取り組むに当たっての端緒とした．

製品指向型環境会計に関して，本稿は最後に，製品を媒体としてサイトや企業の外部にまで会計境界を拡張し，ライフサイクルアセスメント（LCA：Life-cycle assessment）やライフサイクルコスティング（LCC：Life-cycle costing）に結び付けてみる[29]．サイト内部で環境会計を初めに確立し，ここで得られたサイト固有の会計情報（製品当たりの環境データ）を製品ライフサイクルにわたってボトムアップ的に累積していくわけである．

製品ライフサイクルには，資源の採掘から製造，輸送，小売，そして，消費と廃棄（あるいはリサイクル）というようにさまざまな期間が存在する．企業からの時間的な距離が広がるに従い，一般的にデータの入手は困難になるし，入手できたとしてもデータの質は信頼できないものになる．全ての期間をいきなり考慮することは不可能なので，グリーン購入・調達や納入業者管理（supply chain management）による取引先の選別及び育成などを通じ，環境マネジメントの一環として，企業の影響力が及ぶ範囲からデータを収集し，調査範囲を漸次拡大することが適当である．また，信頼性のあるデータを収集できるように制度として確立するためには，サイト固有のデータに対する外部監査や環境ラベルによる製品認証が有効である．

資源採取から廃棄に至るライフサイクルにわたる製品を対象にした環境負荷

の累積はLCAと同義である．また，LCCは製品ライフサイクルの全期間における総コストを認識する手法であり，内部コストだけを対象とする場合と，これに社会的コストを加える場合とがある[30]．いずれにせよ，環境負荷にともなう形で環境コストが発生していることを考えると，製品ライフサイクルにわたるサイト固有の環境コストを累積的に収集することによって，LCAと対応するようなLCCを計算するための基礎資料とすることができる．

製品ライフサイクルにおける環境上，重大な期間を含むことができるように製品指向型環境会計の調査範囲が確立することによって，どこのプロセスでいかなる活動が環境負荷を発生させているのかが明らかになる．対策を講じたり代替的な意思決定を模索したりすることによって研究開発にフィードバックし，環境配慮型の製品設計に役立てることができる．例えば，自動車は製造段階よりも運転（消費段階）において，ガソリンの使用と廃ガスの発生という形でより多くの環境負荷を引き起こしている．エネルギー効率の向上（燃費）や地球温暖化の抑制（排ガスに含まれる二酸化炭素の削減）といった問題を解決するためには，エンジン本体や制御技術の改良，代替エネルギー車への取り組みなど，開発段階における対策が重要ということがわかる．

ところで，これまでのところ環境会計の取り組みで中心となっていたのは製品ライフサイクルの期間のうち製造段階である．近年には輸送や消費，廃棄・リサイクルにおける環境データの収集も進みつつあるが，残念なことに資源の採掘段階における環境会計はほとんど行われていない．筆者は以前から，再生可能資源としての重要性に注目して林業における環境会計に取り組んでおり[31]，今後はLCA及びLCCと結び付ける形でいっそう研究を進めるつもりである．

1) こうした流れに沿う形で，環境省や日本公認会計士協会（JICPA）がガイドラインを公表したり，経済産業省が世界各国における先進事例の調査報告を行ったりするなど，基準化に向けた取り組みも進みつつある．環境省のガイドラインは，環境庁・環境保全コストの把握に関する検討会（1999），「環境保全コストの把握及び公表に関するガイドライン―環境会計の確立に向けて―中間取りまとめ」と，環境庁・環境会計システムの確立に関する検討会（2000），「環境会計システムの確立に向けて（2000年報告）」，環境省・環境会計ガイドライン

改訂委員会 (2002), 「環境会計ガイドライン2002年度版」, 環境省 (2001), 「環境報告書ガイドライン (2000年度版)—環境報告書作成のための手引き—」, そして, 環境省 (2001), 「事業者の環境パフォーマンス指標 (2000年度版)」である. JICPA によるガイドラインは, JICPA 経営研究調査会 (1998), 研究報告第 5 号「環境に配慮した企業経営のための環境コスト情報の利用」と, JICPA 経営研究調査会 (1999), 研究報告第 9 号「環境会計に対する基本的考え方—環境会計の概念的フレームワークの構築に向けて—」である. 経済産業省による環境会計の調査報告は産業環境管理協会 (2000), 産業環境管理協会 (2001) である.

2) 支出側だけでなく収入側にも, 副次的なコスト削減や, 有価物 (リサイクル品や副産物) の売却収入といった環境関連のものが存在する. 一般的には, 支出側の重大性がより強いために, 環境コストの取り扱いが中心となっている.
3) Schaltegger(1996), p. 42 及び Schaltegger(2000), p. 119.
4) USEPA(1995), p. 14.
5) 直接コストは EPA の分類による伝統的コスト, 間接コストは隠れたコスト, 潜在的債務は偶発コスト, そして, 無形コストはイメージ／関係づくりコストに対応する. 関係づくりやイメージアップにかかるコスト自体は無形ではないが, これらがもたらす直接的なベネフィットは無形であることが多い. (Schaltegger(1996), p. 28, p. 58 及び Schaltegger(2000), pp. 101-102, p. 140.)
6) Schaltegger(1996), pp. 60-65 及び Schaltegger(2000), pp. 141-144.
7) シャルテガはマクロ会計におけるサテライト勘定の先行事例に言及している. (Schaltegger(1996), p. 129.) 伝統的会計と生態学的会計の関係は, マクロの環境・経済統合勘定 (SEEA : SNA Satellite System for Integrated Environmental and Economic Accounting) の図式 (United Nations(1993), p. 27.) と一致する. (河野 (1998), pp. 148-152, pp. 318-319.)
8) Schaltegger(1996), pp. 49-55 及び Schaltegger(2000), pp. 130-138.
9) Schaltegger(1996), pp. 123-127 及び Schaltegger(2000), pp. 49-55.
10) 環境効率は「人間の要求を満たすとともに生活の質を高める財及びサービスを, そのライフ・サイクル全体にわたる環境への影響と資源の使用量 (正確には, 資源集約度) を, 地球の推計環境収容力に準拠した水準以下まで徐々に引き下げながら, 競争力のある価格で提供することによって」達成される. (Verfaillie (2000), p. 7.)
11) ポートフォリオマトリックスは平面 (2次元) やボストンコンサルティンググループ (BCC : Boston Consulting Group) のマトリックスを底とすることによって 3 次元で描くことができる. (Schaltegger(1996), p. 126, p. 219 及び Schaltegger(2000), p. 53, p. 391.)
12) Schaltegger(1996), p. 136 及び Schaltegger(2000), pp. 269-270.
13) Schaltegger(1996), p. 142 及び Schaltegger(2000), p. 265.
14) 企業集団における連結に関しては, ミュラーがシャルテガ理論に基づいた具体的なモデルを提示している. (Müller K.(2000), p. 45 及び Müller K.(2000), p.

第6章 製品指向型ミクロ環境会計の展開 151

47.）筆者は既にこれらのモデルを取り上げている．（丸山（2001），pp. 68-71.）
15) Schaltegger(1996), p. 159 及び Schaltegger(2000), p. 280.
16) 国連はシャルテガ理論に基づくこのような EIA 指標を用いて，環境効率指標の基準化を目指した作業を行っている．（Müller K.（2000），pp. 17-27 及び United Nations(2000).）
17) Schaltegger(1996), pp. 147-154 及び Schaltegger(2000), pp. 288-299.
18) Schaltegger(1996), p. 51 及び Schaltegger(2000), p. 130.
19) シャルテガは，Schaltegger(1996)ではコストキャリアー，Schaltegger(2000)ではコストオブジェクト（cost object）というように異なる名称を用いて同じ内容を説明する．これに関して，本稿はコストキャリアーという用語で統一する．
20) シャルテガは，Schaltegger(1996)では EIA キャリアー会計，Schaltegger(2000)では EIA オブジェクト（EIA object accounting）会計というように異なる名称を用いて同じ内容を説明する．本稿は EIA キャリアー会計という用語で統一する．同様に，EIA キャリアーと EIA オブジェクト（EIA objects）という概念に関しても，EIA キャリアーという用語で統一する．
21) Schaltegger(1996), p. 148 及び Schaltegger(2000), p. 288.
22) Schaltegger(1996), p. 148 及び Schaltegger(2000), p. 288.
23) シャルテガは EIA 配分規則を説明する際に，コージェネレーション（排水による暖房システム）による環境干渉の配分モデルを取り上げている．（Schaltegger(1996), p. 151 及び Schaltegger(2000), p. 294.）
24) Schaltegger(1996)では，影響評価の前に環境干渉を配分するとしているのに対して，Schaltegger(2000)では，影響評価後の EIA 指標や EIA 指数を責任に応じて配分するとしている．（Schaltegger(1996), p. 142 及び Schaltegger(2000), p. 265.）
25) シャルテガは帰属計算という用語を用いていないが，ドイツのブッパタール研究所（Wuppertal Institute）によるマテリアルフローの帰属計算（環境リュックサック（ecological rucksack））は，企業外部へと拡張されたモデルではあるが，環境 ABC の配分計算とほぼ同じものである．（Radermacher(1998), p 188.）
26) Schaltegger(1996), pp. 148-152 及び Schaltegger(2000), pp. 288-289, pp. 293-297.
27) シャルテガは，コストドライバーという用語を用いてはいないが，EIA ドライバーとの関連や，ABC を通じて製品戦略のあり方を検討しようとしていることを考えあわせると，多様な活動そのものよりもそれらの活動を必要としている比較的少数の原因変数という理解のようである．
28) Schaltegger(1996), p. 148 及び Schaltegger(2000), p. 289.
29) シャルテガは，製品の価値連鎖と企業集団の連結という2つの境界拡張の視点の他に，さらに空間という視点から環境データを累積させるというマクロ的な会計思考を持っている．（Schaltegger(1996), p. 40, p. 132, p. 139 及び Schaltegger(2000), p. 92.）
30) LCC の調査範囲に社会的コストを含む場合には，製品ライフサイクルという期間を拡張するだけではなく，伝統的会計が前提とするコストの調査範囲を拡張す

ることになる.

31) 筆者は丸山（1998）で国連による森林会計モデルを，丸山（1999）で林業会計としてわが国の国有林野事業特別会計経理規定を取り上げている.

参 考 文 献

河野正男（1998）.『生態会計論』森山書店.
小林哲夫（1993）.『現代原価計算論―戦略的コスト・マネジメントへのアプローチ―』中央経済社.
社団法人産業環境管理協会（2000）.『平成11年度環境ビジネス発展促進等調査研究（環境会計）報告書』.
社団法人産業環境管理協会（2001）.『平成12年度経済産業省委託環境ビジネス発展促進等調査研究（環境会計）報告書』.
丸山佳久（1998）.「持続可能な開発と森林会計―カークランド社の事例研究を中心として―」『大学院研究年報』第27号経済学研究科篇，中央大学，pp. 170-181.
丸山佳久（1999）.「環境会計の視点による国有林野会計の検討」『大学院研究年報』第28号経済学研究科篇，中央大学，pp. 97-109.
丸山佳久（2000）.「シャルティガル理論による環境会計の新展開―統合環境統制における情報管理―」『大学院研究年報』第29号経済学研究科篇，中央大学，pp. 7-18.
丸山佳久（2001）.「環境効率指標の基準化と会計上の諸問題―国連の委託によるエリプソン社の調査報告を中心に―」『大学院研究年報』第30号経済学研究科篇，中央大学，pp. 63-74.
Müller K., Andreas Sturm(2000). *Standardized eco-efficiency indicators – Report 1 : Concept paper.* (downloaded from http://www.ellipson.com)
Radermacher W., Carsten Stahmer(1998). Material and energy flow analysis in Germany-accounting framework, information system, applications., Uno K., Peter Bartelmus, *Environmental accounting in theory and practice.* Dordrecht : Kluwer academic publishers.
Schaltegger St., Kasper Müller., Henriette Hindrichsen(1996). *Corporate environmental accounting.*, New York : John Wiley.
Schaltegger St., Frank Figge(1997). *Environmental shareholder value.* (study 54, December ; Basel : Wirtschaftswissenschaftliches Zentrum [WWZ] / Sarasin, 5th edn [1st edn August 1997])
Schaltegger St., Kasper Müller(1998). Calculating the true profitability of pollution prevention. Bennett M., Peter James, *The green bottom line. Environmental accounting for management current practice and future trends.*, Sheffield, UK : Greenleaf publishing., pp. 86-99.（日本語訳，社団法人産業環境管理協会（2000）.「汚染予防の真の収益性を計る」『緑の利益―環境管理会計の展開―』. pp. 105-122.）
Schaltegger St., Andreas Sturm(1998). *Eco-efficiency by eco-controlling : on the*

implementation of EMAS and ISO14001., Zurich : VDF Hochschulverlag AG.

Schaltegger St., Roger Burritt(2000). *Contemporary environmental accounting : issues, concepts and practice.*, Sheffield, UK : Greenleaf publishing.

Verfaillie H. A., Robin Bidwell(2000). *Measuring eco-efficiency : A guide to reporting company performance*, World Business Council for Sustainable Development (WBCSD).

United Nations(1993). *Handbook of National Accounting, Integrated Environmental and Economic Accounting, Studies in Methods*, Series F, No. 61, (ST/ESA/STAT/SER/61), Interim version. (日本語訳,経済企画庁国民所得部 (1996).『国民経済計算ハンドブック,環境・経済統合勘定』.)

United Nations(2000). *Integrating Environmental and Financial Performance at the Enterprise Level : A Methodology for Standardising Eco-efficiency Indicators.*

United States Environmental Protection Agency(USEPA)(1995). *EPA An introduction to environmental accounting as a business management tool : key concepts and terms.* (日本語仮訳,日本公認会計士協会経営研究調査会 (1997).『環境保護庁,経営管理手法としての環境会計入門—基礎概念及び用語』.)

第 7 章

グローバル企業の環境戦略
——日本企業の新しい競争力モデルの構築——

はじめに

　本稿は，グローバル企業に求められている環境ビジネス戦略の構築とその戦略の論理を環境規制との絡みで解明しようとするものである．環境問題が多くの企業にとって，組織内部のアウトサイダーや外部の専門家との敵対問題とされていたのはそれほど古いことではない．20世紀は，さまざまな社会的課題を残したままで去っていったが，中でも情報技術に基づく新・生産性革命とそれに匹敵する大きな課題は環境問題であった．20世紀は，世界的に近代化・工業化が進められた時代であったが，その技術進化の過程で，半導体に代表される情報テクノロジーがあらゆる産業の進化に適用できることを証明してくれた．このことは，光の部分であった．しかし，工業化は，必ずしも光の部分ばかりを残したのではなかった．環境負荷を高め，自然環境の悪化など陰の部分を残した．このため企業は環境主義者の抵抗に直面し，環境保護を社会的責任目標に組み込むことを迫られたのであった．

　また，環境は一種の公共財であるから，環境監視対象になりやすい大企業の場合は別として，その他大多数の中堅・中小企業の活動まで監視することは難しかった．公平な競争を期待する社会は，「環境のフリーライダー」をいかに

排斥するかのルールづくりに追われてきた．企業・市場経済主義と自然環境保護主義は，敵対的関係に置かれ，企業成長は環境破壊の代名詞であるかの風潮が長く続いた．

　しかし90年代後半以降の動きは，この風潮とは逆の思考が，新しい風潮の形成を促進する方向で進んでいる．自由競争による挑戦的な企業の成長戦略こそが，環境破壊問題を解決するという逆転の思考（仮説）である．注目される燃料電池の技術革新はその一例で，自動車産業に地球温暖化を防ぐ新たな成長機会を提供しているし，さらにIT技術の革新は，グローバルな資源節約型の生産システムの創造の機会を提供している．別な表現を使えば，企業にとって環境問題は成長機会の提供であるが，その逆，すなわち脅威の提供ではないという仮説である．

　20世紀は，企業と生活者がしばしば激しく対立し，その対立は宿命的とさえ思われた．だが，その対立が社会問題として深いところで認識されるに及んで，以下に説明するように，思わぬ問題解決の糸口を提供することになったのは興味深い．技術革新の競争が，新しいイノベーションの誘発の糸口を与えることになったのである．経済のグローバリゼーションや情報技術革新に伴う世界のロジスティックス革命，20世紀の工業化の基礎に置かれた化石燃料の大量消費を抑制する新しいエネルギー技術の革新，新素材革命，遺伝子関連の技術革新などである．いずれも20世紀最後の90年代から急速に注目されるようになった．グローバルな社会もそれに期待し，後押しするようになっている．

　本稿の目的は，従来考えられていたように，環境問題が企業成長にとって負の問題（二律背反問題）ではなく，むしろ正の問題，つまり環境問題への挑戦が利益を生み成長と競争力の向上を促すという新しい問題解決（矛盾の一致）の機会提供であることを論証し，その環境戦略の論理を解明し，企業成長モデルに組み込むことを提唱することである．とくにグローバル企業には，企業戦略に環境戦略を組み込むことが競争優位の条件になることを考証したい．

第1節　自然環境主義と企業資本主義の相克と環境戦略論の台頭

　2000年は地球資源の循環活用型社会の幕開けと期待された．日本も国をあげて環境関連法が審議可決され，20世紀からの負の遺産である困難な問題解決が開始されたと期待されている．循環型社会法，廃棄物処理法，リサイクル法などの整備と実践は，時代の大転換を物語っている．そのキッカケの一つには，99年に廃棄物処理場のスペースが絶対的に不足しているという緊急事態が発生し，さらに工場などからの有害化学物質の流出が生命体を危機に陥れる可能性を科学が証明し始めたからである．なぜこのような緊急事態に至るまで環境問題を放置し続けたのか．企業戦略の設計モデルに何らかの欠陥があったからではないかという社会制度上の問題提起がなされたことから，経営戦略論の領域でも重要なテーマとして注目されるようになった．

　なぜこのような深刻な事態を招くまで環境問題を重く受け止められなかったのであろうか．これを考えるとき，その背景の詳細を理解しておくことが重要である．理由は，環境問題の当事者である生活者，政府，企業間に意味ある情報交換の場や政策理論が準備されてこなかったという，いわば社会全体の認識の甘さや視野の狭さが指摘されねばならない．この点の理解を米国の歴史的動向の考察に基づいて「環境戦略論の課題」を解きほぐしていこう．

　まず，二酸化炭素排出量で世界最大という欠陥のある米国経済社会システムを中心に，環境をめぐる紛争の大きな波に見舞われてきたことを歴史的に確認することから解きほぐしていこう．

［環境紛争第一の波］：企業の社会的責任論の高まり

　環境紛争の第一次の波は，工業化による経済成長と環境破壊の高まりとともに1970年代を通じて高まった．米国の企業は，環境保護主義者の攻撃の高まりに対して，政治的に対抗する態勢を取るようになったからである[1]．企業側は一丸となって保守政党の環境規制反対派を支持した．産業企業は，急激で厳格な環境規制を求める環境専門家と対峙するとき，かれらが企業や産業の技術

や生産活動を熟知しているわけではないことから，時間をかけてじっくりと抜本的な解決策を練ることよりも，むしろ政治的決着で折り合いをつける道を選ばざるを得なかった．つまり問題の解決を避けて，先送りに時間を費やしてしまうことになった．これが企業の環境戦略の初期的段階である．これ以来，産業企業は，本来の業務である生産活動とは異質な政治活動にも取り組まざるをえない運命が始まったのである．

当時の米国企業で具体的に取られた環境戦略として，シャロン・ビーダーはつぎのように指摘している[2]．

(1) 政治的影響力を最大化するための諸手段（戦略）の実行
・草の根を組織し，それとの連帯を構築する．
・電話と手紙を使ったキャンペーン．
・マスコミの利用．
・調査報告と公聴会での証言など．

これらの戦略を実行するために必要な資金援助や専門家の助言を提供したり，また自らもPR部門を設置し，最高幹部に担当責任をもたせる組織を編成した．

(2) ロビーストの活用

国会議員に直接働きかけるロビーストを活用した．このため70年代の米国では，経済ロビーストの数が急増した．ワシントンに事務所を置くロビーストの数は，1971年の175社から1982年には2,445社に上ったといわれる．

(3) 経済円卓会議の創設

1972年には「経済円卓」会議を発足させ，そこには約200社の経営首脳が参加した．環境主義はコストが高くつき，企業制度の基盤を揺るがす危険な思想であることを相互に確認し，共同戦線を展開した．

(4) 反環境主義の国際化

オーストラリアなどアングロサクソン系企業もこの米国モデルを採用することで，反環境主義は国際的に拡大することとなった．

[環境紛争第二の波]：環境教育論と科学実証主義の高まり

　1980年代終わりから90年代にかけて，オゾン層破壊や地球温暖化，ダイオキシンや酸性雨などの汚染物質の拡大を科学が実証したことから，紛争に質的変化が見られるようになった．その科学的実証主義に押されて大衆の環境規制運動は一層盛り上がった[3]．これとともに，環境教育の商業主義化も進展した．環境教育への企業戦略の介入である．世論調査（91年のギャロップ世論調査）でも，75％の人が多少経済が減速しても環境保護に重点を置くべきと答えるほど環境問題は大衆化し，各国政府は規制機関を設置せざるをえなくなった．企業側は，米シンクタンクに資金を投入し，それを使ってさまざまな方法で環境規制に対抗した．市場経済的技法（汚染権の取引，税による奨励，自主的合意など）の開発・推進がその努力の成果であった．かくて1992年には，「環境運動家はやりすぎ」と思う人が51％と前年の17％を大幅に上回り，企業を敵視する環境規制運動は沈静化に向かった．

　この第二波の特徴は，単なる特定の環境問題を超えて，むしろ既存の企業制度の存立基盤を脅かす環境主義への企業側の対抗戦略，すなわち巻き返しに求められる．リスク・コミュニケーション，つまり企業が訴訟問題に巻き込まれることを避けるために，政治戦略よりも予防的効果のあるPR戦略が優先されたのである．リスク・コミュニケーターはその戦略を実行するグループであるが，かれらは環境規制派が投げかける環境問題から逃避することよりも，むしろ積極的に大衆に働きかける道を選んだ．別の表現をすれば，「環境思想戦争」ともいうべき企業戦略を展開したのである．

　英，米，オーストラリアなどアングロサクソン系企業は，大学や他の研究所やシンクタンクなどに資金を提供し，企業側の学者をサポートするなどPR戦略を重視した．その戦略を支える理念は次のようなものであった．個人の自由，政治的経済的自由を神聖化し，経済的自由を制約することは個人の自由や政治的自由を減退させることに等しい．いかに善良な意志から生まれたものであっても市場の役割に過度に介入しようとする者は，自由に対する脅威であると．これはまさに伝統的な市場経済主義版の環境教育の展開であった．

第二次環境紛争の波は高じて，企業側はますます団結し産業の競争力を防衛する姿勢を強めた．1994年，地球温室効果ガス抑制の国際的合意は，世界市場における米国企業の競争力を損なうという理由で反対するよう求めたのは，米国内の50の同業組合と石油，ガス，自動車，科学関連会社同盟で，リオデジャネイロの地球サミットでの温室効果ガス抑制の義務化を阻止した．このときの同盟議長は，全米製造業者協会の代表であった．

　この米国企業の経済合理主義はアングロサクソン地域全体に広がった．大学や政府官僚，シンクタンク，経済圧力団体，メディアにも及んだ．自由市場主義思想は，環境政策を含むすべての政策課題に影響する巨大な思潮になったのである．

　民主党のクリントンは，大統領になる前の1992年に，「市場をわたしたちの味方につけて，環境保護の仕事をさせる新しい時代だと信じる．アダム・スミスの見えざる手がグリーンサム（緑の親指）をもっている可能性があることを認識しよう」と社会に呼びかけだ．ここでは環境の悪化は，政府が環境に価格を付すことに失敗したからだという論理になる．環境は規制するより，環境に市場経済装置を与えることのほうが結果はうまく行くと考えているのである．さらに，「アメリカは個人住宅と裏庭は美しいが，公的政府が管理している公園や通りは汚いことで長く知られてきた．この教訓を環境問題解決にも利用すべきだ．環境を守る努力を私的なものにすべきだ」と呼びかけ，民間主導の環境問題解決モデルに期待をこめた．

［環境紛争第三の波］：グローバル競争戦略論と環境ビジネスの創造

　民主党のクリントン大統領から政権を引き継いだ共和党のブッシュ大統領は，2001年に，国際的な地球温暖化防止のための京都議定書（1997年採択）の枠組みから離脱することを表明した[4]．米国の二酸化炭素の排出量は世界最大であり，議定書で定められた目標の達成は，米国にとって厳しいことは明らかであるが，それにもまして重要なのは，環境紛争の第二波で述べたように，米国は，思想的に政府の規制を嫌う体質があるということである．

しかし考えなくてはならないことは，環境問題解決を市場（民間）に課すか，それとも政府に課すかの二者択一論で環境問題を片付けることができるのであろうかという点である．というのは，米国の環境への取り組みに問題があるからである．果たして，問題解決の第三の道は無いのであろうか．これを考える時代の波がグローバル社会への道として，各国，各企業に押し寄せているのが，環境紛争の第三の波なのである．次節ではこの問題を考察しよう．

第2節　環境戦略の提唱と脱・トレード・オフの論理

これまで環境紛争の本質を歴史的に考察してきたが，そこでみたように米国には環境問題を企業にとってネガティブな問題と捉える経営者が多い．しかし，環境問題は企業にとって本当にネガティブなのであろうか．これに反省を促し，環境問題を企業の成長機会モデルに転換することはできないのであろうか．企業の自主的な解決努力に期待をむける第三の道はないのであろうか．この問題をここで考察したい．環境問題の解決は，企業にとってマイナスのみであって，そのコストはできるだけ最小化することが環境戦略であると定義するアプローチには，問題解決の手法として限界があることを論証したい．

すでに国際社会には，消極的な環境保護から積極的な環境保全にむけて，新しい潮流と未来先取りの環境革命を期待する声が大きくなっている．その具体的な現れは，「持続可能な世界を建設する」という提言である．この提言は，経済（エコノミー）が環境的に持続可能であるためには，持続可能の条件であるエコロジーの法則（eco-efficiency の概念）を満たさなくてはならないという国際的合意である．このエコロジーの法則を満たす持続可能なエコノミーにおいては，「漁獲量は漁場の持続可能な収穫量を超えず，地下の滞水層からの汲み上げ量は滞水層への滋養量を超えず，土壌浸食は自然の土壌形成速度を超えず，樹木の伐採量は植林する量を超えず，炭素排出量は自然が大気中の CO_2 を固定する能力を超えない．さらに新しい動物や植物の種が進化するよりも早くそれらの種を破壊することはない状態を維持すること」が求められるのである[5]．

このエコロジーの法則を無視して，放漫にも現在の経済システムが地球の人口扶養能力に合わせて拡大し続けるとしたら，地球上の自然システムは押し潰されることは間違いない[6]．グローバル経済の拡大は，エコロジーの法則とエコノミーの法則とをいかに調和させられるか，そのための仕組みと価値観の確立が求められているわけで，こうした総合的・文明的視点で環境問題の解決にアプローチしていくことがグローバル社会下での人類の緊急課題となっている．では人類は，この難題をどのように乗り越えたらよいのか．

その答えは，発想の転換にある．人類の歴史は，実に困難な問題への挑戦であった．人類は農業革命，産業革命，そして今日の情報や遺伝子などミクロ技術に基づく社会革命へと挑戦のレベルを量的・質的に高めてきた．そこからの展望として，工業化社会の基盤であった化石燃料エネルギーへの過度の依存からの脱却は最優先すべき選択肢であろう．石油はとくに偏在するエネルギー源であるから，天然ガスなど広く遍在するエネルギーへの切り替えなどは，20世紀の国際戦争を導いた石油エネルギー絡みの地政学（geopolitics）からの脱却の道を拓く．また地球資源の支配を目指して所有する戦略から，地球資源を共有利用する戦略へ転換する新しい発展モデルに国家戦略がシフトできれば，環境問題ばかりか多くの他の紛争を乗り越えることができるであろう．

すでに技術革新は，人類の移動能力を高め，「物理的な距離の死」をもたらしている．また，情報技術は経済と情報の結合でグローバルな「時間的距離の死」をもたらした．これらの革新技術を使う「知恵」があれば，人類生存様式の選択肢は広がる可能性がある．工業化のもたらした自然への負荷は，その選択肢の中のほんの一つの生存様式の問題に過ぎないことを確認できれば，全く別の視点で「環境破壊の死」の実現も可能になると考えられる．

このような技術革新のグローバルゼーションとともに，欧米社会から世界に広がった国家主義の工業経済モデルは徐々に崩壊の道をたどり始めている．中でも地球環境問題への挑戦は，人類の共有財産の価値評価の問題であるから，環境的に持続可能な経済発展に関心をもち世界経済を再構築するために，各国政府，グローバル企業，NGO，NPO，地球市民，国際機関などすべてのアク

ターの総合的協力体系をいかに形成することができるかが問われていると言わねばならない．

　この観点から，環境問題の抜本的解決を組み込んだ一つの総合的企業戦略論として，M.ポーター教授らによって提起された環境戦略モデルは検討に値する．これを環境問題解決型の新しい企業競争力モデルとして以下考察したい．

　ポーターらは，「逆境こそ成長機会である」という新しい成長戦略仮説を提示し，その論証を1995年のハーバード・ビジネス誌で発表した．それは「自然と競争」というテーマの論文である[7]．

　ポーターらの提起する競争力モデルの論理が検討に値する理由は，エコロジー（生態系）とエコノミー（経済性）の古いトレード・オフ思考の根本的否定（脱・トレード・オフの論理）を提唱しているからである．工業社会では，自然環境は生産活動に無限に利用でき，また再生可能な生産資源であり，したがってそれを使って生産規模を拡大し，企業成長することは社会全体にとって良いことだと理解されてきた．したがって，企業のバランスシートには「環境資産」が計上されることはなかった．環境コストは企業利益の喪失と見なされてきたのである．

　しかし，実際に企業の生産活動が多国籍化するにつれ，自然環境は地球規模で悪化し，環境紛争がグローバル経済の問題であることが明らかになってきた．企業にとっては，エコロジーとエコノミーが相反する関係（トレード・オフの関係）にあるという古い常識に疑念を呈さざるをえなくなったのである．そこでは，企業は環境問題の解決を社会的責任論の領域として位置付けることを余儀なくされたのであった．つまり，成長の制約条件（限界）と見なすようになったのである．このため，環境問題は，企業と住民との直接紛争問題となり，敵対関係が高じた．政府は，この関係をどのように取り持つかの裁定者（ルーラー）としてふるまうことが期待された．

　しかし，ポーターらは，このトレード・オフ関係モデルを企業の環境戦略の前提とすることに疑問を呈した．つまりかれらは，環境汚染や環境破壊は，企業の資源利用の非効率性の結果なのだと発想を変えたのである．つまり，社会

的責任論としてではなく，企業の本業である生産性領域の問題として捉えた．資源を完全に利用すれば，環境破壊は生じないはずという基本的な前提を置き，エコノミーの追求とエコロジーの保全は矛盾した関係にあるのではなく，エコノミーの不完全な追求がエコロジーを悪化させるのであり，両者の間には対立を超えたポジティブな相互作用の関係があるはずと考えたのである．エネルギーの不完全な利用が，二酸化炭素の排出をもたらし，製造過程での不完全な材料利用や過剰生産・在庫，さらには家庭での不完全な製品利用が，廃棄物を増大させ資源循環を狂わせていると捉えた．もし，エネルギーや資源を完全に利用尽くせば，廃棄ガスや廃棄物は生じないはずである．とすれば，環境問題解決のカギは，資源の完全利用（ムダを省くこと）すなわち，資源の生産性の向上にこそ環境問題解決のカギがあると喝破したのである．

では資源の生産性を向上させるにはどうしたらよいか．それには生産過程全体を支配するテクノロジー（生産関数）の再検討が必要になる．製品設計技術から生産技術，さらには輸送や包装・梱包技術にまで全過程にメスを入れなくてはならない．資源の生産性向上を環境問題解決の基本戦略とすれば，環境問題解決のイニシアティブを握るのは企業の戦略と言うことになる．しかも企業には，資源の生産性を向上させることで，節約された資源コストが利益に転換されるのであるから，環境問題は，もはや利益を奪う脅威（threats）ではなく，むしろ利益を生み出す好機（opportunities）になる．

このようにエコノミーとエコロジー，企業と環境保護主義者，を敵対的関係で捉えるのではなく，補完的関係にあることを論証するために，ポーターらは，1970年代の米国自動車産業の環境戦略的失敗例を上げている．その事例から明らかなように，環境汚染を削減する燃費のよい小型車で成功した日本自動車産業は，米国市場に上陸しシェアを拡大して，さらには高付加価値車にグレードアップしながら，米自動車市場の日本車シェアを高めたのである．そこでは日本車は米国で顧客志向のイノベーションを行ったのである．ガソリンを大量消費する大型車に対して，省エネの小型車は米国の大衆から歓迎されたわけである．当時フォードの副社長であったアイアコッカは，「新しい規制に従うと，

自動車価格を大幅に上昇させねばならず，75年までに国内生産を停止に追い込み，アメリカ経済に深刻な打撃を与える」と警鐘を鳴らしたが，今となっては，米国の環境戦略のミステークは明らかである．

この米国の失敗例を教訓として，イノベーション（脱・トレード・オフ）に逆らい，現状維持（環境コストは利益をもたらさないどころか，マイナスに作用するというトレード・オフの関係）にこだわることは，環境に損害を与えるだけでなく，グローバル経済においては競争力の低下をもたらすことが確認された．伝統的に米国企業が，環境規制はあまりもコストがかかり過ぎ競争力を低下させるから企業は規制と対決しなければならないとする論理は，ポーターらの提唱する「対立のエネルギーを創造のエネルギーに転換させる共生の論理」とは異質である．企業は環境規制・社会と共生することで競争力を高め，生存基盤を強固にすると考えるポーターらは，進んで規制の設定ができない国は，競争力のないまま貧困から脱することはないであろう，と厳しく米国企業経営者を責めたてるのである．

ではなぜ，ポーターらは，従来のトレード・オフの論理とは異なる新しい第三の道を発見することができたのであろうか．ポーターらが，反企業のエコロジストであったからであろうか．もちろん，それは関係がない．それでは，なぜかれらが新しい論理に到達できたのか，を考察してみることにしよう．結論的に言うとポーターが以前に開発した「価値連鎖」(Value Chain) の概念に発想の原点があることに気付く．価値連鎖，つまりこの概念が意味するところは，価値の評価が最終的に顧客（生活者）の手に置かれていること，そしてこの価値につながる生産者たちは，効率を高めコストを引き下げ，価格競争を行うために分業を高度に進める．しかし，いつしか個別企業は効率化に熱中して生産過程全体の価値連鎖を見失い，顧客から遊離してしまうことである．

ここではポータの価値連鎖論[8]を詳細に説明することはできないが，要するに個別企業は，全体の効率性を追求しなくなるために，すなわちライバルとの競争でますます狭い領域での効率性追求（ベストプラクティス戦略）に自らを追い込み，価値連鎖全体で生じる資源の無駄が見えなくなるというわけである．

そこに異常な資源の無駄が発生する原因がある．顧客（生活者）の観点から生産活動全体を見渡せば，見えない無駄も見えてくるのである．ここに，産業組織論的アプローチが個別企業管理論を超えて重視されるべき理由がある．トヨタ自動車の優れた Just-In-Time（JIT）生産システムは，無駄のない生産と無駄のない在庫を追求したが，それはポーターのいう価値連鎖に適った産業組織論的な競争戦略の結果による資源の生産性革命であると位置づけられる．

このように考えてくると，日本企業の環境戦略は，政府による環境規制の影響を受けたことは確かであろうが，それより大きな影響を与えた要因は，70年代に日本を襲ったあのオイルショックであったろう．OPEC 諸国が連合してオイルの生産を縮小して価格を引き上げる戦略を取ったからである．このため日本は省エネ規制を強いられた．にもかかわらず，日本企業は規制に反発することに代えて，「規制を内部組織化」したのである．この結果，かなり環境負荷を引き下げられたのである．つまり，資源の生産性と環境負荷との間には，ポジティブな相関関係があることを日本企業は実証して見せたわけである．資源に恵まれた米国には，この論理が見えにくかった．「逆境がチャンス」をもたらすという重要なポイントを見落としていたのである．

逆境がチャンスであることの示唆的な事例として，ポーターらは，オランダの生花栽培ビジネスの成功をとり上げる．オランダの生花栽培ビジネスは，世界の切り花輸出の NO.1 として有名であるが，その競争優位の条件を探究すると，そこには「逆境に恵まれた」オランダならではの生存戦略が見えてくる．海を埋め立てたオランダの土地は，元来植物栽培には不適格であるし，気候も適しているわけではない．それなのになぜオランダが，と問いかけたくなる．その答えは，「オランダの人々が，生産性を高め自然の不利な条件を克服するための高度にハイテク化した技術を創造し改良を重ねてきたからだ」という成功要因が発見されるのである．かりに，オランダの土地や気候が，他の国のように生花栽培に初めから適していたなら，オランダのビジネスモデルは，他の国と同レベルのものになっていただろうとポーターらは考える．そうでなかったからこそ，オランダ人は，技術革新（イノベーション）にこだわり続け，

その結果年間を通して，温室栽培ができるというハイテク・システムを生み出すことができたというわけである．

　さらにオランダの例の中で環境規制と温室栽培とどのように関係していたかについては，規制がイノベーションを促進させたという環境規制が浮かび上がってくる．それまでの生花栽培は，殺虫剤や除草剤，さらには大量の肥料投下に依存していたから，土地や地下水が著しく汚染され，当然，農薬規制を求める環境主義者たちの反対運動が高まっていた．このとき，栽培業者が規制に敵対していたら，環境主義者と対立抗争を繰り広げたことであろう．しかし，かれらは問題解決の唯一の方法は，閉じられた世界ですべてを完結させる「クローズド・ループ・システム」の開発（逆算の発想）しかないことに気付いた．そしてついに，土ではなく，水とミネラル・ウールによって栽培することに成功した．環境に与える影響を劇的に低下させただけでなく，コスト削減や品質の向上，さらにグローバルな競争力までも手に入れたのである．イノベーションによる資源の生産性向上こそが，資源の非効率を吸収し，環境破壊を防ぎつつ，企業の持続的成長をもたらすという脱トレード・オフの典型的事例として注目すべきであろう．

　このような環境の規制，資源の生産性，イノベーション，競争力の相互関係にポジティブな相乗効果を成立させた成功事例はほかにも沢山あるはずである．高いスペース・コストを克服するために，在庫を積み上げる方法を否定したJIT方式を開発し，そのパイオニアとして有名になったトヨタの事例，さらにはセブンイレブンのように，出店を地域集中（ドミナント）方式で展開することで，配送（ディストリビューション）距離を飛躍的に削減し，結果的に排気ガスを減らしつつ，競争力をつけた事例などである．

　環境規制が必ずしもすべての企業にイノベーションや高い生産性や競争力をもたらすとは限らないが，イノベーションに成功した企業だけが勝利を手にすることを事例は証明している．単に資源を多く保有していること（大規模企業）が成功企業の証明ではなくなった．セブンイレブンはヨーカ堂より企業規模は小さいが，顧客価値を高めるように必要のない資源は保有しないフランチャイ

ズ・チェーンのビジネス・モデルを開発した．資源の生産性を高めることが競争優位をもたらすことを知っていたからである．

つまり，国も企業も，経営資源を最小のコストで調達できることが競争力ではなく，経営資源の利用方法や利用技術で進んでいることが競争力になることを学ばなくてはならない．この新しい発想にもとづくニューパラダイムは，環境改善戦略と競争力とを結び付ける触媒である．そこでは，天然資源だろうが，人的資源であろうが，資本資源であろうが，資源の生産性を高めることが重要なのである．言い換えれば，環境問題解決の革命とは，資源の生産性をもたらすイノベーションの実現を意味することになる．

では環境規制に対応したイノベーションは具体的にどのように進めたらよいのか．価値連鎖の観点から考えられるタイプは3つある．製品開発・設計段階，製造プロセス段階，汚染処理作業段階と，生産の全過程におけるトレード・オフを再検討することである．

① 起こってしまった汚染処理コストを最小化する技術や方法の開発戦略．つまり，資源を汚染物質の中に見いだし，汚染処理を価値あるものに変換するのである．たとえば，ゴールドや他の価値ある物質を抽出・販売するとか，物流全体の資源のリサイクルを促進する環境法の設定が意味をもつ．

② 環境規制に応じた製造プロセスのイノベーション戦略．つまり，環境汚染が実際に起こる前に，効率のいい革新的生産方法の開発が必要である．業界全体での工場の統合や生産設備のアウトソーシングなどがここでのイノベーションの内容になる．

③ リサイクルを要求する環境規制に応じて製品を再設計する戦略．資源の生産性の初期段階で汚染の根因を発見し解決する方法の開発である．つまり製品イノベーション戦略が求められるのである．クローズド・ループ・システムとして環境を捉えた1991年の日本のリサイクル法は，すでに日立製作所が他の電機メーカーとともに製品の再設計に取り組み，部品を減らし製品の組み立てを単純化させるなどの点で成功している[9]．

しかし企業自身で，環境規制に対応したイノベーションを引き起こし資源の

生産性を向上させて利益を生み出せるならば，何も環境規制による政府介入は必要ないのではないか，という市場自由主義派の見解がでてくるのではないか．この点について触れるならば，結論としては，それでも規制は必要であると言わねばならない．それはなぜか．

　まず，個々の経営者は，ビジネスチャンスのすべての情報を完全には握っていないという点を考えなくてはならない．しかもかれらには限られた時間と注意力しかない．変革を起こすには，あまりにもリスクが高すぎる．検討するだけで，実際の行動にはなかなか乗り出せない．企業行動を引き起こす仕掛け（罰則や褒賞金）が必要である．計画に参加させ足並みを揃えるには行政サービスが必要だと考えなくてはならない．とくに環境問題に創造的に取り組むには，企業も顧客も株主も消極的になる傾向があるからである．

　つぎに経営管理上の問題を考えなくてはならない．問題は，企業は一般に，環境規制コストを実際より高く認識する傾向があるからである．このため規制側との間に敵対的ムードが生まれ易い．しかし実際のコストは，規制に従った場合，学習とともに低減することを企業は認識していないのである．コストは，環境コストも含めて，固定的コストとして捉らえてはならないはずである．そこで，今後，環境規制による動態コストの理論が求められなくてはならないことが考えられる．

　さらに，規制の厳しさのレベルについてであるが，イノベーションを引き起こすためには，厳しいレベルのものである必要があるということも考慮しなければならない．米国の規制は，すでに発生した汚染処理を重視するが，予め除去するイノベイティブなものでなかった．汚染管理モデルばかりに捕らわれて，資源の生産性モデルが企業戦略を支配するようにはなっていなかった．その時その時の事後的処理に止まり，このため米国企業は長期的に過剰な環境重荷を負わされることになってしまった．問題が起きてから対処する事後的処理モデルより，初期の段階で改善や除去するモデルのほうが，長期的にははるかにコストが少なくて済むのである．日本とドイツの自動車メーカーが新しい燃料消費基準に応えて，より軽量で燃費のいい車を開発し，米国メーカーの競争力を

著しく低下させた過去の失敗の教訓はこの重要性を証明している．

第3節　グローバル企業の競争戦略と環境ビジネスの創造：求められる産業と金融のパラダイム・シフト

そこで最後に，「地球環境に配慮すれば，企業利益は向上する」という積極的な仮説を検証し，その実践に向けた戦略の原理を考察・提言しておこう．この仮説が正しいとするならば，産業政策と金融政策の新たなパラダイム・シフトを誘発させることが期待できるのである．

まず概念としては，地球環境への配慮を環境ビジネスと捉え，企業利益の達成を成長戦略と置き換える．つまり，環境ビジネス戦略とは，生態系という自然資本の適切な評価に基づく経営資源の重点的配分を意味するものとする．

この環境ビジネス戦略は，IT革命とその波に乗って競争的成長を続けるグローバル企業の戦略の一環として展開されつつある．周知のように，IT革命は情報伝達の生産性において革命的インパクトをもち，そのインパクトを戦略に組み込んだ企業戦略が，21世紀社会の成功条件となってきている．このIT革命は，単なる情報技術の革新ばかりか，その他の経営資源の伝統的な活用技術に革新をもたらしている．

その結果は，つぎの式に見られる資源の生産性の向上につながっていく．

　　　　　資源の生産性＝地球資源の多元的有効利用／資源調達コスト

この式が意味するように，技術革新により新しい資源の利用方法が開発され，かつグローバル生産システムによる調達コストの切り下げで，分子と分母からなる資源の生産性は高められることになる．従来の戦略は，分母の資源効率の追求に企業の競争優位の条件を求めてきたが，IT革命とともに，分子の技術革新による地球資源の多元的有効利用法の開発が真剣に検討されるようになってきた．そこから，20世紀の工業型発展モデルが長期的には通用しないことが明らかになるに従い，われわれは世界が直面している根本的な限界を理解し，利用可能な技術のいくつかも分かっているので，新しい経済のグランド・デザインを描けるようになる．

その一つは，新しい製品・サービス技術をもたらして，新産業を創出する効果，もう一つは，既存の企業内における情報共有化，情報処理の高速化やeビジネスの創出の効果に求められる．いずれにしても，それぞれの効果は，社会の生活者である顧客の豊かな生活価値の向上に貢献する方向で相乗効果を発揮する．

［循環型産業へのパラダイム・シフト］：

その基礎となる新しい設計原理の一つが，自然資源を1回使っておしまいという使い捨ての経済から，再生可能エネルギーとしてつねに原料を再利用・リサイクルする循環型経済へのパラダイム・シフトである[10]．

自動車産業を例に取ると，すでにそこではIT革命の波を企業戦略に組み込んでおり，環境・エネルギー問題への挑戦，クルマの安全性や機能の改善に資源配分の傾斜を強めている．まさに脱工業化経済モデルへのシフトが，グローバルな競争優位の条件になってきている．

中でも燃料電池車の開発競争は，最も注目されている未来戦略である[11]．有害な廃棄ガスを出さず，騒音も少ない燃料電池は，自動車用ばかりか家庭用の発電器としても期待されるため競争優位をめぐる研究開発競争の焦点になっている．この競争に参加する企業は，燃料電池自動車の燃料標準（ディファクト・スタンダード）をめぐって，自動車メーカー，電機メーカー，石油，ガス，電力などの多様な業界が入り乱れてグローバルに合従連衡を繰り返している．燃料電池に使われる水素を取り出す燃料として，メタノールを使うかガソリンを使うか，天然ガスを使うか，いずれが標準になるかは未定だが，いずれ標準が定まるにつれてグローバル時代の覇者が決まる．メタノール方式は，ダイムラー・クライスラーやフォード社などが取り組んできた．これに対し，ガソリン方式はトヨタやGM，エクソン・モービルが取り組み，いずれがディファクト・スタンダードを握るかが注目されている．これによって将来の経済社会構造が決定付けられることは言うまでもない．さらに中長期的には，直接水素を燃料として利用する方式が標準化するとみるグループもある．ホン

ダやマツダは，その方向に向けて研究を進めている．いずれの燃料が経済的に実用性が高いかが，標準化のカギを握ることになると考えられる[12]．

燃料として水素が注目されている理由には，以下のような多くの利点があるからである．

① 水素は，液体燃料であるメタノールや天然ガスばかりか，再生可能なバイオマス（生物体），古紙，下水汚泥，廃棄オイルなどからも簡単に作り出せる．バイオマスの例としては，農作物，樹木，海草などが上げられる．すでに NEDO（新エネルギー・産業技術開発機構）は，大気中の CO_2 を合成してメタノールを作り出す技術を開発している．

② インフラ投資の面でも，現在のガソリンスタンドや家庭の都市ガス・インフラがそのまま活用可能である．

③ 燃料電池の寿命は，20年以上の耐久性がある．蓄電池のような有害な重金属を含まないので，リサイクルを前提にした設計が可能である．

④ CO_2 の排出量が極端に少ない．メタノールをバイオマスで製造し，水素にもっていけば，CO_2 を，完全に押さえ込むことが可能となる．地球温暖化防止に効果的であると期待されている．

⑤ 家庭でも使える．小型化可能なのでスペースを取らず，量産化されれば，20万円で買える時代も夢ではない．因に，太陽光発電システムは，現在300万円程度であるから，価格的にはるかに普及しやすい．

⑥ 石油資源をもたない国に有望な「分散型発電システム」が広まり，余剰電力の売電市場が生まれる．供給ロジスティックスの最適システムの構築が進むと，電力市場の異業種参入が加速化する．このことから大規模発電所が不要になり，原発問題が解消し，送電線や電柱などが撤去され，街の景観がすっきりするという理想の構図も描かれている．

さらに，この燃料電池にコージェネレーション・システムを結合することによって，エネルギーの抜本的活用革命を構想するプロジェクトもビジネスのテーブルに上っている．これは発電と発熱の同時利用を意味するが，原理は排ガス，冷却水，排熱など，そのまま捨てられてきたエネルギー・ロスを減らす

ことであり，このための熱エネルギーの効率システムをコージェネレーション・システムという．従来，オランダ，デンマークではこのシステム開発が盛んである．これと燃料電池との結合で，理想的なエネルギー・システムが近い将来構築される可能性がある．環境のもたらすビジネスチャンスは膨大であり，やがて社会基盤の革命を興すことも不可能ではないと言える．

　このような新しい社会的価値観が芽生え，それを基に世界経済の再構築を促進し経済発展を持続させることを最大のチャレンジと考える「環境戦略グループ」も増えてきた．20世紀のエネルギー多消費工業化社会を否定し，環境的に持続可能なグローバル経済を作り出すことを目指すかれらの大きな挑戦は，エネルギー革命に絞られてきたようである．これらの環境ビジネス戦略として，その対象を整理・分類すると，つぎのような環境問題解決のレベルに分けることができる．

　（レベル１）：パイプ末端（end of pipe）での解決法と言われる問題解決レベル．ここでは，問題解決を廃棄物処理施設のような末端（出口）で解決する．ただ事後的に対処しようとするところにレベルの低さが指摘される．つまり，問題解決を製品設計のようなパイプの入り口で行うのではなく，末端の業者にアウトソーシングするわけだから，いつまでたっても根本問題は解決されず，しかも生産企業自体に問題解決のための学習能力はつかない．

　（レベル２）：企業内部の法務部門や環境部門の専門家による問題解決に依拠するレベルがレベル２である．ただ，かれらには利益責任に対する論理に欠けるため，企業と規制派の間に生じる紛争解決にはあまり役立たない．根本的解決というより，目先の狭い範囲にこだわった漸進的解決に止まるからである．環境監査・汚染管理モデルが，紛争解決を支配するレベルである．

　（レベル３）：真の環境ビジネス戦略は，製品・市場戦略などとともに総合化された経営戦略の一環として位置付けなければならない．そこで，製造・輸送プロセスや製品の再設計に踏み込んだイノベーションによる解決法が求められる．これがレベル３である．それは生産性や競争力といった企業の生存能力の向上にビルトインされたものであり，ここでは企業の環境革命モデルが紛争

解決を支配する段階と呼ぶことができる．

　問題解決のレベルは，1から3に向けてレベルアップしていかねばならないが，実際には，国や地方，産業の種類，発展段階などによって，採られる解決のレベルはまちまちである．こうした不均衡の調整という領域でも巨大なビジネスチャンスは生まれるだろう．

　[新金融技術の導入によるパラダイム・シフト]：
　このビジネスチャンスを実現するには，金融のグローバリゼーションが必要になる．それは環境問題解決の責任主体が，ひとり政府に負わせることでは問題解決に至らないことが容易に予想されるからである．金融ビッグバンはこうして始った．政府，民間が一体となって問題解決に対処するには，金融の流れをグローバルな環境問題解決の方向に誘導し，多様な企業の参加を必要とするからである．

　ここから，実体経済を超えて地球資源の資産価値化，すなわち「環境の証券化」という新しい金融技術を使ったパラダイム・シフトが生まれてくる．この環境の証券化とは，環境改善努力を数量化し，その努力を市場価値で評価するものである．環境改善に失敗した企業は，成功している企業の改善成果を市場価格で購入するためコストが発生し，反対に成功企業はその努力を売却して収益に計上できることになる．環境改善努力をしない企業に「罰則」を適用することに代えて，「環境カイゼン」努力をする企業に「収益」を与えるというこの考え方は，アメとムチのインセンティブ論からすると，従来の政府主導のムチ型ではなく，アメ型インセンティブである．

　前世紀に米国が自動車を大衆化させ，GMやフォードを巨大企業に成長させた戦略として「割賦販売」という金融技術があったように，一般にテクノロジーの社会浸透には，金融技術の革命的支援が重要な働きをする．環境技術の社会浸透もこの例外ではない．環境技術を購入し易くする金融技術が開発されなくてはならないが，そのための効果的な金融技術の開発が進められている．

　その典型的な金融技術として，「排出権取引市場」の創設がある．これは環

境削減に価格を設定するという方法である．つまり，環境を資産とみて，その保全に協力した努力に価値（証券）を付与するという画期的考え方である．つまり，環境資産の証券化と証券の売買市場の創設により，環境保全を金融市場から支援させようと考えるのである．

中でも重要な温暖化ガスについては，すでに（2001年）排出権取引市場のビジネス化は準備過程に入っている．しかし，その実現をめぐっては，規制強化派と規制緩和派，つまり政府介入を小さくすることを期待するグループとが猛烈な駆け引きを展開中である．つまり，前述の京都議定書の具体策を巡って，温暖化防止会議のプロンク（オランダ環境相）代表は，規制強化案を押しているからである．当初案は，排出権が余るロシアなどが，不足する日本や米国などに売却できる排出権取引を3割としていたが，新提案では1割に縮小され，規制を強化する案を進めようとしているからである．これは欧州寄りの提案だと考える日本，カナダ，オーストラリアなどは不満を表明し，中でも，米国の反発は強く，京都議定書から離脱すると圧力をかけた．

米国の考えに従えば，欧州は，環境ビジネスの入る余地を狭くしているということになる．欧州の新提案は，「国内分が排出権全体の90％を下回らないこと」，つまり10％まで海外取引を認めるに過ぎず，日本などにとっても排出削減目標を達成するために活用できる排出権依存度が小さくなるわけである．排出権が余るロシアにとっては外貨が稼げなくなり，グローバル・マーケットの確立がそれだけ遅れることになるのである．したがって，米国側からすれば，新提案はEUが初めに主張した98％に引きずられているに過ぎないということになる．まさにそこには，米国と欧州の金融ビジネス競争力の差が，国際機関での協議の場にまで持ち込まれたとみるべきであろう．ここにすさまじい駆け引きをみて取らねばならない．いずれにしても，米国もEUも環境ビジネスが，グローバル競争優位の条件になることをはっきり見て取っていることが分かる．

すでにその動きは現実として1990年代半ばに顕在化している．最も注目されるのは，固体高分子型燃料電池をめぐる競争激化である．90年代半ば，カナ

ダのベンチャー企業のバラード・パワー・システムズ社が電池の出力密度の飛躍的向上と小型軽量化に成功したことで，自動車用，民生用として燃料電池は実用化の可能性が高まったのである．そのエネルギー効率は高く，ガソリンエンジンの2倍という．すでに燃料電池自動車の開発競争が始まっていたのである．

1994年，ダイムラー・ベンツは，燃料電池の開発に成功し，2004年に燃料電池自動車の量産化を計画している．現在，自動車にはメタノール，家庭には天然ガスの改質による水素製造が想定されている．既存のインフラ設備の有効利用のため，1997年，ダイムラー・ベンツは，フランクフルトで開催された国際モーターショーで，次世代代替エネルギー車（NECAR＝燃料電池自動車）を発表した．それは単なる試作車を超えた市販車のモデルであった．衝撃が会場を走り，驚嘆（サプライズ）が渦巻いたという．そして1998年，ダイムラーとバラード・パワー・システムズとフォードは，2004年に市場投入する燃料電池の開発・販売の世界連合を結成した．またバラード社と合併したダイムラークライスラーは提携し，2004年に商業ベースで年間4万台の量産化計画を発表した．

排出権市場は，こうした開発資金を潤沢にし，環境ビジネスの成長に貢献する形でともに成長していくであろう．

［日本企業の環境ビジネス戦略］：

日本では，バラード社から技術導入する本田と日産，独自開発を目指すトヨタも2003年を目指して商業化するという．その後，トヨタは，2002年の発売をめざすことを地球環境国際議員連盟総会で発表したが，これは同じくダイムラークライスラーが2002年末までに発売するという発表に触発されたためと見られている[13]．いずれにしても，グローバル化の進んだ自動車業界では，環境ビジネス戦略は，明日の生き残り戦略になっていることが知られる．

また家電業界でも，先端を走る三洋電機は，98年にPEM型燃料電池を利用した店舗向け・一般家庭向けのコージェネレーション・システムの実用化計画

を発表した．家庭に供給される天然ガスを利用して自家発電し，さらに，発電時に発生した水蒸気や排熱は空調機器や給湯機に 2 次利用するシステムを販売するという．同社は，1998 年，災害時や工事現場に使う非常用電源として，持ち運び可能な小型燃料電池を発売し，市場参入した実績をもっている．この技術を使った関連的多角化が，店舗用・家庭用システムというわけである．最大電力出力は 50 kw という．他の業界からも燃料電池市場への新規参入は増えている．

例えば，東京電力であるが，同社では当初は，この新エネルギーが既存の大規模集中型発電のビジネス寿命を短くすることから，抵抗があった．しかし，1998 年に環境市民団体と提携して分散型新エネルギーの太陽光発電の普及を支援し始めた．1995 年電気事業法改正で，独立系事業会社が電力会社に電気を売ることができるようになっており，規制緩和につれて，新エネルギー導入の態勢は整いつつある．

また天然ガスの需要増を考える都市ガス業界でも，家庭用燃料電池の実証試験を 1999 年から始め，2004 年には商品として発売の予定である．これに刺激されて，石油業界大手の日石三菱も燃料電池開発を本格化するという[14]．従来のガス，電気，石油の各業界内部の競争から業界間競争へと戦略目標がシフトしつつある．いずれの業界が主導権を握るかは，興味ある問題だが，新技術の普及力を最も強くもっているかが主導権と関係するであろう．

このように新しいエネルギー技術革新により，企業の環境戦略は，グローバルな競争優位をめぐって展開されている．その意味で，環境ビジネスは，新しい企業成長分野として多くの企業を広く巻き込んで拡大してゆくであろう．

こうした時代の潮流に乗って，経営者のトップダウンによる製品設計アセスメント（環境影響評価プログラムと製品・製造工程のアセスメント）の実践が加速化し，その成果が期待されている．例えば，ソニーやキャノンは，工場からの有害化学物質の流出のような環境破壊を事前に回避するための統一基準を策定し，実施することを明らかにしている．グローバルな連結経営・リスク管理の強化を意識していることは言うまでもない．連結子会社も対象に含め，米

独の厳しい環境基準を参考に世界で最も厳しい基準をあらゆる項目について策定し実行すると宣言している．

こうした環境戦略の潮流は，COP3の温室効果ガス削減目標として，先進国全体で6％が合意の方向にあり，自動車業界にはCO_2の20％削減が要請されているから，具体性を帯びてきた．低燃費，ハイブリッドカーの開発などはすでに企業生存目標としてはっきりしている．あらゆる産業企業が，近未来においてグローバルな環境ビジネス戦略の展開の渦に巻き込まれることは間違いないであろう．

問題は，どの企業がグローバル・ディファクト・スタンダードを早期に確立できるかどうかであり，それはまた金融革命に支援された競争優位の環境戦略を打ち出せるかに依存することになろう．そのためには，かなりの量産化とコスト削減を急速に進めなくてはならない．コストが下がり，価格を引き下げられれば，燃料電池搭載自動車をはじめとする環境ビジネスは，世界標準モデルになるからである．そうなれば，本稿の目的である，「地球環境に配慮すれば，企業利益は拡大する」という「矛循の一致」仮説が実証され，そこではこれまでの自然環境主義と企業資本主義との対決は，企業，国家，地域のいずれにとっても競争劣位をもたらすことが明確になるはずである．日本企業のグローバル戦略を構想しなければならない今日，以上の考察のように，対決の構図から脱出するための第三の道，既成パラダイムからのシフトを企業戦略のコアに組み入れなくてはならないのである．環境ビジネス戦略は，持続的成長戦略になりうるのであるから．とりわけ，エネルギー資源に絶対的不足である日本にとって，戦略産業にすることは重要だ．それは，土地が絶対的不足であったオランダが生花ビジネスで世界的に成功したように成功の条件となりうることを知らねばならない．

まとめ

本稿では，地球温暖化防止対策の国際化，新エネルギーなどの技術革新の普及のための規制緩和，世界市場の拡大などが追い風となって，地球環境問題の

解決に向けての将来戦略が，20世紀とは全く異質な展開になることを考察してきた．問題解決の主役交代が21世紀の舞台で見られるということである．このさい新エネルギーの開発競争効果は大きいものと考えられる．それを促進するパワーとしては，政府と社会的圧力が必要性であることは言うまでもないが，それより重要なパワーは，燃料電池の例に見たように，技術革新を引き起こすグローバル企業の環境戦略なのである．

グローバル企業は，製品の技術革新のみならず，製造工程の技術革新，ロジスティック革新，金融技術革新にまで幅広く資源効率を高めるイノベーション戦略を展開しなければならない．グローバル企業にとって環境問題は，社会的責任の領域を超えた，むしろ成長機会の集合となりつつあることが明らかになった．

このような明日の認識にたって，日本企業のグローバル競争力モデルを検討するとき，日本企業に明日の競争力モデルが欠落しているという海外からの批判は，重要問題として浮かび上がってくる．とくに本稿が明らかにしたように，環境ビジネスを支援する金融部門の戦略の欠落は重大な問題であろう．この金融部門は，不良債権の処理，政府部門の財政赤字補填，財政投融資の対象である特殊法人などの公的企業支援などいまだに過去志向であるからである．このままでは，新エネルギーを産業基盤としたパラダイム・シフト（産業と金融のパラダイム・シフト）は起こりにくい．

未来を展望すると自然環境を保全することは，グローバル社会に生きるあらゆる組織の責務になってくる．本来，自然環境保全責務は，道徳や倫理的にかつ形式的に求められているわけではない．そうではなくて，企業を含むあらゆる組織の生存基盤（インフラ）として重要だからである．しかし，なぜか現実にはこの責務を企業や政府や市民が充分果たそうと意欲的に燃えているとは言いにくい状況が続いている．

こうした重大な岐路に立つ日本の戦略を考えるために，本稿では，自然資本主義と企業資本主義との間にある厳しい対立の構造を考察し，そこから両者を融合するために必要なアプローチを考察してきた．その厳しい対立を超えてグ

ローバル社会と共生できる競争優位の環境戦略が構築可能であれば，自然環境の保護はもはや企業にとって苦痛ではなく，チャンスになるのである．

この両者の対立を超えることは，現実的には難しいが挑戦する価値は大いにある．発想の戦略的転換によってギャップは相当埋められると考える．その発想の戦略的転換とは，目先の問題に関わるのではなく，長期的，動態的な産業組織論的発想にたったイノベーション問題として取り組めば，企業成長と社会発展の同時達成（ウィン・ウィン）も可能になるということである．

企業は，社会環境には敏感に反応するものであり，また反応もしてきた．であるから，自然主義者は，企業と直接に対立するより，協力して社会環境の改善に働きかけることにもっとエネルギーをかけるべきである．政府に働きかけて性急に規制の網を企業にかぶせても，企業の反発を煽るだけになり，肝心の自然環境の保全はそれほど進まない危険がある．従来，企業と自然主義者との対立は，ともに視野が狭いことから生じていると認識されてきたが，正しくは視野が狭いのではなく，見るべき焦点がズレていたことに気付かねばならない．ウィン・ウィンの関係づくりこそ，第三の道であり，真の環境戦略たりうることを提唱したい．

今後，日本企業の競争力の再建は，日本を含むアジア全体，さらには世界全体における資源の効率システムの確立に向けて展開されるようになるだろう．そこからグローバルな環境戦略が，競争力の向上につながる成果を上げることを期待したい[15]．

1) シャロン・ビーダー著『グローバル・スピン』（松崎早苗監訳），創芸社，1999．スピンとは，『ホワイトハウス報道官』の解説のなかで，「メディアを介し，世論を政府に有利なように情報操作することをスピン・コントロールと呼ぶ．そしてホワイトハウス報道官はスピンマスターと呼ばれている」（訳者解説より）としている．つまりグローバル・スピンとは，世界を股にかけてビジネスを展開している多国籍企業が行う情報操作を指しているのである．
2) 同上書を参照した．
3) ダイオキシン問題は，紛争の重要なテーマになった．ダイオキシンは，廃棄物焼却，工業の塩素漂白，金属精錬などの工業プロセスの副産物で，塩素と有機化合物が高温で一体になるとダイオキシンが発生する．この科学的証明に基づ

いて，グリンピースなどの環境運動家は，塩素製造業者に段階的に使用廃止を求めた．しかし，塩素の廃止は工業化文明そのものの終焉につながるとの危機意識をもって産業側は規制反対運動を展開した．化学産業のダウケミカルやモンサントの運動は有名である．メディア情報に頼っていた大衆は，初めは混乱したが，やがて危険な事実が隠蔽されていたことに気付くことになった．

4) 京都議定書とは，1997年の地球温暖化防止京都会議で，日米欧，中国，インドネシア，ロシアなど84カ国の署名によって制定されたもので，2008年から2012年の間に1990年比で5％以上のCO_2の削減を義務づけられている．日本は6％，米国7％，EU8％の削減が求められた．議長国は日本であったため，ブッシュ政権のこの議定書からの離脱宣言は，日本の環境政策の見直しが懸念された．米国の離脱の理由は，自国経済に悪影響を及ぼすからというネガティブなものであり，またブッシュ政権がエネルギー業界などの声を重視する体質の現れとも見られている．（日本経済新聞，2001年3月29日を参照されたい）

5) この定義は，レスター・R・ブラウン編著，浜中裕徳監訳『地球白書』1999-2000，ダイヤモンド社，1999．の第26ページより引用した．また，OECD環境政策として，井上昭正／松嶋美由紀訳『グローバル時代の環境戦略』，三修社，1999．を参考にした．

6) 「ハスの葉の寓話」は，この説明として衝撃的である．

7) Michael E. Porter, Claas van der Linde, "Green and Competitive : Ending the Stalemate", *Harvard Business Review*, September-October, p. 129.

8) M. E. ポーター著，土岐坤ほか訳『競争の戦略』，ダイヤモンド社，1982年．原著は1980年．この著書で，ポーターはバリューチェーンの概念を開発し発表した．

9) 使い捨てカメラのリサイクルでは，富士フィルムの成功事例が注目されている．

10) L. Hunter Lovins, Amory B. Lovins, Paul Hawkins, "A Road Map for Natural Capitalism", *Harvard Business Review*, May-June 1999. ここでは，進歩を考え直すこととして，これまで企業や政府が使ってきた「壊れたコンパス」を改め，新たな進歩の尺度を構築することの重大性を主張している．

11) 燃料電池の歴史は，1965年，米国の有人人工衛星ジェミニ5号に搭載されたことに始まる．宇宙船内部の電力の確保と同時に，乗船員の飲み水としても利用されていた．ダイムラー・ベンツは，この燃料電池の生産から得た経験をもとに優れた技術をもつカナダの研究機関のバラード・パワー・システム社といち早く提携し，PEM（Proton Exchange Membrane＝陽子交換膜）型燃料電池の開発に取り組んできたのである．もともと燃料電池の発電メカニズムは，デンキナマズやデンキウナギなどの電気魚の発電メカニズムに似ていて，生物進化の歴史的過程で，バイオケミカルな発電システムは進化してきたと言われている．人間はその活用にやっと気付いたというわけである．なお，日本で実用化されている燃料電池はリン酸型であり，排熱温度が200度と高い大型のものが多く，大工場向きであり用途は狭い．これに対し，PEM型は小型，低温，量産化が可能で，用途が広い．日本では，トヨタ，マツダ，三洋電機などがPEM型市場に参入している．

12) トヨタは，2003年をめどに燃料電池車の商品化を進めている．すでに開発モデル3号は時速150キロ以上の性能を得ており，一般道路での走行試験を開始する段階にある．1996年に開発したモデル1号に比べ，3号モデルでは飛躍的に性能が向上しているが，他の競合するグローバル企業も商業化の時期を同様に設定しているので，低価格化を目指した研究開発戦略が競争優位を決定づけるものと考えられる．
13) 次の文献を参照されたい．「白熱する開発レース」，『日経エコロジー』，2000年6月号．
14) 『日経エコロジー』，2000年4月号参照．
15) 本稿を脱稿したのは，2001年度の夏の終りであったが，その後，政府の政策は，「産業競争力」「戦略会議」において，本稿の提案した方向で動いている．同会議では，世界のトップ企業育成のため「環境・エネルギー」，「情報家電・IT」，「医療・健康・バイオ」，「ナノテクノロジー」の4分野を特定し，優遇税制や開発資金の面で支援する構想を提言するとしている．（日経新聞，2002年5年11日付朝刊を参照）この政策提言を追いかけるようにして，6月には，トヨタが2002年末までに燃料電池車の発売をおこなうと発表した．これにより，本稿の仮説は，より一層強く検証されたものと認識している．

第 8 章

産業転換政策と環境会計職能
――ヴェブレンの「産業過程」論を基礎にして――

はじめに

 冷戦構造の終結は情報技術の急速の進展と相俟って,世界システムを確実に変えつつある.そこで注目すべきは,社会を動かす基準がイデオロギーからインセンティブへと大きく変わりつつあるといった指摘である[1].その証拠に,20世紀の後半を闊歩した覇権主義という言葉が徐々に影を潜め,代わりに競争力,効率性といった新たなキーワードが台頭しつつある.今日の地球環境問題の本質はこうした歴史的背景から理解する必要がある.つまり人々は環境問題を解決する糸口を,資本主義や社会主義といったイデオロギー的な視点にではなく,システム的な発想とそこにおけるインセンティブに求めるようになったのであり,環境効率,環境会計といった言葉の登場はそうした変化を象徴するものであるといえよう.
 こうした環境問題を解決する糸口をインセンティブに求めようとする流れは,国際的な地球環境戦略研究の動向のなかにも見出すことができる.1990年に国際社会科学協会は,地球環境に大きな影響を及ぼす原因としての人間活動に焦点をあてるために地球環境変動人間社会次元研究プログラム(HDP:Human Dimensions of Global Environmental Change Programme)を実施し,

そこで産業転換（Industrial Transformation）を優先分野6つのなかの1つに位置づけたのである．さらにHDPは，1996年に地球環境変動に関する人間社会次元国際研究プログラム（IHDP：International Human Dimensions Programme on Global Environmental Change）へと発展し，そのなかで産業転換は全4研究プロジェクトのうちの重要な研究プロジェクトの1つとして構築されたのである．

このIHDPにおける産業転換プロジェクトとは，まさに産業システムにおけるインセンティブ構造に関する研究である．一方，環境問題解決の糸口をインセンティブに求める流れは環境会計という用語を急速に普及させた．環境会計という発想はまさにこうした流れの申し子ともいうべきものであり，産業転換プロジェクトにとっても枢要な手段となることが予想される．そこで本章では制度学派であるヴェブレンの「産業過程」の概念を援用しつつ，環境会計を産業転換プロセスのなかに概念的に位置づけようと試みる．それは産業転換を促進する手段としての会計職能を探ることに他ならない．

第1節　IHDP——産業転換プロジェクト

1996年2月にHDPから改組する形で設定された地球環境変動に関する人間社会次元国際研究プログラム（以下，IHDPとする）は，地球環境変動の人間的側面を解明するために組織された国際的，学際的，そして非政府的な社会科学プログラムであり，その目標とするところは，研究者，政策立案者，そして利害関係者を結びつけること，国ごともしくは地域ごとの研究組織やプログラムの相互協力を促進すること，そして新しい優先的な研究分野を見出すことなどにある．そこでIHDPは，土地利用被覆変化，地球環境変動と安全保障，地球変動の制度的側面，そして産業転換の4つの科学プロジェクトを設置した[2]．

ここで産業転換プロジェクトの目的は，現在の生産・消費システムを持続可能なものに転換できる人間の駆動力（human drives）とメカニズムを理解することであり，産業活動を環境負荷の増大から切り離すことにあるとされる．そしてその研究領域は表8-1に示されているように，4つに分類されるが，

表8-1 IHDP—産業転換プロジェクトにおける研究領域

対象	領域	内容	要素
社会	マクロシステムとインセンティブ構造	とくに物質, エネルギー, 化学物質のフローにかかわる環境と経済の相互作用による広範な社会変化プロセスの理論的ならびに経験的研究	統合アセスメント, 産業代謝, 物質フロー分析, マテリアル・プロダクト・チェイン分析, エコロジカル的産業再構築, 環境経済学
企業	産業エコロジー(環境効率)	研究目的は可能な限りコストの低減をはかりながら生産(プロセスと生産物)の環境効率を高めること	汚染防止, クリーン技術, ライフサイクルデザイン, ループの閉鎖系, ライフサイクル分析
組織	組織,マネジメント,ネットワーク	研究目的は社会経済ならびに環境とのかかわりのなかでの企業組織の改善と組織行動の理解	組織理論, 環境マネジメント, ネットワーク分析
消費者	持続可能な消費	研究目的は消費行動ならびにそれに伴う環境負荷の決定要因を理解すること	消費行動の決定要因, 消費による環境負荷

出所：IHDP, *Industrial Transformation Research Directions : Draft Version*, 1998.

図8-1 研究計画フレームワーク

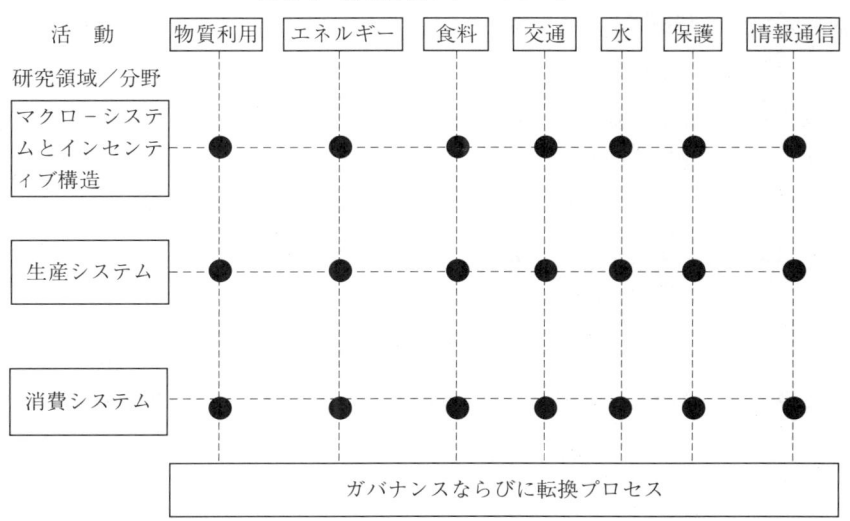

出所：IHDP, *Industrial Transformation Draft Science Plan : Second Draft*, 1999, p. 17.

さらに集約するとマクロ－システム，生産システム（産業エコロジーならびに組織，ネットワーク），そして消費システムと3点に整理される．つまり産業転換とは，図8-1の研究計画フレームワークに示されるように，物質利用，エネルギー，食料，交通，水，そして情報通信といったあらゆる産業活動をマクロ－システム，生産システム，消費システムといった研究領域からマトリックス的にとらえることにより，これまで一方的に環境負荷の増大をもたらしてきた経済活動のパターンを転換するアイディアを研究するプロジェクトである．それはまさに産業活動そのものに自浄作用をもたらすようなインセンティブ構造を解明する研究であるともいえる[3]．

1. 産業転換のためのインセンティブ構造

産業転換プロジェクトは，1999年6月に研究計画，*Industrial Transformation Draft Science Plan* を発表したが，これにあわせてそのバックボーンとしての研究論文 *Research Approaches to Support the Industrial Transformation Science Plan* が，刊行された．ここではこの研究論文に依拠しながら，この研究プロジェクトが，「産業転換のためのインセンティブ構造」ならびに「産業転換における企業の役割」をどのようにとらえているのを見ていくことにしたい．

産業転換の重要な課題は，産業活動を持続可能なものにするために現行のインセンティブ構造の問題点を把握し，それを効果的なものに改良していくことにある．インセンティブ構造に内在する問題点は，その多くがいわゆる市場システムの失敗に由来するのであった．それは現行の市場が社会的コストを取り込まないこと，さらに長期的な視点に立つと将来の世代のコストを考慮に入れないことなどが挙げられるが，こうした市場の欠陥を矯正する政策手段としては，コミュニケーション手段，直接規制，そして経済的手段の3つが示されている[4]．

こうした政策手段を論じる際にこれまで必ず言及されてきたのが環境効率（eco-efficiency）を高めていくことの重要性であった．しかしながら直接規制

や補助金などのような伝統的な環境政策手法においても環境効率の増大は求められてきたのである．そこで政府のねらいは，環境効率を促進するような技術指向型のインセンティブ構造を生み出すことにあった．ここで疑問は，こうしたインセンティブ構造が望まれる変化をもたらすほどに十分に強力なものであるかとして次のような問題点を挙げている．インセンティブ構造と長期的な環境目標とのあいだに直接的な関係が見出されないこと，その結果インセンティブ構造が市場の価格に反映されてこないこと，さらには政府のこうした問題への過度のかかわりには危険がともなうことなどである．ここに環境保全型の市場を基礎としたインセンティブ構造の構築が提案されることになる．そこでは環境コストが価格に反映され，長期的な環境目標と連動し，また新たな稀少性をめぐって企業と消費者がフレキシブルに調整されるのである[5]．

　結局，産業転換のためのインセンティブ構造についての研究は，空間的ならびに時間的次元を考慮に入れた政策手段の選択およびデザイン，制度的変化，そしてインセンティブ構造と技術変化とのあいだの関係に焦点をあてていくことになる．ここで注目すべきは，産業転換のためのインセンティブ構造を作り出すために，従来の政策手段を新しいタイプのものと結びつけていくという政策手段の選択ならびにデザインについてである．そこでは，環境規制を環境マネジメント・システムのISO認証と結びつけた例のように，規制的な手段も産業のフレキシビリティを考慮に入れていくことにより，より効率的なものになることが期待される．政府の規制が少し後退することにより，産業は市場を基礎としたインセンティブを選択するようになるというわけである．ただしその前提として，長期的な環境目標についての政府と産業とのあいだの合意が必要となってくる[6]．

2. 産業転換における企業の役割

　産業転換とは，環境負荷の増大をもたらしてきた従来の産業活動のパターンを変えていく営みに他ならない．それは個々の変化に期待するというよりは，システム全体の流れ，いい換えるならば，ダイナミックスに変化を起こそうと

する取り組みであるということができる．ここで転換とはトランスフォーメーション（transformation）の訳語であり，そもそもそうした意味合いで使われることが多い[7]．つまり，ここで求められることは動的原理転換の研究である．

　したがって，その政策的含意はそうした変化を生み出すための強力な契機を作り出すということになる．ここで産業転換のための触媒を見極めることが重要な研究課題となり，その有力な候補としてまず企業がノミネートされることになる．この研究プロジェクトにおいて，「産業転換における企業の役割」というテーマが浮上してくるのはこうしたわけにある．つまり，環境負荷を低減させるために企業行動をどのように規制するかではなく，産業活動全体のパターンを転換するために企業をいかに利用するかという発想がここで求められるのである．

　問題はまず，企業を産業転換に向わしめるためのドライバーは何かということに設定される．それはどのような状況下で企業が生産プロセスやその製品について環境改善に取り組むようになるのかを研究することに他ならない．このことはすでにISO14000シリーズの導入によって実践段階に入っているが，そこでは環境目標について絶対的な基準が設けられることはなく，個々の企業が自らそれぞれの環境改善のための目標を設定することになる．こうした動向から，この研究プロジェクトでは，産業転換における企業の役割についてのいっそう根本的な研究を押し進めなければならないとしている[8]．

　産業転換への変化のプロセスを促進させる方法を模索するなかで，このプロジェクトは，(1)環境パフォーマンスと市場機会との一致，(2)企業の内部構造と文化，(3)産業構造とネットワーク連関，そして(4)外部ステークホルダーの影響，という4つの問題設定をしているが，ここでとくに(3)を中心に取り上げられている「企業間の連関ならびにネットワーク」という視点について注目したい．それは表8-1における対象が「組織」の研究領域「組織，マネジメント，ならびにネットワーク」にほぼ相当するものである．

　先進的な一部の企業の環境改善に対する取り組みを産業全体に波及させ全体

のダイナミックスのパターンを変えていくにはどうしたらいいか，これは産業転換プロジェクトにおいてきわめて重要な問題となる．ここで注目されるのが，企業間の相互関係もしくはネットワークであり，環境改善を産業全体のレベルでさらに革新していく上でのその影響である．

　まず環境改善をいっそう広範囲に普及させていく上で確実なのは，環境に良い製品の生産における企業間の協調体制である．また銀行や保険会社などの金融機関の協力も見逃せない．しかしながらここでとくに重要なのは，産業ネットワークとして地理的に分散された諸企業の役割についてである．産業ネットワークにおけるそれぞれの企業間の力学とそのことが環境パフォーマンスの改善に及ぼす影響を理解することは，きわめて肝要なこととされる．たとえばライフサイクル・マネジメントやリサイクル計画では，多くの場合かじ取り役の先進的な大企業が大きな役割を果たすことになる．ただそこでは小規模な企業が一方的に大企業の要求にしたがわなければならないというネガティブな傾向も出てくる．いずれにしても産業転換についての研究は，こうした産業生産における地理的ならびに力学的協調関係をもっと明確にしなければならないとしている．産業におけるネットワーク的結合関係の研究は，組織ならびにその相互連関についての学際的かつ理論的理解を豊かにしてくれるからであった[9]．

　企業組織間の相互連関に焦点をあてる産業構造ならびにネットワーク分析は，同業種内における垂直的および水平的関係という従来の側面だけでなく，さらに異業種の企業間における諸関係ならびにネットワークに持続可能性の視点からメスを入れていくところに大きな特徴がある．たとえばホテル業における石鹸のパッケージング・システム改善の取り組みが，市場において様々なインセンティブを作り出し，製造業に大きな影響を与えた事例などのように，ネットワーク構造は製造業を超えてサービス業などいろいろな業種を巻き込んでいくことになる．製造業，金融業，労働組織，そして教育制度などのあいだに複雑に織り成された諸関係を通じ，一企業の変化は相互に影響し産業全体に波及する．ここでのネットワークとは生産者－供給者システムを基礎とするものであり，ある業種あるいはある企業における環境改善の取り組みが，このつ

ながりを媒介として他業種，他企業へと連鎖していくというわけである[10]．

第2節　産業過程における会計職能

　こうした物質フローを基礎とした組織間関係と同じように重視されるのがコミュニケーションによる企業連関もしくはネットワークである[11]．情報によるつながりは，物質によるつながりとは違った意味で産業にダイナミックスをもたらし，迅速な変化をもたらす．それは生物における代謝プロセスと神経プロセスの違いのようにである．たとえばある先進的な企業の環境パフォーマンスの公開は，企業間において強力なインセンティブとして機能しその取り組みの波及を早めることが期待される．企業間コミュニケーションは産業にダイナミックスを作り出すだけでなく，ダイナミックスを転換する手段ともなる[12]．産業転換を促進する手段としての会計職能の探求は，まずこの視点から切り込まなければならない．すなわち産業におけるダイナミックス形成手段としての会計職能，さらにそのダイナミックスの転換手段としての会計職能の探求である．そしてこのダイナミックス転換手段としての会計こそ，ここで提案する「環境会計」のあり方に他ならない．

1.　ヴェブレンの「産業過程」論

　産業転換を促進する手段としての会計職能を探るにあたり，まず制度学派の創始者として著名なソースタイン・ヴェブレン（Thorstein Veblen）の概念を援用しつつ，従来資本市場との関連においてのみ議論が終始してきた会計職能を，産業プロセスに概念的に位置づけなおす作業を試みる．

　ヴェブレンは近代的産業の特徴を「機械」によって規定しているが，そこではとくに機械装置そのもの以上にその動的な側面である「機械過程」(machine process) を重視する．つまり，現代社会を機械過程の時代ととらえているのであり，その優越性が現在の産業状態を他のあらゆるものから区別するとしている[13]．

　ヴェブレンは機械過程を「近代的生活や近代的企業との関連では，人間労働

の媒介のための機械装置の単なる総会よりもいっそう包括的であり，それより外部的でないもの」とし，それを機械装置の集合体以上のものとしてとらえている．そこで重要なことはプロセスである．つまり体系的な知識に基づいた合理的な手続きによって工場が運営されている場合，たとえそこに複雑な機械装置が存在しなくてもそこにおける一連のプロセスは機械過程となる．したがってヴェブレンにいわせれば，土木技師，機械技師，船乗り，産業化学者，さらには機械装置の発明家や機械の働きを監視する機械工などの仕事すべてが機械過程の範囲に入り，こうした近代的なプロセスが導入されていれば農業，畜産などの産業においても機械過程が存在することになる[14]．

　機械過程は，自己完結的なものではなく相互に依存しあい無限の連鎖を作り出す．そして「産業活動の全体の交響楽は，互いに結びついている細かい過程から成り立つ機械過程と考うべきもの」であり，この状態こそヴェブレンがいうところの「産業過程」に他ならない．したがって，それは単なる機械装置の集合体を意味するのではなく，相互に関係した機械過程の産業全体にわたる包括的なプロセスのことを指すのである[15]．

　産業過程の特徴は，それを構成する工程や部門などの部分間の裂け目の調整であり，量的精密性や正確性を求めることによって生み出された「標準化」である．産業過程全体を1つの機械のごとく動かす必要性が道具，測定単位，そして生産物の標準化をもたらし，また産業過程全体を効率的に機能させるために裂け目の調整が要求されたが，これら標準化と調整，両者はその包括的な過程において密接な関係にある[16]．

　ヴェブレンは「産業」という用語に一種独特の意味を込めて使っている．彼にとって，生存を維持していくための活動ならびに生活態度が「インダストリー」であり，こうした自己保存本能以外の掠奪的行為に基づく金銭的文化が「ビジネス」となる．ヴェブレン理論の特徴は，この両者を「ビジネス対インダストリー」と対立図式としてとらえているところにあり，とくに金融資本による産業資本の支配のように，前者が後者を搾取，不純化している状態に常にするどい批判を加えている．ここに金銭的業務と産業的業務の明確な概念的区

別が生まれてくるのであった．産業的業務は機械過程のもたらす機械規律が，金銭的業務は利潤のための投資がもたらす金銭的配慮が，その思考習慣ならびに生活方法を規定し，それぞれの「制度」を形成する[17]．

産業的業務の職業にともなう思考習慣が「因果性」に基礎をおくのに対し，金銭的業務にともなう思考習慣は「慣習性」に基礎がおかれる．ヴェブレンがここでとくに問題にするのは，「金銭的制度」による「産業的制度」の不純化であり，それは機械規律に金銭的配慮が侵入し完全に支配するような状態のことを指す．そこで彼はこうした状況を打開するために，因果性に根拠をおく機械過程を押し進めることにより，慣習性に根拠をおく金銭的文化を腐蝕する方策を模索し，近代的科学技術に大きな期待を寄せるのであった[18]．

ヴェブレンは，近代科学を産業過程の副産物としてとらえている[19]．しかしながら彼は，「『科学』のなかにもちろん会計学を含めていない．むしろ彼は産業活動を支配する所有者階級の『金銭的思考の論理』の具体的発現物として会計を考えている」のであった．合﨑は，このヴェブレンの会計に対する認識を彼の理論の限界であるとし，近代科学を産業過程の副産物であるとする彼の論理をもってして克服しなければならないとしている．それは「会計の基礎にある産業的基盤（ヴェブレン的ニュアンスにおいて）を明確に把握」することに他ならないのであった[20]．

ここで求められるのは，ヴェブレンの産業過程もしくは機械過程の論理を用いながら，そこに会計の新たな職能を発見することであり，このことが本章の理論的な核となる．その鍵は，当時ミズーリ大学の教授であった会計学者DRスコット（DR Scott）の所説，とくに「市場と会計」の構想のなかに見出すことができる．1931年に公刊された著作の序において，本書に述べられている議論の観点はヴェブレン教授に負うものであると自ら明言しているように，彼はヴェブレンの影響を強く受けていたのである[21]．

2. スコットの「市場と会計」

スコットは，市場を中心として機能してきた経済組織を特定の文化システム

に基づいた具体的な形態であるとする．その文化体系とは個人主義的システム，すなわち個々人の主観的行動を前提として組み立てられたものであり，そこではレッセ・フェールの教義が根強く支配していた．しかしながら，レッセ・フェール思想に基づく市場経済システムは，主観的な個人の行動を基本として成り立っていたものであり，今やこの文化体系が崩壊したとスコットは観たのであった．その主な原因は大規模生産組織の登場であったが，ここに新たな文化体系を基礎とした新たな経済システムの構想が求められたのである．それは客観的な基準を基礎として人間の行動をコントロールできるようなシステムのことであり，その土台となるべき新たな文化体系は「科学的観点」によって形成されなければならないとしている．

そもそも制度学派の流れを汲むスコットは，「科学」を「経験的世界を認識的印象に基づく客観的用語によって直接的もしくは間接的に記述する1つの習慣」であると定義する．したがって，彼が科学というとき，それは単に特定の研究分野における知識の進歩を指していたのではなく，それらの根底に共通に広がる思考習慣をとくに問題としていたのであった[22]．

新たな文化体系は，この科学的観点とさらには機械技術の発展の両者によってその構造が決定されるとスコットは考えた．そしてその支配的な影響は，社会の再調整に明確な形を与えることになる．そこで構想される社会とは，社会的な経験を集約し抽象的に定式化した基準により，人間の行動をコントロールしていこうとするものであった[23]．

こうした新たな文化的趨勢は現実の制度をゆっくりであるが確実に変えつつあった．それは，まず近代的管理方式が生み出されてくる過程のなかで見出すことができる．その変化は，機械技術の影響が経営統制プロセスに対して，さらにはその根底にある経営思想に対してまで及ぼされることによってもたらされた．つまり，機械技術を操ることと旧来の企業経営方式との現実的なギャップを埋めようとしたことが企業経営全体の仕組みを変えることとなったとし，このことはまた会計技術の改良に大いに依存していたのである．このようにスコットは「ビジネス」を金銭的業務ととらえたヴェブレンとは異なり，機械過

程が企業経営の仕組みそのものを根本的に変えていくととらえ，その過程における会計職能の重要性を強調した[24]．

　業務を管理するにあたり会計的手法を利用し，体系的統制を構築したのは，そうした業務をルーチン化させるためであった．会計による体系的な統制を導入したことは，経営ならびに機械技術の操作の両面に作用を及ぼしたのである．こうした体系的統制により，生産過程における人間と機械的要素との間に，よりすぐれた調整をもたらした．それによって，特殊な技術工程でさえいっそう機械化されることになったのである．しかしながら，そのより重要な貢献は，お互いに切り離されたプロセスをより大きな機械化された機構に統括したことであった．すなわち，技術工程がお互いにより密接に結びつけられただけではなく，また，管理業務がより綿密に調整されただけではなく，両グループの活動が同時に１つの組織に再統合されていったのである．

　こうした事実からスコットは，会計的手法が機械技術と経営管理とのあいだの「みぞ」に橋渡しをしたと考えるのであった．ここに彼が，全体を調整し統合化するための体系的な統制手段として会計を理解していたことが，明確に窺えるのである．新たな文化的趨勢に基づいて企業経営自体が１つの機械化されたシステムに統合されていく過程，このことは経営業務を高度に標準化することを意味した．そして，この「標準化」こそ，新たな文化体系を特徴づける中心概念となった．それは経営にかかわる諸手続きを，客観的観点を基準として統一化するプロセスを指したのである．

　標準化という「関節」で各部分がつながれた経済組織は，１つの機械のごとく運営される．そこでは，経営と製造がその「機械」部分として存在することになるが，これらは標準化された様々な形式によって調整されることになる．すなわち，それぞれの各部分が下位の「機械」としてお互いに関連づけられ経済組織を構成することになる．標準化プロセスの継続的な進展は，各部分をつなぐよりすぐれた関節を作り出すことを意味し，その結果，システムに安定性

がもたらされることが期待されるのであった．それはあくまでも経済的イニシアティブの自由を重視し，市場を中心として成り立つ競争的なシステムであった．その最大の特徴は，個人のイニシアティブを十分に生かしながらも，そのシステム自体はきわめてメカニスティックなところにある[25]．

　機械技術の発展は人々の生活様式に大きな変容をもらした．それは客観的思考様式の普及という形で急速に押し進められたが，まずは企業経営の方法に多大な影響を及ぼした．スコットはこうした状況をヴェブレンの概念を援用し「機械過程」としてとらえたが，そこでは経営システム全体が「標準化」により1つの機械のごとく調整され統合されていったのである．これは歴史的には近代的管理方式の生成を意味するが，科学的管理はその1つの完成した姿を示すものといえよう．スコットの議論の核心は，この機械過程を科学的観点の普及，すなわち科学的運動という新しい文化的趨勢として理解し，さらにそうした動向をいっそう押し進めることにより，今や崩壊しつつある市場システムを再構築しようとしたところにあった．それはまた科学的管理を市場システム全体に適用することを意味したのである．そして機械過程が企業経営の仕組みを変えていくにあたり会計技術の発展に大きく依存していたのと同様に，市場システムの立て直しにおいても，会計にその中心的な役割が期待されていたのであった．ここにスコットの「市場と会計」という構想が生み出されてくるのである．

　市場機能の衰退は一方で会計機能の拡大をもたらした．それは会計が市場に一方的に従属することがもはやなくなったことを意味した．すなわち，会計は経済行為の「ルール」ないしは「基準」として，市場によるコントロールを補完するものになると考えられるようになったのである．競争的統制では「競争」がそうであったように，ここでは会計が新しい「経済行為の基準」となる．ここに市場と会計との相互補完関係による新しい制度機構のメカニズムが構想されてくるのであった[26]．

　客観的な経済行為の基準としての会計は，まず組織の内部において確立したが，それはさらに市場における組織の行為基準となったのである．すなわち，

ここに企業の社会統制手段としての会計が確立されたのであり，それはまた財務公開制度の成立を意味したといえよう．かくして個人によって織り成されていた競争秩序に組織を組み込んでいくにあたり，会計は組織内部，さらには組織間という二重の意味において新たな行為基準としての地位を獲得したのである．

第3節　動的原理の転換と環境効率

科学的観点の普及は，企業経営の仕組みを根本的に変え，さらに組織の登場によって衰退しようとした市場システムを立て直したが，このプロセスこそスコットがいう「機械過程」に他ならない．そこで会計は，機械技術，経営システム，そして市場システムとのあいだの「みぞ」を調整し，全体を1つの機械システムのごとく運営させる．したがって，スコットの議論をふまえた上での「産業過程」とは，機械，経営，そして市場すべてを含んだ包括的なプロセス，ないしはその運動形態と定義されることになる．ここに産業過程におけるダイナミックス形成手段としての会計職能が発見されるが，その契機は「標準化」，そして「財務公開」である．

1.　産業転換と財務公開

財務公開制度の成立は，内部組織における会計制度，すなわち管理会計の発達と相俟って，会計職能を大きく飛躍させた．それはスコットが指摘しているように，それまで市場に従属していた会計が，このことを契機に市場の秩序づくりに主体的に参加するようになったことを意味する．そこでは科学的管理思想の影響が無視できないが，ここでとくに注目すべきは産業過程におけるダイナミックスの形成に，インセンティブ・システムを作り出す会計が不可欠な政策手段として認識されるようになったという歴史的事実であり，それは次のような意見のなかからも窺うことができる[27]．

　　会社をオープンにすることは，最も競争の激しい産業分野において刺激剤

となることが明らかにされてきた．この刺激剤は，徐々に浸透すると同時に，その会社組織自身全体に活気を与えるという性質を有する．頻繁に公表される数字を基にした組織ランクの調査は，会社スタッフに雇用者の職務と業績に関して新しく，啓発的な考え方をもたらすとともに，今日のアメリカ産業の著しい特徴である「科学的管理」を遂行するための新たな野望と決断に対して刺激を与えるものである．

長期利益計画の登場はこうした思想をさらに発展させたものとして理解できる．そもそも企業における長期計画は，1950年代の後半から60年代の前半にかけてアメリカにおいて利用され始めたものであったが，その導入の背景には，経済の中央集権化を避け，個々のイニシアティブを重視する動的な競争を損なうことなく，複雑な経済状況に対処して安定的な経済成長を実現しようとする意図があった[28]．長期計画における目標利益率の設定では競争企業の実績を考慮に入れなければならないが，このことは財務内容の公開が一般化されてこそはじめて可能になる．比較可能な利益率は客観的な行為準則となり，企業間に自律的な競争秩序を生み出す．そこにインセンティブ・システムとしての市場が見出されるが，そこで会計は企業内のみならず市場システム全体にダイナミックスをもたらす動的な原理を作り出すのであった．

市場における主体が個人である限り，その行為はそれぞれの主観的な判断を基礎として秩序づけられる．しかし，組織の登場により市場への参加は組織を通じてのみ可能となる．つまり，市場における主体が人的な個人から物的な組織へと移行したのであり，ここに新たな経済行為の基準が求められたのであった．それは，それまで個々人のなかに内面化されていたそれぞれの主観的な行為基準を客観的に統一化されたものに変換することを意味したのである．近代的管理の発展は，「見えざる手」としての市場に代わって「見える手」としての会計を，企業組織全体を覆うように発展させたが，スコットはさらにこの「見える手」を新たな競争秩序形成手段として発展させようと構想していたのである．

客観的な経済行為基準としての会計は，組織もしくは市場に参加するすべての人々の「こころ」に共通のワーキング・ルールとして作用する．そこで会計はまずゴーイング・コンサーンとしての企業のワーキング・ルールとなるが，さらに重要なことはそれがゴーイング・コンサーンとしての産業過程のワーキング・ルールとなることである[29]．すなわち会計は，企業内ならびに企業間において動的な競争秩序を創造し，そこに1つのパターンをもったダイナミクスを形成するのであった．このことはまた，個々人の内面における「こころ」の動きが，経営さらには産業全体のダイナミクスと同期することを意味する．

さて産業転換政策とは，産業活動を環境負荷の増大から切り離し，持続可能な新たな経済活動のパターンを生み出していくことであったが，ここで産業転換政策手段としての会計職能とは，以上の議論をふまえるならば，産業過程にこうした新たなパターンを生み出す今までとは違ったダイナミクスを創造していくことに他ならない．それはダイナミクスそのものの転換であり，ここにダイナミクス転換手段としての会計職能が構想されてくるのであった．

このことはまさに産業活動に新しい「こころ」を生み出していく作業に会計がかかわっていくことともいえるが[30]，こうした産業過程におけるダイナミクス転換手段としての会計職能こそ，本章で提案する「環境会計」のあり方に他ならない．それは，ステークホルダーへの情報提供（外部報告目的），あるいは環境マネジメント・システムに資する（内部管理目的），といったこれまで示されてきた企業内外を基準とした複数の会計目的を包含し，さらには，そうした認識枠組みを超越するものとなるが，こうした視点は，「産業政策手段としての会計」という，会計職能の新たな次元を切り開く1つの契機になることが期待される．

2. 環境会計と「効率性」

環境会計を産業転換プロセスに概念的に位置づける試みは，「効率性」の概念を再検討する作業と密接に関係してくる．かつてルイス・D.ブランダイス

(Louis D. Brandeis) が科学的管理の思想が登場してきた革新主義期に効率性について次のように述べている[31]．

 効率は民主主義のホープである．効率が意味するところは，人間と物質の無用な無駄を除去し，最小の努力と最小の費用によってより大きな成果を生み出すことである．これによってわれわれはいかに社会的理念を達成することができるであろうか．

 20世紀初頭のこの時代，アメリカでは効率という言葉を使うことが熱狂的なブームとなり，そこでは経済的な問題に限らず，道徳，教育，さらには家庭など社会の隅々にまで効率という概念が適用されていった．そこで共通することは最小の努力によって最大の効果をあげるということであったが，さらに効率という言葉は社会関係の調和を意味するようになり，ブランダイスを含む当時の革新主義者達はそれを社会的効率と呼んだのであった[32]．それは，会社の利益，労働組合の賃上げを維持しながら，さらに公衆の一般生活費を確実に引き下げるという，「社会的発明」となったのである[33]．
 こうした歴史的事実は，今日提唱されている「環境効率」という概念に新たな視点を与えてくれる．一般に環境効率とは，「資源生産性—より少ない資源で，より多くの製品を作ること」と定義され，さらに「持続可能な発展に向けた変化を促進することによって，地球への悪影響を低減しながら事業の（付加価値の創造による）質的成長を可能にする」こととされる．具体的にこのことは，廃棄物と汚染の低減，エネルギーと原材料資源使用の削減による環境改善，そして投入資源の有効活用による利益の創出などを意味しているが[34]，そこで求められることは，コストを低減しながらも環境パフォーマンスを高めていくというまさに新たな「社会的発明」なのであった．
 環境効率とは，一言でいえば，環境改善と利益の両立を概念化したものといえるが，環境会計とはそれを費用対効果という視点から財務指標化したものに他ならない．それは従来効率性の財務指標として重視されてきた資本利益率の

概念に，こうした費用対効果の関係を盛り込んでいくことを迫るものとなる．このことはこれまで資本効率をめぐって競争が展開されてきた市場に，環境改善という新たな要素を組み込んでいくことと観ることもできるが，さらに企業の長期利益計画のあり方にまで変更を求めることが予想される．しかしここで重要なことは，環境効率を財務指標に取り込むことによりそれを人々の行為準則，すなわちワーキング・ルールとして機能させるという視点である．動的原理の転換，それは人間の行為準則となる「効率性」の見直しでもある．

1) 村山 [5], 248-249ページ.
2) IHDP の事務局はドイツのボンにあるが，詳細については，そのサイトである http://www.ihdp.uni-bonn.de/AboutIHDP.htm（2002年4月30日現在）を参照．
3) IHDP [9], pp. 7-17.
4) IHDP [10], pp. 25-28.
5) IHDP [10], p. 29.
6) IHDP [10], p. 32.
7) トランスフォーメーションについては，大西 [2], 136-140ページ, を参照．
8) IHDP [10], p. 41.
9) IHDP [10], pp. 45-47.
10) IHDP [8], chap. 3. N. pag.
11) IHDP [8], chap. 3. N. pag.
12) こうした企業間コミュニケーションと産業転換との関係についての詳細は，大西 [2], 141-145ページ, を参照．
13) Veblen [14], 同訳, 5ページ.
14) Veblen [14], 同訳, 8-9ページ.
15) Veblen [14], 同訳, 10ページ.
16) Veblen [14], 同訳, 10-18ページ.
17) 合﨑 [1], 第3章.
18) Veblen [14], 同訳, 252-253ページ. なお，こうした「慣習性と機械規律」についての卓越した分析は，合﨑 [1], 64-67ページ.
19) Veblen [13], p. 387, 同訳, 358ページ.
20) 合﨑 [1], 119ページ.
21) Scott [12], p. ix. なおこれから議論するスコットの「市場と会計」の構想の詳細については，大西 [3], 第9章, を参照．
22) Scott [12], p. 118.
23) Scott [12], pp. 125-127.
24) Scott [12], p. 145.

25) Scott [12], pp. 170-171.
26) Scott [12], pp. 259-262.
27) Lamont [11], p. 3. なお，この意見の詳細については，大西 [3]，第6章，を参照．
28) Warren [15], pp. 1-15, 同訳，3-33ページ．
29) 会計がゴーイング・コンサーンしての産業社会のワーキング・ルールとなる考え方については，合崎 [1]，78-81ページ，を参照．
30) 物質の自律的運動，すなわちダイナミックスを「こころ」と定義する最近の複雑系に関する文献としては，金子・津田 [4]，を参照．
31) Brandeis [6], p. 51. なお，ブランダイスの効率性の考え方の詳細については，大西 [3]，第4章，を参照．
32) Haber [7], p. x, 同訳，4ページ．
33) Haber [7], p. 80, 同訳，113ページ．
34) WBCSD [16], p. 2, p. 10, 同訳，13，23ページ．

参 考 文 献

[1] 合崎堅二『経済会計学序説』森山書店，1957年．
[2] 大西清彦「環境戦略と持続可能な発展—公開性による企業間コミュニケーション形成の視点から—」『中央大学経済研究所年報』第27号，1997年3月．
[3] ———『財務公開思想の形成—20世紀初頭におけるアメリカの動向をめぐって—』森山書店，1999年．
[4] 金子邦彦，津田一郎『複雑系のカオス的シナリオ（複雑系双書1）』朝倉書店，1996年．
[5] 村山裕三『テクノシステム転換の戦略—産官学連携への道筋』NHKブックス，2000年．
[6] Brandeis, Louis D. *The Curse of Bigness : Miscellaneous Papers of Louis D. Brandeis.* Ed. Osmond K. Frankel. 1934. New York : Kennikat, 1965.
[7] Haber, Samuel. *Efficiency and Uplift : Scientific Management in the Progressive Era 1890-1920.* 1964. Chicago : Midway, 1973.（小林康助，今川仁視訳『科学的管理の生成と発展』広文社，1983年）
[8] IHDP, *Industrial Transformation Research Directions : Draft Version.* 1998.
[9] ———. *Industrial Transformation Draft Science Plan : Second Draft.* Amsterdam, 1999.
[10] ———. *Industrial Transformation Programme : Research Approaches to Support the Industrial Transformation Science Plan.* Amsterdam, 1999.
[11] Lamont, Thomas W. "Publicity for Industrial Corporations : The Manifest and Increasing Advantages of Extending Policies Now Proved." *Industrial Management* 74, 1(1927).
[12] Scott, DR. *The Cultural Significance of Accounts.* 1931. Houston : Scholars, 1973.

[13] Veblen, Thorstein. *The Theory of the Leisure Class*. 1899. New York : Penguin Books, 1979.（小原敬士訳『有閑階級の理論』岩波文庫，1961年）
[14] ――. *The Theory of Business Enterprise*. 1904. New York : New Brunswick, 1978.（小原敬士訳『企業の理論』勁草書房，1965 年）
[15] Warren, E. Kirby. *Long-Range Planning : The Executive Viewpoint*. New Jersey : Prentice-Hall, 1966.（古川栄一監訳『計画する経営―企業にとって長期計画とは何か―』ダイヤモンド社，1968 年）
[16] WBCSD. *Eco-Efficiency : The Business Link to Sustainable Development*. Cambridge : MIT Press, 1998.（山本良一監訳『エコ・エフィシャンシーへの挑戦』日科技連，1998 年）

第 9 章

SNAと環境勘定における森林・林業

はじめに

　1992年のUNCEDを契機として「持続可能な森林経営」への国際的な関心が強まっている．途上国・先進国を問わず多くの国で森林法の改正を含む森林政策体系の転換が進められており，これに対応して，森林・林業・林産業等に関するマクロの統計情報[1]の整備・再編が必要になっている．政策形成に役立てるためには，国レベルでの継続的な資源調査や業界調査によって森林部門関連統計を作成することはもとより，得られた統計情報をマクロレベルの国民勘定や環境勘定と何らかの形で結びつけ，整合的な形で整備することが重要になっている．

　本稿では，こうした目的のために国際的に取り組みの進められている森林資源勘定や環境勘定作成の動きをサーベイした後，森林部門関連統計整備にとってきわめて重要な統計分類上の問題を概観し，最後に，勘定の枠組みからみた主要国の森林部門関連統計整備状況について触れることにする．

第1節　森林資源勘定をめぐる動向

1. 物量勘定の開発

　森林部門関連統計の最も重要な部分である物量単位のデータについて，物質保存則に依拠して会計の形式を利用した物量データ蓄積のフレームワークを構築する試みは，すでに1960年代末より北欧を中心に実践的取り組みが進められ，OECDの枠組み，すなわち「森林収支勘定」「部門商品表」「マスバランス」からなる「森林資源勘定」として結実している．この形式は，ノルウェーやフィンランドでは政府統計機関の経常的業務として作成・公表されている．また，1990年代後半には，アジア経済研究所の研究プロジェクトとして，タイ・インドネシア・フィリピンの3カ国において統一的なフォーマットによる勘定が作成された[2]．日本でも，1985年データを用いた推計が行われている[3]．

　物量単位の森林資源勘定のうち，「森林収支勘定」を，森林の詳細分類によってブレークダウンしたのがフランスの『自然遺産勘定』プロジェクトの中で国家森林調査局（IFN）の行った作業であり，その内容は同書第4章「森林勘定」に詳説されている[4]．フランスはまた，林地の転換や増減を面積単位の「林地勘定」として表章した．この発想は，UNECE統計部の物量環境勘定プロジェクトに引き継がれている[5]．フランスの自然遺産勘定プロジェクトにおいては，川上の森林に関する調査を主として担う国家森林調査局に作業が委ねられたせいか，OECDの枠組みの川下部分である「部門商品表」「マスバランス」については概念的にその存在が触れられているにすぎず，その後もフランスにおいては作成されていない[6]．とはいえ，自然遺産勘定は，少なくともその枠組みとしては，OECDの枠組みを包摂した上，さらに土地勘定，森林管理活動に関する経済勘定[7]，市民の森林への訪問等に関する社会文化勘定を含む壮大な体系であり，これが実現すれば，まさにマクロの森林統計をマクロの国民勘定や環境勘定，さらには社会文化勘定とリンクする理想的な形で勘定化することができる．

　もし，勘定内のすべての項目ないしセルに良質の推計値を記入することが勘

定作成の唯一の目的であるとすれば，フランスの体系は，あまりに壮大にすぎ，いわば「枠組み倒れ」に終わったといえるかもしれない．あるいは 1986 年という公表時点があまりに先駆的でありすぎたともいえるし，空白のセルを統計のミッシング・リンク，すなわち今後の整備目標として敢えて残すような勘定の作成・公表という——おそらく勘定の利用方法としては正当な——方向性について各国政府統計機関や研究者があまりに消極的だったともいえるかもしれない．

2. 物量勘定と経済勘定の統合

環境勘定と経済勘定（国民勘定）を統合する枠組みに関する国際的な動きを誤解を恐れずに一言でまとめると，フランスの自然遺産勘定体系を理想像として念頭におきながら，環境にとって重要でありながらデータの得にくいストックに関する環境統計をひとまず後回しにし，データのより豊富なフローの環境統計をより多く取り込みつつ，物量勘定と貨幣勘定とを連結・併記する体系を指向した一方，政策的含意をもつ指標を何らかの形で包摂していったところに特徴があるといえよう．

1993 年に公表された国連統計部の SEEA[8] は，SERIEE 的な環境保護支出勘定（version Ⅱ），北欧＝OECD 型の物量単位の自然資源勘定（version Ⅲ），レオンチェフ＝ドイツ連邦統計局型の環境投入産出表（暫定版[9]の第 6 章），など多くのアプローチを最小公倍数的に盛り込み，勘定実施国にバージョンの選択を委ねた形になっているが，日本ではもっぱら ver Ⅳ. 2 の推計が盛んに行われており[10]，かつ ver Ⅳ. 2 は SEEA に固有の特徴的内容をもつので，以下通例に従い，ver Ⅳ. 2 の（狭義の）SEEA をもって単に「SEEA」と呼ぶことにする．SEEA の特徴は，経済活動と自然環境の変化をリンクさせていることと，「帰属環境費用」の推計を行うことであり，後者の「帰属環境費用」を時系列的に推計することで，経済社会のありようが環境に関してどの程度持続的であるかについての情報が得られる[11]．

SEEA に先だって，オランダ統計局は国民勘定行列に物量勘定と環境指標を

配した正方行列である NAMEA（環境勘定を含む国民会計行列）を呈示した．国民勘定行列と環境指標のそれぞれに関する豊富な研究を背景にオランダの提示した NAMEA の枠組みは，経済専門家の知見と環境専門家の知見を1つの正方行列上に載せ，両者の相互関係を含めた鳥瞰図を与えた点で画期的な提案であったが，オランダ統計局の示した初期の推計例は，大気中の物質について，その排出源，数量，およびその環境問題に与える影響を表章するものであり，限定された環境領域に関するフロー中心の勘定となっていた[12]．

環境勘定と経済勘定の統合的勘定体系についてのこうした動きは，森林部門にも影響を与えつつある．環境勘定に関するロンドン・グループは，1996年5月にストックホルムで開催された第3回会合において，「森林」を主要なテーマの1つに取り上げ，ここで，欧州連合統計局の森林勘定タスクフォース報告書である『経済的・環境的森林勘定』[13]が公表された．この報告書で提案された森林勘定の枠組みは，NAMEA と SEEA の長所を活かし，なおかつ北欧＝OECD 型の「部門商品表」「マスバランス」を包摂した意欲的な勘定体系である．とはいえ，いまのところ，この勘定体系に従って実際に勘定を作成している国は，筆者の知る限り存在しない[14]．少なくとも森林分野に関しては，経済勘定との統合を念頭においた枠組みづくりをにらみながら，さしあたり OECD 型の物量勘定を作成していくのが現実的であり，目下公表されている森林資源勘定の多くはこうした試みであるといえる．

第2節　森林資源勘定と統計分類

1. 資産の分類[15]

分類は本質的に恣意的なものであり，何らかの目的指向を免れない[16]．

森林や立木の集合を，生態学的ないし文化的観点から分類するのであれば，対象国の生態学的特性や歴史・文化・言語に根ざした考察が不可欠である．

統計実務上，FAO は国際的な最小限の統一基準を与えているし，土地分類に関しては UNECE の定義もある．

森林経済の分析目的のためには利用目的別の分類が重要であり，この観点か

らは，木材生産・保護的利用・レクリエーションといった分類が考えられる．しかしながら必ずしも100％トレード・オフの関係にあるとは言い難い森林の種々の利用目的ないし機能に関する客観的な分類は困難であるため，統計上は，たとえば「保護的機能を有する森林」という項目の代わりに「保安林」といった法制度的な項目分類がしばしば用いられる．

優占種，林齢，径級，植生密度，高林と低林，雑木林，林地傾斜度等も，分類の要素として挙げられる．このほか，統計上「森林」の定義がとくに重要になるのは，放牧地や樹園地等農業的用途との区別や，疎林（「その他の樹林地」）の扱い等においてである．こうした分類をフルに活用することによって，一国ないしは地域の森林について，詳細な財産目録を呈示することができるだろう．その一端は，フランスの「森林勘定」にみることができる．

しかし，単なる財産目録ではなく，経済勘定とのリンクを考えたマクロレベルの勘定体系を構想するためには，SNAにおいて森林がどのように扱われているかをみる必要がある．以下，SNA[17]における森林の扱いをみた上で，自然資産についてSNAを踏襲しながら独自の定義付けを行っているSEEAを参照することにする．

① SNAの資産分類と森林

SNAでいう資産とは，経済資産を意味する．すなわちそれは，制度単位によって所有され，それらを保有するかまたは経時的に使用することによってその所有者がそこから経済的利益 benefits を得ることが期待されるような資産のことである．

93年SNAのバランスシート（国民貸借対照表）の借方項目における資産の分類には，非金融資産と金融資産，生産資産と非生産資産，有形資産と無形資産，在庫と固定資産などがあり，これらの組み合わせから種々の資産のカテゴリーを生じる（表9-1）．

森林部門に固有の分類上の問題として金融資産を考察する必要性は少ないと考えられるので，以下では，もっぱら非金融資産について，その分類を検討する．

非金融資産について重要なのは生産された資産（「生産資産」）であるか生産

表9-1 93年SNAの資産分類

非金融資産
　　生産資産
　　　　在庫
　　　　固定資産
　　　　　　有形固定資産
　　　　　　無形固定資産
　　非生産資産
　　　　有形非生産資産
　　　　無形非生産資産
金融資産

出所：河野 [4]，表11-4（p. 192）より，金融資産内訳と貸方を省略．

されない資産（「非生産資産」）であるかの区別である．これは，SNAが，ストック勘定である国民貸借対照表と，種々のフロー勘定とを結びつけた統合勘定であるからで，つまるところ生産資産は，フロー勘定によって表章される経済活動の成果の一部である総資本形成の累積から減耗分を控除したものにほかならない．生産活動の結果として生じる総資本形成は，ストック勘定の中では完成品や仕掛品など「在庫」の純増，または「固定資産」の純増というかたちで生産資産を純増させる．在庫と固定資産の区別は工業製品ではほとんど自明であろうが，森林部門では難しい問題を含むので後述する．本稿では，森林に関連する資産としてもっぱら有形資産を取り上げる．無形資産として，伐採権や入林権などの森林利用権が考えられ，今後これを勘定内に取り入れ明示する必要が増大するかもしれないが[18]，筆者の能力を超えるので本稿では取り上げない．

以下，人工林と原生林の区別，林地と立木の区別，自然成長の扱いといった森林資産に固有ないし特徴的な問題に関して，上記SNAでの扱いとSEEAでの扱いを対比しつつ概観する．

② 人工林と原生林の区別

単純化のため，ここでいう「人工林」とは，植林から伐採までの長期間に間

断的に要素投入の行われている森林であり，「原生林」とは，過去から現在にかけて全く要素投入の行われておらず，今後も行われる見込みのない森林であるとする．

このとき，SNAの分類に従うと，人工林は生産資産，原生林は非生産資産にそれぞれ含まれることは直観的に理解できよう．

SNAにおける非金融資産分類と森林関連項目の関係について，『欧州森林勘定』では，表9-2のようにまとめている[19]．

表9-2において，まず，生産資産をみると「人間の手の入った資産 cultivated assets, AN. 1114」[20]という項目があり，「制度単位の直接的統御，責任，および管理下にある動植物で，複数回生産物を収穫（収獲）するもの」と定義され，分類上，「有形固定資産 AN. 111」の一項目をなしている．樹林でこれに相当するものは，葡萄園・果樹園・樹脂採取のための樹林など，樹木の本体を残した状態で複数回採取活動が行われるものである（AN. 11142）．また，「人間の手の入った資産に関する仕掛品 work in progress on cultivated assets」なる項目が「在庫 AN. 12」の一項目をなしており，その例として「1回限り生産物を収穫する樹林・その他の植生，ならびに複数回生産物を収穫する人間の手の入った資産のうち未成熟なもの」（AN. 1221）が挙げられている．つまり，通常の用材生産林のすべてと，未成熟な果樹園等がこれに含まれる．

次に，非生産資産をみると「人間の手の入っていない生物資源 non-cultivated biological resources, AN. 213」なる項目があり，「その自然成長や更新が，制度単位の直接的統御，責任，および管理下にはない動植物」と定義され，原生林などが例示されている．ここで例示されている原生林が原生林の生物相の下の土地を含むかどうかについて明確には定義されていないが，林地を含む概念であると考えられる．この項目は，「それが当期または近い将来経済的目的のために開発可能である場合にのみ」資産勘定に含まれるとされる．

SEEAにおいても生産資産と非生産資産の区分が踏襲されている（表9-3）．人工林関連項目についてみると，SNAにおける「人間の手の入った資産」は，

表9-2　SNAにおける非金融資産の分類より森林関連項目

		注解ないし定義
生産資産	AN. 1	
固定資産	AN. 11	
有形固定資産	AN. 111	
その他の建物・構造物	AN. 1112	森林関連活動のために使用されるその他の建物・構造物を含む.
機械・設備	AN. 1113	森林関連活動のために使用される機械・設備を含む.
人間の手の入った資産*	AN. 1114	制度単位の直接的統御,責任,管理下にある動植物で,複数回生産物を収穫(収獲)するもの.
葡萄園・果樹園・その他の複数回生産物を収穫(収獲)する植栽地	AN. 11142	連年的に収穫する生産物を目的とする人間の手の入った樹林(ワインや灌木を含む)であって,ここでいう生産物には果樹や木の実,樹液や樹脂,樹皮や葉を含む.
在庫	AN. 12	
仕掛品	AN. 122	
人間の手の入った資産に関する仕掛品	AN. 1221	(例)1回限り生産物を収穫(収獲)する樹林・その他の植生,ならびに複数回生産物を収穫(収獲)する人間の手の入った資産のうち未成熟なもの.
非生産資産	AN. 2	
有形非生産資産	AN. 21	
土地	AN. 211	
建物・構造物下の土地	AN. 2111	
栽培下の土地	AN. 2112	原則として,プランテーション・果樹園・葡萄園の下の土地を含む.
レクリエーション的土地および関連する水面	AN. 2113	公園地,その他.
その他の土地および関連する水面	AN. 2119	他に分類されない土地. 市町村有放牧地を含む.
人間の手の入っていない生物資源	AN. 213	その自然成長や更新が,制度単位の直接的統御,責任,管理下にはない動植物(例)原生林,原生的動物相・植物相　これらの資源は,それが当期または近い将来経済的目的のために開発可能である場合にのみ含まれるべきである.

出所：Newson and Gie [23], p. 28 を訳出
訳注＊：cultivated assetsを河野 [4], pp. 183-197 に倣って訳した. 93年SNAで新設された概念である.

表 9-3 SEEA における非金融資産の分類（CNFA）より森林関連項目

	CNFA	SNA
生産資産	1	
人工資産	1.1	
人間の手の入った自然成長資産（現存する生物相）	1.2	
人間の手の入った自然成長固定資産	1.2.1	AN. 1114
葡萄園・果樹園・その他の複数回生産物を生じる植栽地	1.2.1.2	AN. 11142
自然成長生産物の仕掛品	1.2.2	AN. 1221
人間の手の入った森林の，作物と植物	1.2.2.2	
未収穫の作物と未収穫の生産された植物（仕掛品）	1.2.2.2.1	
木材区域の樹木	1.2.2.2.2	
人間の手の入った森林の，その他の植物	1.2.2.2.3	
非生産資産	2	
非生産自然資産	2.1	
原生的生物相	2.1.1	AN. 213
原生的動物	2.1.1.1	
人間の手の入っていない森林の，樹木とその他の植物	2.1.1.4	
土地（生態系と土壌を伴う）	2.1.3	AN. 211
土壌	2.1.3.1	
人間の手の入った（経済的に使用された）土地領域	2.1.3.2	
農地	2.1.3.2.2	AN. 2112
森林（木材区域）およびその他の樹林地	2.1.3.2.3	
レクリエーション地および，経済的目的のためのその他の疎開地	2.1.3.2.4	AN. 2113（一部）
人間の手の入っていない（結びつけられた生態系を伴う）土地領域	2.1.3.3	
植生被覆を伴う乾燥疎開地	2.1.3.3.2	

出所：Newson and Gie [23], p. 29 を訳出

SEEA では「人間の手の入った自然成長固定資産 cultivated fixed natural growth assets（1.2.1）」と呼ばれる．指し示す内容をより的確に表す呼称である．SNA における「人間の手の入った資産に関する仕掛品」は，SEEA では「自然成長生産物の仕掛品（1.2.2）」と呼ばれ，その細分類として「人間の手

の入った森林の,作物と植物 (1.2.2.2)」が,さらにその細分類として「未収穫の作物と未収穫の生産された植物(仕掛品)(1.2.2.2.1)」「木材区域の樹木 (1.2.2.2.2)」「人間の手の入った森林の,その他の植物 (1.2.2.2.3)」が,それぞれ設けられている.

一方原生林関連項目についてみると,SNA における「人間の手の入っていない生物資源 (AN.213)」は,SEEA では「原生的生物相 (2.1.1)」に相当する.

なお,「木材区域 timber tracts」と「その他の樹林地 other wooded land」の区分は,UNECE 統計部の分類を取り入れたものであるが,これをさらに cultivate されているかどうかに分類した点が SEEA 資産分類に固有である.

現実には,本項で定義した「原生林」と「人工林」の中間的森林が存在する.また,どんなに原生的な森林であっても,あるいはむしろ原生的な森林であればあるほど,公的な制度単位による管理活動を何らかの形で伴う場合が少なくない.『欧州森林勘定』は,欧州における森林の歴史的利用実態と政府の介入状況(補助金,規制,保護など)からみると,欧州の森林は総じて,たとえ SNA の意味で「人間の手が入っていなく」ても「経済的に使用」されているという.よって,若干の真に原生的な生物相は存在するものの,欧州森林勘定体系においてはすべての森林を「人間の手が入っている」資産として扱う,としている[21].この点,FAO 林業局[22]が,伝統的な森林の統計的分類を含めて整理しているので後述する.

③ 林地と立木

SNA は,土地と上物を峻別し,土地は非生産資産,建物などの上物は生産資産(の中の有形固定資産)とする.森林についてもこの原則を貫いており,林地は非生産資産,立木は,人工林の場合生産資産,という扱いになっている[23].ただし,前項でみたように,原生林については林地と立木の別なく非生産資産扱いとなる.

SEEA も,基本的には SNA の考え方を踏襲している.林地に関しては,人間の手の入った土地領域,または人間の手の入っていない (uncultivated) 土

地領域のいずれかに分類される．立木に関しては，人間の手の入った土地領域の立木，または，人間の手の入っていない土地領域の立木のいずれかに分類される．見方を変えると，人間の手の入った森林について，林地は非生産資産，立木は生産資産となり，人間の手の入っていない森林については，SNA同様林地・立木とも非生産資産となるが，林地については細分類があると同時に「土壌」が別項目として設けられ，立木については「人間の手の入っていない森林の，樹木とその他の植物 2.1.1.4」という項目が新たに立てられている．②と③をまとめたのが表9-4である．

表9-4　SNAとSEEAにおける森林等の扱い

	人工的樹林地		原生林	
	立木	林地	立木	林地
	果樹等　用材林			
SNA				
生産資産	AN.1114　AN.1221			
非生産資産		AN.2112		AN.213
SEEA				
生産資産	1.2.1　1.2.2			
非生産資産		2.1.3. 2.3	2.1.1.4	2.1.1

出所：表9-2および表9-3より筆者作成

　SEEAの資産分類は「土地」概念を拡張し土地に関連する生態系や土壌を含めた点に特徴があるとしばしば指摘される．よって表9-3において，SEEAの「土地 2.1.3」は，SNAの「土地 AN.211」と厳密に対応しない．とはいえ，ver Ⅳ.x の SEEA は基本的に貨幣単位で資産を評価するので，生物資産の変化と生態系や土壌の変化は同時に発生することが一般的であるにもかかわらず，その評価において二重計算を許容しない．そこで「土壌」については物量単位のみで記録するといった方法でこの二重計算が回避される．ゆえに，

物量単位での自然資産の記録を一切排除してしまえば，SEEA における資産分類は SNA の資産分類に比べ自然環境の表章における積極的意味をもたないことになる．

④　自然成長と森林の質的劣化

まず，人間の手の入った森林における樹木の成長を考える．SNA では，これを産出として扱う．この産出に伴う付加価値は GDP に算入される．また材積成長は，バランスシートの上では在庫増（人間の手の入った資産の仕掛品在庫の増加）扱いとなる．これは畜産業において屠殺用に飼育されている家畜の成長と同じ扱いである．

次に，人間の手の入っていない（uncultivated）生物相での自然成長をみる．SNA では，これは産出としては記録されないが，「諸資産のその他の量的変化の勘定」において記録される．この扱いは，ちょうど，こうした原生的生物相における収穫・漁獲等による減耗の扱いと，符号が相反するのみで，対称的である．ただし，収穫等で原生的生物相から生産物がえられた場合は，その価値は産出として扱われるが，原生的生物相における自然成長それ自体はいかなる意味でも産出としては扱われないという点，すなわち生産勘定とのリンケージにおいて異なっている．

森林の酸性雨被害のように，経済的使用に起因する林地の質的変化（健全な森林の減少や林地の劣化）が起きた場合，これは「諸資産のその他の量的変化の勘定」に記録される．ただし，SNA の「諸資産のその他の量的変化の勘定」において記録される土地の質的変化は，それがバランスシートに記録される資産価格に影響を与える限りにおいて勘定の記録対象となる．SEEA の「経済的使用における変化と結びついた，または経済活動に起因する，土地の劣化」は通常，物量単位で記録される．「欧州森林勘定」体系にも，物量単位で記録される土地勘定行列が含まれている．

SNA にも SEEA にも「資産の分類上の変化」という項目が特掲されている．これによって何が記録されるかは分類方法に依存する．

日本では，林業部門の生産額を推計するために農林水産省統計情報部により

「生産林業所得統計」が毎年推計されている．部門生産額は製品販売額のみならず資本形成や在庫増をも含む概念である．しかしこの推計においては，『生産林業所得統計書』として公表されるようになった1972年以降，「木材生産部門の所得推計は，成長の過程における林木資産の増加分は含まない」と注記されており，林木資産の増加分を固定資本形成とみるか在庫純増とみるかという問題以前に，これをカウントしない扱いになっている．こうした扱いが生産額推計の過小評価を生じているとして，小池[24]は「樹種，齢級別の森林面積×育林費調査報告のヘクタールあたりの育林費」を「資本形成」として生産額に加えることを提案している[25]．

⑤ FAO林業局による検討と提案

93年SNA，SEEA，および欧州森林勘定の提案を受けて，1998年に，FAO林業局において『林業のための経済的・環境的勘定—状況および現下の取り組み』と題する報告書案[26]が作成された．ごくかいつまんで紹介する．

まず，森林にかかわるSNAからSEEAへの拡張点については次のようにまとめている[27]．

a) SEEAは，供給使用表において，SNAの林産業で記録されずなおかつ森林の保護管理に関係する支出を個別に定義した．この結果，森林部門の純利益をより広範に記録できる．

b) SEEAは資産勘定を拡張し，SNAの意味での「経済」資産を超えて「環境」資産を包摂した．すべての森林は環境サービスを供給する．

c) SEEAは産業・家計・政府の，生産および消費活動によってもたらされる森林への影響（たとえば酸性雨）を，物的・貨幣的タームで，生産勘定と資産勘定に記録する．

d) 物量タームの勘定を，貨幣タームの環境勘定および環境バランスシートとリンクさせることによってSEEAは，SNAを統合的に拡張し，それゆえ勘定整合性が存在する．

e) SEEAは，森林の減耗や劣化の費用を控除するための指標をNDPや資本形成から得るような調整作業を含むかもしれない．

次に，林地の分類について，SNA，SEEA，FAO，UNECE の土地分類を総合した分類方法を提案している．初めに，都市的用途や農地を含む土地全体をUNECE の定義による「林地」と「その他の土地」に分類する．「林地」はさらに，SNA 的観点から「経済林地」「非経済林地」に分類される．このうち経済林地は，FAO の定義によって「人間の手の入った」経済林地と「人間の手の入っていない」経済林地とに分類される．非経済林地の方は「保護された」非経済林地と「保護されない」非経済林地とに分類される．

ここでFAO の定義による「人間の手の入った」経済林地とは樹木の人工植栽が行われている林地または半天然林のことであり，「人間の手の入っていない」経済林地とは天然林ないし二次林を指す．原生林と人工林という SNA の分類よりも，より森林の実態に即した分類となっている．こうした林地の分類は，表9-5 のように経済活動との関連が明示されることにより，その意味するところが一層明らかになる[28]．

表9-5 森林の，費用・土地類型・活動

管理活動	経済林地 人間の手の入った	経済林地 入っていない	非経済林地
木材投資	○	×	×
森林保護	○	○	○
資源調査	○	○	時々
放牧管理	時々	時々	時々
野生生息域管理	時々	時々	時々
レク管理	時々	時々	時々
行政支出	○	○	○
輸送支出	○	○	○

出所：Dubé [19], pp. 29-30

2. 林産物フロー統計の分類上の問題点

前節までは森林資源勘定のデータソースの川上部分にあたる森林資産の分類についてみてきた．本節では，森林資源勘定の川下部分のデータソースの主要

部分をなす林産物フロー統計についてごく簡単に触れる．

　林産物フロー統計は，産業活動と密接に結びついており，産業連関表や業界統計のほか，林野庁の作成する業務資料である「木材需給表」が利用可能である．これらのうち，とくに産業連関表は，北欧＝OECD型の「部門商品表」作成のためには不可欠となるが，このとき，木材加工産業の実態に即した部門分類の有無が問題となる．

　丸太の加工用途としては，日本では従来，製材，合板，チップなどがその主要なものであった．一方，合板原木である南洋材の入手が困難だった欧州では，繊維板や削片板が早くから開発されていた．日本でも，南洋材の供給減や材質安定化への市場の要求，資源利用の効率化への社会的関心のたかまりなどを背景に，繊維板・削片板，集成材，積層材など多様な木質パネル（成型ボード）類の供給が増大している．

　日本の1990年産業連関表の分類では，製材，チップ，合板，その他の木製品，パルプ，紙，板紙，といった部門について，他部門との取引が示されている．集成材・積層材は合板に含まれ，繊維板は「その他のパルプ・紙・紙加工品」に，削片板は「その他の木製品」に含まれるため，これらの他部門との取引については，業界統計等で補う必要が生じている．ここで繊維板産業と削片板産業は，業界団体としては同じ「繊維板工業会」に属しているが，繊維板は紙，削片板は木製品という扱いなので産業分類上は大きく異なることになる．これは，1968年国際標準産業分類（Rev. 2）においてそのような分類が採られたのを，日本標準産業分類が踏襲し，さらにこれを産業連関表の部門分類が踏襲したものと考えられる．1990年に改訂された国際標準産業分類（Rev. 3）は，繊維板，削片板を含む多様な木質系加工産業を，「単板，合板，ラミンボード，削片板，およびその他のパネル・ボード類（コード2021）」に一括し，より産業の実態に近づけている[29]が，1993年の「日本標準産業分類」には反映されていない．少なくとも，木材加工産業に関しては1990年国際標準産業分類への準拠，ならびに，重要度の増大している木材加工産業部門について，産業連関表の取引部門としての独立が木質系物質循環の表章のためには望まし

いといえる．

第3節　欧州主要国の森林部門関連統計整備状況

欧州森林勘定レポートは，付録として，欧州森林勘定体系を意識した，欧州主要国におけるデータソースの整備状況調査の結果を記載している．これに筆者独自の知見を加えて整理したのが表9-6である．このうち，森林資源調査，土地利用・被覆調査，森林収支，立木調査が，主としてストックに関する物量単位のデータソースである．バランスシートとあるのは，SNAの貨幣タームの貸借対照表を意味する．木材生産，変換，産業による源泉と使用，の3つはOECDの枠組みである部門商品表・マスバランス作成に必要となる物量タームのフロー統計である．森林の多面的利用に関する統計データは国によっても分野によっても精粗まちまちであることが見て取れる．

日本では，川上のストック調査（森林資源調査，立木調査）が1961年と1966年の2回行われて以来途絶えていたが，1999年に再開された[30]．かつて，カナダのオンタリオ州においても，数十年ぶりにストック調査が行われ，その間のストック量の変化を，フローデータを基に接続推計した研究例があり[31]，こうした手法を活用することによって日本の森林資源量に関するミッシング・リンクがつながることが期待される．

むすびにかえて

森林資源勘定に関する国際的な取り組みは，勘定フレームワークの作成と，必要な統計概念の定義やデータソースの検討との両面から進められている．森林部門関連統計フレームワークの議論が，ロンドン・グループ，欧州連合統計局，FAO林業局などの作業によって一定の成果を収めることが予想される．今後は，こうしたフレームワークに即した地道な統計整備が重要になるであろう．一例として，立木の自然成長が起こっている場合，それが土壌の減耗や劣化を伴って起こっているのか，あるいはその逆なのか，またこのとき「人間の手」がどのように作用しているのかといった問題は，まさに森林[32]の持

第9章 SNAと環境勘定における森林・林業 219

表9-6 森林資源勘定のデータソース

	フランス	スペイン	イタリア	ドイツ	ポルトガル	オーストリア	フィンランド	日本
森林資源調査（面積：ha）								
存否	あり	あり	あり	あり	あり	あり	あり	あり
回数と頻度	3回 8～10県/年	2回 (1965–)	1回 (1983-85)	1回全国 (1989–90) 毎十年		1961年～	1920's～	1961, 1966, 1999
調査機関	IFN		農林省		森林研究所	農林省	森林研究所	林野庁
調査項目など ※立木調査も同時に行うのが通例.	非生産林，生け垣，分散林を含む全土，309の森林地域 SIG	面積，茂み，安定性，健全性，火災危険度，所有，保護，価値	0.02ha以上，ISTATの分類とは異なる	所有，経営，樹種，直径				
土地利用・被覆調査	あり TERUTI 毎年		あり：農地・生産物調査 毎年	あり 毎4年		あり	?	林業センサス
森林収支（面積）	あり 不定期	なし	なし		なし	あり 農林省の資源勘定	あり 統計局	
立木調査（材積：m³） 存否 材積 自然成長 伐採 自然枯死	あり あり あり あり あり	樹種別 あり，直径 あり あり あり	あり 収穫可能な林分の立木材積のみ	直径7cm以上 あり あり	直径7.5cm以上 あり あり あり	あり あり あり あり あり	あり あり あり あり あり	森林蓄積（所有別，樹種別，地利級，林齢別）
木材バランス（材積）	あり 不定期	なし	なし		あり 農林省の資源勘定 [部分的]		あり	あり 木材需給表
バランスシート 存否 土地 立木 土地+立木 産業部門別	1970-88 なし なし 面積×価格 あり	なし，ただし第三回資源調査にて実施	なし，研究中（93年SNA実施において）		なし	当期価格		国民貸借対照表（国富調査）

表9-6 森林資源勘定のデータソース［つづき］

	フランス	スペイン	イタリア	ドイツ	ポルトガル	オーストリア	フィンランド	日本
木材生産 主なカテゴリ 産業用 　丸太 　パルプ材 　燃材	あり あり あり	木材と燃材（m³価値），樹種別，所有	ISTAT/MAFFRによる伐採・林産物・丸太調査（13分類）	直径7cm超	あり あり 木炭	直径7cm超 あり あり あり	あり あり あり	あり あり あり
変換 生産物の主なカテゴリ			植物性燃料：燃材，石炭，木炭 木材生産物の使用	製材品と単板・合板生産物	林業産出の半分をしめるコルク勘定			
産業による源泉と使用		産業による使用で調整，使用別統計	wooded stocksの価格		製材品 ボード類 carpentry 家具 紙パルプ			素材・パルプ：IO物量表
OECDの枠組 部門商品表 マスバランス	なし なし	なし なし	なし なし	なし なし	なし なし	部分的 なし	あり あり	なし なし
森林の多面的利用 自然に成長する森林物質		重要と認識	非栄養的：コルクなど		従来のSNAに含まれており特掲せず	非木材林産物の勘定は存在しない		森林資源モニタリング調査にて調査予定：低木・草本層の種名・被度
狩猟		林業統計でカバー		面積，ハンターの数，獲物（貨幣評価）				
訪問・アグロツーリズム 特用林産物 動物の放牧		林業統計に含む		重要：平均168人/ha/年		重要と認識		

出所：Newson and Gie [23], pp. 102-105 の内容に筆者の知見を加えて作成．

続可能性に関する問いかけであるが，勘定フレームワークや資産の定義といった概念上の検討をどれほど精密に行ったとしても，森林土壌に関する定期的な調査なしにはこれに回答を与えることは困難であろう．

「森林資源および炭素循環」「森林の健全性と活力」「森林の生産的機能」「生物多様性」「土壌・水などの保護的機能」「その他の社会文化的機能」といった持続可能な森林経営のための指標群の開発と相まって，勘定フレームワークの改善と統計の整備が一体的に進められることが期待される．

1) 以下，単に森林部門関連統計と呼ぶ．
2) 小池・藤崎編[8]，参照．
3) 小池[7]，参照．
4) INSEE[21]，第4章，および小池・藤崎編[8]，古井戸論文参照．
5) 小池・藤崎編[8]，山本論文参照．
6) Cinotti[18]は，フランスにおけるIFNの森林統計における森林の伐採による減少と，SCESSの林産物統計による国産材の加工量との乖離を問題にしている．こうした統計の整合性こそが，川上から川下を包括した物量勘定作成によって明確になる．現在，森林部門における包括的な森林・林産物勘定の作成は，国立農林水文学院ナンシー校のPeyronらによって行われている．Peyron et Colnard[24]を参照のこと．
7) これと多少関連のある国立公園管理活動については，同じ1986年にフランス国立統計経済研究所の『環境サテライト勘定』の中で公表されている．INSEE[22]および，邦訳は小池・藤崎編[8]，付録を参照．
8) United Nations[27]
9) United Nations[26]
10) 例えば，青木ほか[1]，東京都職員研修所調査研究室都市環境ライン[11]，日本総合研究所[12]．
11) 帰属環境費用をGDPから控除し，いわゆる「グリーンGDP」といった指標を算出することに意味がないことはすでに多くの論者の指摘するところであるが，この点を踏まえつつも，日本における経済企画庁のSEEA推計におけるVer Ⅳ.2の選択と，維持費用法に基づく帰属環境費用推計を擁護し，その含意を示したものに作間[9]がある．
12) de Boo, A. J., et al.[17]，参照．
13) Newson and Gie[23]．この枠組みの概要は，小池・藤崎編[8]，コルトラ・ムーコネン論文を参照．以下，単に「欧州森林勘定」と呼ぶ．
14) 環境勘定に関するロンドン・グループの目下の作業の中で，「資産勘定」の森林部分をフィンランド統計局が担当しており，その内容は，欧州森林勘定を意識しつつ，その各パート・各セルをどのような統計的定義に基づいて埋めてゆく

かというマニュアル的なドキュメントになっている．また，森林分野については，後述するように FAO 林業局によるフォローアップが進められている．一方，環境経済統合勘定の枠組みとして，NAMEA にストック情報を追加し，68 年 SNA と完全接合可能な体系として，有吉 [2] の提案も有力である．こうした種々のアプローチのそれぞれや基本的な語句に関する簡単な解説は，古井戸のホームページ http://www.geocities.com/furu5362/era.htm （環境勘定用語集）を参照のこと．

15) Newson and Gie [23] を参考にした．
16) 分類に関する一般的理論を提示した論考として，緑川 [15]，第 1 章がある．
17) 本稿ではもっぱら 93 年 SNA における森林の扱いを検討する．68 年 SNA における森林の扱いについては小池 [6] を参照のこと．
18) 水利権など，環境にかかわる無形資産の問題を本格的に検討した論文として北畠 [5] がある．保安林の転用規制に譲渡性開発権を応用するアイディアについては拙稿 [14] を参照のこと．さらに，森林所有者以外の，林地内への立ち入りが実定法上の権利として認められているか否かも，社会文化勘定とのリンクを構想する場合には不可欠な留意点であろう．
19) Newson and Gie [23], p. 28.
20) 河野 [4] の訳語．経済企画庁の翻訳では，暫定版において「栽培資産」，ハンドブックにおいて「生育資産」となっているが，動植物の双方についてその生育を人間が助長している意味を表すには河野訳が適切であると判断した．
21) Newson and Gie [23], p. 3.
22) Dubé [19]
23) つまり「森林」という資産項目は，SNA の中にはそれ自体としては存在しない．また，「林地」についても，SNA の中では，土地被覆との関係で明確に定義されているわけではない．
24) 小池 [6]，参照．
25) 農林水産省統計情報部の『林家経済調査報告』では，1964 年の調査開始から 1971 年までは，「林業所得」に「林木成長額」が含まれていた．これは林業簿記に関する多田理論に依拠し，育林費をもって「年々のその林木に対する請求権の発生」とみなしたからであったとされる（農林省統計調査部・農林統計研究会編 [12], pp. 180-181）．1972年に概念の改訂があり，「林業所得」から「林木成長額」は除外された．ただ，新たに「林業採算所得」を定義し，これには「林木成長額」を含むこととされた．以後，この 2 種類の「所得」が併記されるようになり今日に至っている．
26) Newson and Gie [23]
27) Newson and Gie [23], p. 18.
28) Newson and Gie [23], pp. 29-30.
29) United Nations [29]
30) 家原 [3]
31) Grave, et al. [20]
32) 木材生産の持続性だけを考えても，重要な問題である．実際，このような問題

意識から，フランスの一地方においてダグラスファー人工林における養分バランスを推計したものに Turpault, et al. [25] がある．

参考文献

[1] 青木卓志・桂木健次・増田信彦 (1997)．「地域における環境・経済統合勘定―富山県の場合」『研究年報［富山大日本海経済研究所］』22号
[2] 有吉範敏 (1996)．「環境・経済統合勘定体系 (SEEA)―地球環境問題への SEEA の拡張」『地域学研究』26巻1号
[3] 家原敏郎 (1999)．「日本の新しい森林資源モニタリング調査」『山林』1384号
[4] 河野正男 (1993)．「貸借対照表」『国民経済計算の展開』(武野秀樹・山下正毅編，同文舘) 所収
[5] 北畠佳房 (1991)．「動的リスク管理へ向けての環境・経済勘定体系試案」，文部省「人間環境系」研究報告集 G023N15-01「人為起源物質の制御にはたすリスク評価と管理手法」所収
[6] 小池浩一郎 (1986)．「森林・林業の評価手法」『林政総研レポート』30号
[7] 小池浩一郎 (1997)．『森林・木材の勘定体系』東京大学学位論文
[8] 小池浩一郎・藤崎成昭編 (1997)．『森林資源勘定―北欧の経験・アジアの試み』アジア経済出版会
[9] 作間逸雄 (1997)．「わが国における環境・経済統合勘定の開発とその課題」『経済学論集［専修大］』31巻3号
[10] 武野秀樹・金丸哲編 (1997)．『国民経済計算とその拡張』勁草書房
[11] 東京都職員研修所調査研究室都市環境ライン (1999)．「『平成10年度東京都環境・経済統合勘定の試算に関する調査研究』
[12] 日本総合研究所 (1999)．『環境・経済統合勘定の確立に関する研究報告書』
[13] 農林省統計調査部・農林統計研究会編 (1970)．『林業統計史』農林統計協会
[14] 古井戸宏通 (1990)．「保安林転用の量的規制」日本林学会論文集，101号
[15] 緑川信之 (1996)．『本を分類する』勁草書房
[16] 山本伸幸 (2000)．「ヨーロッパにおける森林資源勘定の最近の動向」『環境経済・政策学会2000年大会報告要旨集』
[17] de Boo, A. J., et al.(1993). An Environmental Module and the Complete System of National Accounts, Paper prepared for the Special IARIW conference on Environmental Accounting, *in Franz, Alfred and Stahmer, Carsten(eds.), "Approaches to Environmental Accounting. Proceedings of the IARIW Conference on Environmental Accounting, Baden, Austria 27-29, May 1991"*, Physica-Verlag
[18] Cinotti, B.(1995). Production et récolte de bois en France : proposition de balance nationale de la ressource forestière, *Rev. for. fr., XLVII-6*
[19] Dubé, Yves C.(1998). *Economic and Environmental Accounting for Forestry : Status and Current Efforts, draft*, FAO Planning and Statistics Branch Policy and Planning Division,
[20] Gravel, Gerry, et al.(1995). Valuing Ontario's Timber Resource Stock, Statistics

Canada : Catalog No. 11-528E, No. 2
[21] INSEE(1986). *Les comptes du patrimoine naturel : Commission interministerièlle des comptes du patrimoine naturel, C132*
[22] INSEE(1986). *Les comptes satellites de l'environnement, méthodes et résultats, Les Collections de l'INSEE, C130*
[23] Newson, Brian and Gie, Gérard(1996). Forest Economic and Environmental Accounting, *paper presented at London Group Meeting at Stockholm, May 1996*
[24] Peyron, Jean-Luc et Colnard, Odile (2001). Vers des comptes de la forêt ?, *Contribution au rapport de la Commission des comptes et de l'économie de l'environnement, INRA-ESR Nancy, 26p.*
[25] Turpault, Marie-Pierre, et al.(1999). Les Bilans Entrées-sorties, Indicateurs de Gestion Durable des Écosystèmes Forestiers, *Rev. for. fr., LI-2*
[26] United Nations(1993). *Handbook on National Accounting : Integrated Environmental and Economic Acocunting, Interim Version(Draft)*
[27] United Nations(1993). *Integrated Environmental and Economic Accounting. Interim version, ST/ESA/STAT/SER.F/61, 1993*
[28] United Nations, CEC, IMF, OECD and World Bank(1993). *System of National Accounts, ST/ESA/STAT/Ser.F/2/Rev.4, 1993*
[29] United Nations(1990). *International Standard Industrial Classification of All Economic Activities, Revision 3. ST/ESA/STAT/SER.M/4/Rev.3*

謝 辞

家原敏郎氏（森林総合研究所林業経営部），山本伸幸氏（島根大学）には拙稿のドラフトに対して貴重なコメントをいただいた．記して謝意を表したい．なお，ありうべきすべての誤りが筆者自身に帰することは言うまでもない．

第 10 章

オランダの NAMEA

第1節　オランダにおける NAMEA の開発

　オランダが開発した NAMEA と呼ばれるマクロ環境会計システムは，欧州諸国で高い評価を受けている．NAMEA は「環境勘定を内包する国民会計行列（The National Accounting Matrix including Environmental Accounts）」の略称である．この名称に現れているように，NAMEA は行列形式を用いて，貨幣単位の経済情報と物量単位の環境情報を1つの枠組みの中で関連づけている点に構造上の特色がある．すなわち，マクロ会計の国際標準体系である国際連合の SNA を中枢勘定として，その外周に汚染物質勘定（substances account）と環境テーマ勘定（environmental themes account）を付加することによって，どのような経済活動がどのような環境負荷を生みだしているかを物量単位で測定する構造になっている．NAMEA は，経済会計としての SNA の構造を破壊することなく，中枢体系を補完するサテライト・システムとして展開されているのである．

　NAMEA の構想は，第2章でマクロ環境会計の発展を促した第2の国際会議と評価した，1991年の国際所得国富学会主催の環境会計特別会議で初めて明らかにされた．(De Boo, et al., 1993) が，その報告である．次いで，このシ

システムの開発に中心的な役割を果たしているオランダ中央統計局のクニング（Keuning, S. J., 1993）によって，93年に勘定構造のデザインがおこなわれた．オランダ中央統計局は94年からNAMEAを継続的に作成しており，その最初の適用例が（De Haan M., et al., 1994）によってロンドン・グループの第1回会議で報告された．その後，（De Haan M., S. J. Keuning, 1996），（Keuning, S. J., and M. de Haan, 1998）によってシステムの改善が行われた．現在のところ，（Keuning, S. J., et al., 1999）が，NAMEAの構造と推計結果に関して英文で書かれた最も新しい文献である．

欧州統計委員会（EUROSTAT）が，NAMEAをマクロ環境会計の有力なシステムと位置づけて，その普及と適用範囲の拡大に努めていることはすでに第2章で述べたとおりである．EUROSTATとオランダ中央統計局は，95年にNAMEAに関する第1回の研究会を開催した．ここでNAMEAの構想とオランダの経験がEU加盟国に紹介された．97年の第2回NAMEA研究会では加盟各国のパイロット・スタディに基づく経験の交流が行われ，EU諸国は本格的にNAMEAの作成を開始した．98年にはEU加盟国にノルウェーを加えた第3回研究会が開催され，大気への汚染物質排出に関するNAMEAの作成が同意された[1]．さらにEUROSTATを中心に，SERIEE，SEEAそしてNAMEAの3システムを関連づける研究がおこなわれている．目下，ロンドン・グループが作業を進めているSEEAの改定においては，システムの構造にNAMEAが大きな影響を与えることが予想される．日本でも，後述するように（Ike, T, 1999）がNAMEAの推計を試みた．このように，NAMEAを作成する国が増加しつつあり，システムの国際的調和化に向けた検討が着実に進められている．

第2章で述べたように，筆者は，NAMEAを統合型マクロ環境会計の代表的なシステムの1つに分類している．事実このシステムは，大気，森林，土地利用そして水資源に関する特化型システムを組み込む方向で研究が進められている．このシステムはまた，物量によって環境負荷を測定することに重点がおかれている点でも，資源・環境会計として優れたシステムであると評価したい．

おそらくミクロ環境会計では，環境負荷が経済主体に与える財務的影響の測定が主たる関心になるであろう．しかし，環境問題への取り組みには，経済活動が引き起こす環境負荷に関する物量情報も同様に不可欠である．したがって，マクロ，メゾ，ミクロを問わず環境会計の研究においては，貨幣単位のみならず物量単位によるシステムを開発するとともに，両者の関連づけが大きな課題になる．NAMEA は，その方向に向けた1つの試みと言える．

ところが，NAMEA は現在のところ，マクロ環境会計に携わる研究者にしか知られていないのではないかと思われる．本章では，NAMEA の基本構造を分析し，その意義を具体的に示すことによって，環境会計の研究に1つの新しい視点を付加したい．さらに，マクロ環境会計の開発それ自体にかかわる課題を整理するとともに，環境会計という新しい分野を加えた場合の会計学それ自身の研究課題も考えてみたい．

第2節　NAMEA の基本構造

NAMEA は，先にふれたように貨幣表示の伝統的な SNA を中枢勘定とし，これに経済活動が環境に与える影響を物量で表わす2つのモジュール勘定，すなわち，汚染物質勘定と環境テーマ勘定を追加したシステムとして構成されている．さらに，既存の貨幣勘定部分についても，2つの大きな変更が加えられている．1つは，企業の環境保護活動にかかわる支出を環境浄化サービス (environmental cleansing services) として分離・表示している点である．ここには廃棄物の収集や焼却サービス取引，防塵施設の維持費用などの環境保護支出が分離して表示される．これによって，企業部門が実際に負担している環境保護支出が特記される．もう1つは，すべての租税と補助金が，環境税とその他の税とに細分された租税勘定 (tax account) として別立て表示されている点である．これによって，環境にかかわる税負担と補助金の動向が分析可能になっている．

表 10-1 が，NAMEA の基本構造を極めて簡略化した形式で表示したものである．表中の太線で囲まれた左上部分すなわち勘定1から6までが，SNA の

表 10-1 NAMEA の体系

勘定 (分類)		環境浄化サービス	家計消費（目的別）	生産（経済活動種類別）	資本	環境税	外国	汚染物質 CO₂・NOx・廃棄物・原油	環境データ 地球環境	環境データ 国内環境	合計
		1	2	3	4	5	6	7	8		
環境浄化サービス	1										
家計消費（目的別）	2							A ***** *****			
生産（経済活動種類別）	3							B ***** *****			
資本	4							C **			
環境税	5										
外国	6							** D **			
汚染物質 CO₂・NOx・廃棄物・原油	7			F **			G *		*** H *** ***		I
環境データ 地球環境 国内環境	8				J						K
合計								E		L	

出所：Keuning, S. J., J. van Dalen and M. de Haan (1999) より作成

表 10-2 NAMEA における生産・消費活動の分類

家計消費支出
輸送
その他の国内消費支出
生産
農林水産業
鉱業・採石業
製造業
食品・タバコ産業
石油精製産業
化学産業
基礎金属産業
その他の製造業
公益事業
建設業
輸送・倉庫業
環境浄化・衛生サービス
その他のサービス

出所:Keuning, S. J., J. van Dalen and M. de Haan (1999), p.26.

統合勘定に含まれる情報を行列表示したものである．もちろんこの部分はもっと詳細な勘定に分割されているが，NAMEA の構造を解説するために必要な勘定名だけを表示した．この部分は SNA が提供する経済情報を含んでいるが，生産と消費活動の分類は NAMEA の目的に沿うように，表 10-2 のようなターゲット・グループと呼ばれる活動に再分類されている．

　汚染物質勘定で取り上げられる汚染物質と，オランダの環境テーマを表 10-3 に示した．汚染物質勘定には，11 種類の排出物に加えて天然ガスと原油の採取が含まれている．環境テーマとは，オランダの住宅・国土計画・環境省が作成した国家環境政策プランに定められた政策目標である．現在，7 つのテーマが設定されており，そのうち温室効果とオゾン層破壊の 2 つが地球環境テーマ，その他の 5 つが国内環境テーマとして設定されている．オランダにとって，廃棄物処分場の限界から廃棄物処理が大きな問題になっているため，リサイクルや焼却処分されずに埋め立て処分される廃棄物の蓄積が環境テーマにあげら

表10-3 環境テーマとそれに関連する汚染物質および指標

環境テーマ	汚染物質*	環境テーマ等価指標
温室効果	CO_2 (1), N_2O (311), CH_4 (21) CFCsとハロン (5.34)	地球温暖化ポテンシャル
オゾン層破壊	CFCs 11, 12, 13, 112, (1), CFC 113 (0.8), CFCs 114, 115 (0.6), トリクロロエタン (0.1), 四塩化物 (1), ハロン1301 (10)	オゾン層破壊ポテンシャル
酸性雨	NO_x (0.22), SO_2 (0.31), NH_3 (0.59)	酸性雨等価指標
富栄養化	P (1), N (0.1)	富栄養化等価指標
廃棄物蓄積	廃棄物	百万キログラム
廃水	廃水	百万キログラム
自然資源	天然ガス (1), 原油 (1)	ペタジュール

＊各汚染物質に付された ( ) 内の数字は, 環境テーマ等価指標に変換する際のウエイトを表す.
出所：Keuning, S. J., and M. de Haan(1998), p. 149 および Keuning, S. J., J. van Dalen and M. de Haan (1999), p. 24.

れている. さらに, 2つの自然資源の枯渇が環境テーマに加えられている.

　NAMEA は, 経済と環境にかかわるデータをまず包括的で一貫性のある会計システムの中で関連づけた上で, モジュールとしての物量勘定から, 重要な環境政策課題に関連する単一の指標を導出するという方法をとっている. すなわち, 中枢勘定とモジュール勘定によって, 汚染物質のフローが, (1)消費活動からの排出, (2)生産活動（政府部門の活動を含む）からの排出, および(3)外国との間における越境フローとして記録され, それらのフロー量が環境テーマにどれだけ寄与したかが指標化されるのである. 以下で, この過程をみてゆこう.

　表10-1 における汚染物質勘定のサブ行列 A では, 行（row）方向に表10-2の消費活動分類が表示され, 列（column）方向にそれらの活動から発生する汚染物質が物量で表示される. 同様に, B には, 行方向に表10-2の産業別分類が表示され, 列方向にそれらの産業から排出される汚染物質が記録される. これらのサブ行列 A と B によって, どのような消費活動と生産活動から, どのような汚染物質がどれだけ排出されたかが記録される. 勘定 C には, 天然

資源の採掘や当期の生産・消費活動によらない環境の変化，すなわち，埋め立て処理された過去の廃棄物からの汚染物質の漏出，たとえばメタンガスの発生などが記録される．さらに，勘定Dには，外国からオランダへ流入する汚染物質の推計量が記録されている．現在のところ，データの制約から酸性化と富栄養化に関する汚染物質のみが推計されている．以上の4つの源泉から発生した汚染物質と自然資源の変動の総計が，それぞれの物質ごとにE欄に記載される．測定単位は，CFCsとハロンが1000kg，ガスと原油がペタジュール，他は100万kg単位である．

　汚染物質勘定の行方向には，これら汚染物質の行き先が示される．まず，勘定Fでは，原油と天然ガスの生産活動への投入と，廃棄物のうち焼却処理された分が環境浄化サービス生産への投入として示される．ここで廃棄物のリサイクル分を推計することが検討課題とされている．勘定Gには，越境して国外に排出された汚染物質が記録される．現在のところ，固形廃棄物の越境フローは推計されていない．勘定FとGに計上されなかった排出物が勘定Hに移されて，表10-3に示した関連づけに従って地球環境テーマと国内環境テーマに分類・計上される．これによって，汚染物質勘定の列合計Eと行合計Iは汚染物質ごとに等しくなる．

　次に，各テーマに配分された汚染物質量は，表10-3に示した係数によってウエイトづけされ，環境テーマ等価指標（theme-equivalents）と名づけられた指標へと変換される．温室効果ガスの排出を地球温暖化に関する等価指標へ変換する例を表10-4に示した．これは，それぞれの排出ガスがもたらす温室効果への寄与を気候変動に関する政府間パネル（Intergovernmental Panel on Climate Change：IPCC）条約に基づいてCO_2等価量に変換し，地球温暖化ポテンシャルという指標を作成する手続きである．表10-4は，オランダが1994年に排出した温室効果ガスの総量はCO_2換算で227,957百万Kgであったことを示している．等価指標の算出が勘定Jでおこなわれ，7つのテーマに対応する指標値が合計欄KとLに計上される．当然，KとLの合計値はテーマ別で一致する．しかし，各指標はそれ独自の物量単位で作成されているために，

表10-4 温室効果ガス排出から地球温暖化等価指標への変換（1994年 オランダ）

	排出量（百万kg）	地球温暖化係数（GWP）／kg	地球温暖化等価指標での排出量	%
CO_2	173,330	1	173,330	76
N_2O	66	311	20,526	9
CH_4	1,203	21	25,263	11.1
CFCs，ハロン	1,655	5.34	8,838	3.9
合　　計			227,957	100

出所：Keuning, S. J., J. van Dalen and M. de Haan（1999）より作成

勘定Jで列の合計値は計上されない．ここに計上される合計額は中枢勘定の貨幣額である．

　NAMEAは，複数の指標を単独で開発するのではなく，まず会計システムを用いてデータを整理し，それらの相互関連を明らかにした上で，設定したテーマごとに環境指標を導出するという方法をとっている．表10-1に示した会計システムは統合勘定のみである．実際のNAMEAは，貨幣勘定と物量勘定の各セルがサブ行列からなる多層構造をなしている．また，上述から明らかなように，NAMEAは，実際に支出された環境関連費用および物量での環境負荷を測定する体系であり，帰属計算はおこなわない．オランダは，帰属環境費用を計算してグリーンGDPを算出することに否定的なようである．

第3節　NAMEAの改善

　オランダは，NAMEAをさらに次の3つの課題に関して改善しようとしている（Keuning, S. J., et al., 1999, pp. 32-35）．第1は，CO_2排出を推計する基礎となるエネルギー利用の推計を改善し，速報性を向上させることである．

　第2は，情報をさらに詳細にするとともに，環境テーマを拡張することである．これに関しては99年現在，4つの計画が進行している．1つは水資源に関するテーマの設定である．水資源会計は，水利用のみならず，汚染物質の排出による水質変化をも記録するシステムとして構想されている．第2は，有

害物質に関する環境テーマの設定である．ここでは，有害物質が生態系に与える影響と人間に与える影響を捉える，2種類の指標が考えられている．これによって，複数の排出物を単にkgのような量の指標に統合するばかりでなく，その毒性の質を反映した指標を開発することが計画されている．これが実現すれば，排出数量しか扱えない現行システムの弱点が大きく改善される．第3に検討されているテーマは，空間利用に関するテーマである．いわば，地域単位の土地利用勘定の開発である．そして4つ目は，NAMEAにおける環境支出情報をさらに詳細にする計画である．つまり，現在は政府支出に分類されている外部環境浄化サービスと，企業内で発生しているが現在のところ分離推計されていない内部環境浄化サービスを，独立項目として推計・表示することである．さらに後者については，それに要するコストを，中間消費，賃金・俸給そして環境関連投資の3つに細分類することが予定されている．

　NAMEA拡張の第3の課題は，経済と環境のみならず，社会問題までも取り込んだより包括的な会計システムへの拡張である．オランダはこのシステムを「経済・社会会計行列とその拡張体系」（System of Economic and Social Accounting Matrices and Extension : SESAME）と呼んでいる．これは，更に多くの特化型システムから構成されるより包括的な統合型システムとして構想されている．結局NAMEAは，伝統的なマクロ会計のサテライト・システムとして出発したが，SESAMEにいたると逆にマクロ会計自体をサブシステムとする大規模な統合システムとなり，現行システムに取って代わることを目指していると考えられる．この構想は，1975年に国連が提起した社会人口統計システム（SSDS）を想起させる（United Nations, 1975）．もちろん，その方向に進むことによって，理解しやすく拡張性に富むといわれるNAMEAの長所が更に向上するのか，あるいは現在のようなサテライト方式が望ましいのかは今後の研究と試行にかかっている．

第4節　日本における NAMEA の推計

わが国では，環境庁（1998）が「環境勘定と環境指標の統合の事例」として NAMEA の概念を紹介しているが，実際の推計を試みた例は Ike (1999) である．Ike (1999) は，NAMEA が貨幣単位と物量単位で環境と経済の相互関連を捉え，汚染者責任を明確にできるシステムであり，比較的低コストで大きな成果が期待できると極めて高く評価している．そして，オランダと同じ環境テーマに関して日本について85年，90年，94年の推計を試みた．その主な特徴と，オランダの NAMEA との相違点は以下の3点である．

1．酸性化汚染物質の人為的な排出に加えて，火山活動という自然現象からの硫黄酸化物（SOx）の排出も環境に与える負荷として推計している．

2．硫黄酸化物，窒素酸化物（NOx）そしてアンモニア（NH3）の酸性化物質については，東アジア，特に中国，韓国，北朝鮮との間における越境移動を個別に推計している．中でも，中国からの越境移動が大きな問題点として注視されている．

3．酸性化物質については，省エネ活動や脱硫装置の設置など生産活動の上流，中流，下流で実施された環境保護活動によるそれらの削減効果を物量で推計し，環境テーマ勘定における控除項目として表示している．

Ike (1999) によれば，若干の過去データを除けば，わが国では NAMEA を作成するために必要なデータはほぼ整備されている．今後の大きな課題は，日中両国が，汚染物質の越境移動を詳細に捉える NAMEA を共同して作成することであると指摘している．

第5節　マクロ環境会計と会計学の課題

環境会計は，人間活動と自然環境との相互作用，すなわち人間活動が環境に与えるさまざまな負荷と，それが人間活動に及ぼす反作用とを二重性原理に基づいて貨幣あるいは物量単位で測定・伝達する方法であると定義できよう．この定義は，マクロ環境会計のみならず，ミクロ環境会計にも妥当すると思われ

る．以下では，環境会計を開発するための研究課題を，大きく2つに分けて提示したい．1つは，環境会計それ自体の開発に関する課題であり，もう1つは，会計学それ自体に係わる課題すなわち環境会計の会計学的基礎についてである．先ず環境会計の開発に関する課題として次の3点をあげておきたい．

第1に，環境会計のシステム設計にあたっては，環境情報作成の目的・手段の関係を識別し整理するための基本的枠組みとして，第2章で取り上げたOECDが提唱するDPSIR (Driving force – Pressure – State – Impact – Response) モデルを活用することが有益であろう．この枠組みに照らせば，NAMEAは環境税や環境浄化活動を独立表示しており，環境悪化に対する対応（Response）を捉えていると言えるが，目下のところ中心は，駆動力（Driving Force）としての経済活動が自然環境に与える負荷（Pressure）を，汚染物質の排出として物量で捉えるシステムである．

環境会計の開発にあたっては，各国とも政策目標とデータの入手可能性，システムの開発と維持費用などを考慮して進めている．Ike (1999) の指摘によれば，わが国はマクロ環境会計のさまざまなシステムに必要な推計をおこなえる人的資源と基礎統計を持っている．実際，SEEAに基づくいわゆるグリーンGDPの推計を世界に先駆けて実施したし，SERIEEやNAMEA，マテリアルフロー会計なども試作している．しかし，環境会計の開発は，各国における環境政策の現状とその優先順位，さらに産業構造，社会構造に大きく左右される．EUは独自の環境政策を決議しており，それがSERIEEやNAMEAの作成目的に反映している．わが国の環境政策目標は何かを明確にする必要がある．

第2に，先に述べたように，人間活動が環境に与えるさまざまな負荷と，それが人間活動に及ぼす反作用とを二重性原理に基づいて測定・伝達するシステムが環境会計である．この観点に立てば，人間活動が環境に与えるさまざまな負荷とその結果としての環境の状態は物量で，他方，それらの負荷が人間活動に及ぼす反作用は貨幣で測定・伝達することが有益である．したがって，物量単位あるいは貨幣単位のいずれか一方によるシステムだけでは不十分なことは明らかであり，貨幣システムと物量システムとの適切なリンクづけをするこ

とが必要になる．

　第3に，環境問題の空間的な広がりに対処するには，ミクロ，メゾ，マクロの3つのレベルでの環境会計の開発を促進する一方，それらを概念的に関連づけることが必要である．このためには，第2章で分類した課題特化型資源・環境会計の開発と，それら特化型システムを包括し，相互に関連づける統合型環境会計システムの開発が不可欠であると思う．

　次に，第2の課題，すなわちマクロ環境会計あるいは環境会計はいかなる意味で会計なのか，環境会計の会計学的基礎は何かという問題について若干の私見を述べてみたい．この問は結局，会計とは一体何か，会計の基本的機能と構造は何か，という古くて新しい課題にかかわっている．筆者は，会計理論(T)を，マテシッチが定式化したように，理論核(K)とその意図した適用(I)との集合からなる理論網 T=〈K, I〉として考えたい．そしてKを，ノルウェーのオークルストが1955年に先鞭を付け（Aukrust, O., 1955, 小口, 1997），次いでマテシッチ（Mattessich, R., 1964, Balzer, W., and Mattessich, R., 1991）や井尻（Ijiri, Y., 1967, 75, 79）が定式化した，会計理論の公理構造を基礎にしながら築いてゆきたいと考えている．彼らの公理系は，ミクロ会計とマクロ会計を視野に入れた理論であり，また，物質・エネルギー保存則が支配する実在世界における投入・産出の恒等関係を表現する二重性属性群を会計固有の測定方法と見なす点で共通している．最近のマクロ環境会計の研究者らも会計方法の長所をこの点に見いだしている．現在までのところ，マクロ環境会計の研究の大部分は，統計学，経済学，生物学，物理学，化学，工学など，ミクロ会計学以外の教育と研究歴を持つ研究者によって推進されてきたことを考えると，これは興味深い符合である．もちろん，これまで提起されてきた公理的会計理論は，環境会計が問題になる以前に定式化されたいわば経済会計の理論であるために，環境の視点から再検討することが必要であると考える．

　　1) EUROSTAT（1999a）．二酸化炭素（CO_2），二酸化硫黄（SO_2），窒素酸化物（NO_x），一酸化炭素（CO），アンモニア（NH_3），亜酸化窒素（N_2O），メタン（CH_4），フロン（CFCs），ハロンなどを含む21の汚染物質が対象になったが，

参加国すべての NAMEA がこの物質を網羅したわけではなく，その範囲は国によって異なった．

参 考 文 献

環境庁（1998），『環境資源勘定策定に関する基礎調査報告書』．

小口好昭（1997），「ラグナル・フリッシュのマクロ会計論」『中央大学経済研究所年報』Vol. 27.

Aukrust, Odd(1955), "Forsøk på en aksiomatisk behandling av klassifikasjons- og vurderingsproblemet," Tillegg to NASJONALREGNSKAP : Teoretiske prinsipper, Statistisk Sentralbyrå, Oslo. 小口好昭訳（1998），「オド・オークルスト：国民会計における分類および評価問題に関する公理的研究」『経済学論纂』（中央大学），Vol. 39, No. 1・2.

Balzer, W., and Mattessich, R.,(1991), "An Axiomatic Basis of Accounting : A Structularist Reconstruction," Theory and Decision, Vol, 30, No. 3. 小口好昭訳（1994）バルツアー・マテシッチ共著「会計学の公理的基礎—構造主義的再構成」『経済学論纂』（中央大学），Vol. 35, No. 3.

De Boo, P. R. Bosch, C. N. Gorter and S. J. Keuning(1993), An Environmental Module and the Complete System of National Accounts, in Franz, Alfred and Carsten Stahmer(eds.)(1993). *Approaches to Environmental Accounting, Proceedings of the IARIW Conference on Environmental Accounting*, Baden, Austria, 27-29 May 1991, Physica-Verlag, pp. 143-166.

De Haan M., S. J. Keuning and P. R. Bosch(1994), Integrating indicators in a National Accounting Matrix including Environmental Accounting(NAMEA); an application to the Netherlands, in Statistics Canada(1994)*National Accounts and the Environment, Papers and Proceedings from a Conference*, London, England, 16-18 March 1994.

De Haan M., S. J. Keuning(1996), Taking the Environment into Account : The NAMEA Approach, in *The Review of Income and Wealth*, Series 42, No. 2, pp. 131-148.

EUROSTAT(1999a), *Pilot studies on NAMEAs for air emissions with a comparison at European level*.

EUROSTAT(1999b), *Environmental Accounts 1999 : Present state and future developments*.

Ijiri, Yuji(1967), *The Foundations of Accounting Measurement*, Prentice-Hall. 井尻雄士『会計測定の基礎』東洋経済新報社，1968.

Ijiri, Yuji(1975), *Theory of Accounting Measurement*, American Accounting Association. 井尻雄士『会計測定の理論』東洋経済新報社，1976.

Ijiri, Yuji(1979), "A Structure of Multisectional Accounting and Its Applications to National Accounting," in Cooper, W., and Y. Ijiri(eds.) *Eric Louis Kohler*, Reston Publishing Co., pp. 208-223.

Ike, Toshihiro(1999), A Japanese NAMEA, in *Structural Change and Economic*

Dynamics (1999), pp. 123-149.

Keuning, Steven J. (1993), An information system for environmental indicators in relation to the national accounts, in De Varies, W.F.M., den Bakker, G. P., Gircour, M.B.G., Keuning, S. J. and Lenson, A. (eds.), *The Value Added of National Accounting*, Statistics Netherlands, pp. 287-305.

Keuning, Steven J., and Mark de Haan (1998), Netherlands : What's in a NAMEA? Recent results, in Uno, Kimio and P. Bartelmus (eds.) (1998), *Environmental Accounting in Theory and Practice*, Kluwer Academic Publishers, pp. 143-156.

Keuning, Steven J., Jan van Dalen and Mark de Haan (1999), The Netherlands' NAMEA ; presentation, usage and future extensions, in *Structural Change and Economic Dynamics* (1999), pp. 15-37.

Mattessich, Richard (1964), *Accounting and Analytical Methods*, R. D. Irwin.

United Nations (1975), *Towards a System of Social and Demographic Statistics*.

第 11 章

情報化の進展と会計理論の対応
―― 情報化の再確認を通じて ――

はじめに

　会計理論は，ここ数年急速な転換を求められている．それは，受動的な転換であり，自らが望んだ主体的転換ではない．転換の要求は，直接的に会計理論に求められているわけではない．会計実務，あるいは会計制度への変革が求められ，その変革のロジックを模索する形で理論の再構築が進もうとしている．

　会計実務・会計制度への変革の要求は多方面に及んだ．環境問題の深刻化に対応などの会計領域の拡大に結びつくものも，一昔前には考えられなかった明確な形で提出されたことは特記すべき事項であろう．環境問題が産業社会の外在的要因として登場したのに対し，情報化の進展は産業社会内部の地核変動として現出した．

　このような環境問題の深刻化および情報化の進展による産業社会の構造変革を基底としながらも，わが国では構造不況脱出のための日本的システムの一新が同一時期に問題となった．これらの問題が複層的に重なり合う形で会計制度ないしは会計実践への変革要求に結びついた．とりわけ，銀行を中心とした日本型金融システムの崩壊[1]は，資本市場のグローバリゼーションに対応する形で，直接的に財務諸表への情報要求水準の変化に結びついた．日本型金融シ

ステムへの不信感は会計制度・会計実践への信頼性欠如と無関係ではないであろう．

会計制度・会計実践への信頼性欠如は，その正当性を保証してきた会計理論の妥当性への疑義に結びつくことになる．このような状況変化の中で，急速に既存の会計理論は社会的意義を失墜させ，新たなる会計理論が模索されている．

会計理論の変革は，上記のようなわが国の特殊事情もさることながら，より普遍的な傾向として現れているように思える．本稿では，日本社会の変革という要因から会計理論の転換という視点ではなく，会計理論そのものの変革という視点から問題を捉えよう．そのためにまず，現代の会計理論の総括的状況をマテシッチ（Mattessich [1995]）に従って整理しよう．

第1節 会計理論の危機

マテシッチは，会計理論の今日的状況を危機的なものとして捉えている（Mattessich [1995], p. 3）．マテシッチは，危機的状況をその兆候と原因に分けて考えている．兆候としては，MBAでの会計コースの学生が急速に減少していることのなど，いくつか列挙されているが，最も重要な点は次の2点であろう（Mattessich [1995], p. 5）．第一に，過去20年間において会計理論は基本的問題に関する解決策をアカウンタントに提供し得なっかたことであり，第二は，会計研究の需要が会計実践ないしは産業界からほとんどなかったことである．この二つの側面は表裏一体の問題であろう．会計研究が会計基準および会計制度の最適選択問題などの基本的な問題に対し十分な解答を提供し得なかった故に，会計研究に対する要求あるいは需要が縮小していき，その意義が喪失していったといえるであろう．これは，まさに危機と呼ぶべき状況に近い．

それでは，この危機的状況がいかなる理由で現出したのであろうか．この点に関し，マテシッチは次のレベルに分けて考えている．①法的・社会的レベルおける危機，②道義的・精神的レベルにおける危機，③理論レベルにおける危

機，である．それぞれ詳しく見ておこう．

　①　法的・社会的レベルにおける危機とは，社会における会計機能が会計責任（accountability）の遂行よりも，むしろ意思決定の合理化に求められていることに起因する．このことに対応する形で，多くの監査法人や会計事務所の主たる収入源が監査業務からコンサルティング業務に移行している．監査による会計責任遂行のモニタリング機能は，リスクが高い割には報酬に法的規制があることから，業務的に成り立ちにくくなっている．会計責任の遂行は，現実的な社会的動向の中で軽視され，意思決定の有用性や市場への適合性ばかりが重視されるようになっている．ある意味では，"Age of Unaccountability"（Mattessich [1995], p. 2）と呼ぶべき状況が続いているといっても過言ではないであろう．このような状況に関して，マテシッチは次のように警鐘を鳴らしている．

　「経済の非効率性は，生産性の諸問題というよりも過剰な負債によって引き起こされることが多い．そして，その過剰な負債は会計責任の運営あるいは統治の失敗を直接的に表している．」（Mattessich [1995], p. 8）

　この警句は，バブルの発生と崩壊といった近年の日本経済社会の状況では，正鵠を射るものといってよいであろう．会計責任への意識の欠如，これがバブル発生にもあるいはその処理にも深い影を落としていることは間違いない事実である．バブルの頃，しきりに使われた「財テク」の言葉の響きに，会計責任の欠如を感じとったのは，筆者だけではないと思われる．まさに，会計責任の欠如が日本社会を混迷の淵まで落とし込んだと言ってもよい．本来的な会計の役割が十分に機能しえなかった故に経済社会全体がその秩序を失うこと，それが近年の日本社会において起こったことの意味ではなかったろうか．そしてその危険性は現在でも排除されていないように思える．

　②　道義的・精神的危機とは，根本的にはビジネス倫理の低下を意味する．前述の会計責任の欠如は，このビジネス倫理の低下に根ざしているといってよいであろう．また，このような倫理的側面は現在の社会科学の体系においては，あるいは勝者の論理ともいうべき市場主義の中では，無視される．市場の論理はあくまで自由競争の論理であり，そこで倫理的側面を問い直すことは少ない[2]．

このような事態ではビジネス倫理が低下していくのはむしろ当然というべきであろう．そこでは会計責任に対する意識の欠如が必然的に起こるものと予想される．

③　理論レベルにおける危機とは，会計理論が自らのレーゾンデートルを喪失させたことに起因する．会計研究者は会計の機能の議論において，会計責任の遂行機能よりも意思決定機能を重要視してきたが，意思決定機能は会計独自の機能ではない．ファイナンス，オペレーションリサーチ，経営情報システム論など，意思決定有用性を学問の基盤に置いてる学科目は多い．そして，これらの学科目は，意思決定概念によって拡大・拡散した会計理論領域と競合した．会計理論は，この競合状態の中で，自らの独自性や主体性を保持し得なかったのではないだろうか．

会計理論のレーゾンデートルの喪失は会計実践との関係からも考察することができる．会計理論は近年，形式的には洗練化されたといってよいであろう．しかし，会計理論が形式的に洗練化され，抽象化されたが故に，会計実践との直接的関連性は薄らいでいったということができる．

このような実践との乖離現象は会計理論だけに見られるものではない．応用科学（applied science）領域の今日的傾向といえるであろう．応用科学全般において，洗練された数学的ないしは統計的モデルによるアプローチが盛んであるが，今日の状況においてはそのような方法のみでは変転する現実社会の相を完全に把握しえるとは思えないのである．ここで注意すべきは，応用科学における数学的・統計学的モデルの発展と現実社会の変化要因には共通する要素がある点である．すなわち，今日の数学的・統計学的モデルの発展は圧倒的な情報化の進展を抜きには考えられないが，この情報化が現実社会の変転速度を上昇させ，現実を重層化させている．情報化が応用科学におけるモデルの発展のみに影響を与え，現実社会に何らインパクトを及ぼさないのなら，情報化によって応用科学の説明力は向上するといえるであろう．しかし，問題はそれほど単純ではない．情報化がモデルと現実の両面に影響を与えるとすると，モデルは現実に追いつくことはない．

モデル思考重視の応用科学に現状に対応して，マテシッチは次のように提案する．

「われわれは一つの切り口だけで現実を把握することは不可能である．科学的，合理的方法と直感的，哲学的方法の両者が必要である．」
(Mattessich [1995], p. 9)

後者の方法は研究全体の見取り図を与え，研究者が些末な議論に陥ることを防いでくれるが，現在の応用科学においては後者の方法は，ほとんど無視されている．マテシッチの主眼点は，後者の方法，とりわけ応用科学における規範命題の取り扱いの問題に置かれることになる[3]．

以上のようにマテシッチは会計理論の危機を理解しているが，その原因を会計実践，会計理論両レベルにおける意思決定機能への偏重に見いだしている[4]．それでは，このような意思決定機能への偏重がどうのように起こったのか，意思決定有用性アプローチの原点ともいうべき『基礎的会計理論』（通常，原書の頭文字をとって ASOBAT と略称されている）まで戻って考えてみよう．考察のステップとしては，ASOBT 発表当時から今日までの情報化の流れを総括し，その視点から ASOBAT における意思決定有用性アプローチの意義を問い直すことにしよう．

第2節　情報化のイメージ

ここでは，ラフな形ではあるが大ざっぱに情報化の流れを整理してみよう．

1. 知的創造と情報化

ASOBAT は，1966 年に公表されている．当時は，集積回路(IC)を用いた第三世代コンピューターの開発競争が盛んに行われた時代であり，また，ベトナム戦争が北爆の開始により本格化した時代でもあった．加えて，日本では水俣病に代表される四大公害病が訴訟の準備段階に入っていた．1960 年代後半は世界中で学生運動といった形で反体制運動の嵐が吹き荒れるが，その根底には現実社会の矛盾に対する怒りと，訪れようとしている新しい社会への不安があ

ったということができるであろう．ここでいう新しい社会とは，情報化によって導かれる社会といってもよいだろう．当時，相次いで情報化あるいはメディアに関する古典的文献が発表されている[5]．

「情報」という概念にスポットを当てたのはウィーナー（Wiener）である．ウィーナーはシステム的視点から，通信と制御を結びつけサイバネティックスと呼ばれる分野の成立を宣言したのである．この新しい学問分野は，ウィーナー自身の著作（Wiener [1961]）を読むと明らかなように，第二次世界大戦中の軍事技術の開発と密接に関連している．当然のことながら，軍事技術の開発には当時の最高の知性がチームとして当っており，そこには，情報科学の基礎を築くフォンノイマンやシャノンらも加わっていた．彼らが軍事技術の開発の中で，「情報」に対するイメージを共有化したと仮定することは，間違いではないであろう．第二次世界大戦後の科学は，まさに彼のイメージした「情報」を核として発展していったのである．彼らの情報を中心にした改革はあくまで科学の総合化に主眼点が置かれていた．

このように情報化が科学の文脈から生み出されたことの意味を考えてみよう．情報化はものごとを合理的に制御するものであり，産業社会に貢献するものとして理解されることが多いが，それはその出自，すなわち科学を背景にもっていることに起因する．今日，いわれているIT革命も，どちらといえば産業の合理化を狙いとしている．しかし，情報化の議論には「脱産業社会」論と呼ばれる別の系譜が明らかに存在する．それらの議論は，現在の産業社会とはまったく異なる社会として情報化社会を想定するのである．情報化を巡る最も大きな論点は，まさにこの関係，情報化と産業社会ひいては市場との関係をどう理解するかである．この問題を，ここでは通産省産業構造審議会情報産業部会から1969年に公表されている『情報化社会へ向かって——われわれの課題——』と題される小冊子を題材に考えてみよう．

この小冊子では情報化社会を「知的創造力の一般的な開花をもたらす社会」（通産省 [1969]，p. 10）とし，次のような述べている．

　　「コンピューターを中心とした情報化の進展は，第一には，日々に複雑

となり変化のテンポが加速されつつある社会において，多数の人々が知的創造活動に参加しうるための前提条件となる"的確な情報""すぐれた情報処理能力"を提供するであろう．また第二には，事務労働の機械化により，今日急速に増大しつつある書記的労働から多数の人々を解放するであろう．」（通産省［1969］，p. 10）

　この議論自体は今日でも通用する情報化のイメージであるように思える．情報化社会を知的創造社会と捉える議論は，最も原点に近いものといえるであろう．単純労働が機械化されることにより人間が創造にあてる時間は増加し，加えてコンピューターによって的確な情報がもたらされると，豊かな創造活動が営まれる．その活動が経済社会にイノベーションとして働き，社会が活性化する．人間が単純労働や単純作業から解放されるという状態は，現在の産業社会の悪しき部分の除去を意味し，産業社会とはまったく異なる社会が実現化しうるように思える．それでは，この報告書が発表されて約30年間，情報化はこのように方向に従って展開しただろうか．われわれの単純作業は30年前から，大きく減少しているといえるであろうか．30年前の単純作業と現在の単純作業を比較する基準をもっているわけではないが，現在の単純作業が減っているとは思えない．作業環境は整備され，便利にはなったものの，かえって単純作業に追われているのも事実である．われわれは，パソコンの前に座り込み，文書の作成やメールの整理に多くの時間を費やしている．われわれの日常は創造的というよりも，変化する状況への対応に終始している．

　予想がはずれてしまったのは，なぜだろう．通産省の小冊子は，「今日における情報化の要請」と題する箇所で次のように，述べている．

　　「企業は，外部環境に関する的確な，タイムリイな，広い範囲の情報，すなわち，内外の政治，経済，科学，技術，市場，他企業の活動等々の情報を社内情報と有機的に組み合わせ，総合的に処理し，これに基づく機動的な経営管理を進めていくことが不可欠になっている．」（通産省［1969］，p. 13）

　この指摘自体も当然のことのように思える．ただし，前述した記述と照らし

合わせるとあることに気づく．前述の記述では，このような情報収集・情報処理プロセスは，コンピューターそのものが瞬時に行うと想定されているのである．しかし実際，われわれが経験している日常では，まさにこの情報収集・情報処理プロセスが高度化ないしは複雑化し，そこに多くのマンパワーが充当されているのではないだろうか．情報処理技術の進展は，それまで不可能であったことを可能にしてきたが，さらなる情報要求を生み出してきたのも事実である．このスパイラルな情報処理能力と情報要求の関係は上昇し続け，われわれの時間を奪い続けるであろう．情報化の進展が産業化の波の中に置かれると，競争のツールとしての役割，すなわち効率化の機能を果たすにとどまり，人間の創造的機能には結びつかないようである．

このように，たんなる知的創造社会を標榜するだけでは，かえって市場のダイナミックスに飲み込まれてしまう．すなわち情報化は脱産業化というよりも，より一層産業化を推し進めるものとして機能してしまうのである．それでは，産業化の議論を超える情報化のロジックは，どのように構築されるのであろうか．この問題を，トフラー（Toffler [1980]）の議論を題材に考えてみよう．

2. ネットワークの進展

トフラーの議論も当然のことながら，当時の時代背景に強い影響を受けている．1970年代後半から，次第にコンピューターがパーソナル化し始め，ネットワークが現実的意味をもち始めてきた．この事態に対応し，トフラーは産業社会を超えるものとして情報化のビジョンを提示したであった．彼の議論をまとめてみよう．

彼の議論の展開は次の三点に段階的に要約されるであろう．第一に，主たる技術革新が新たなる文明社会の形態ないしは社会構造を規定すること，第二に，彼自身が現在の産業社会のあり方，そのものに批判的視点を有していること，これら二点から，第三に情報技術の進展は，現在の産業社会のあり方を基本的に変革する形で起こると想定されていること，である．彼の議論のセンセーショナルな要因は，産業社会を超えるものとして新たなる社会を予見したことに

あったといってよい．また，そのことが今日でも強いインパクトをもち続ける理由でもある．この三点を中心に，以下，若干の敷衍をしておこう．

トフラーのいう第三の波とは，これまでの農業革命，産業革命に対抗しうるような社会的・文明的変化を指している．その変化は，既存の社会構造である産業社会の仕組みや人々の意識構造を覆す形で進行していくと考えられる．それでは，既存の社会構造である産業社会はどのように形成してきたのであろうか．周知の通り，既存の社会は石炭・石油などの化石燃料をエネルギー源とし，機械生産による大量生産・大量消費を特徴とする．このエネルギーおよび生産システムは，それらのシステムを機能させる他のシステムを社会の中に埋め込むことになる．たとえば，核家族や義務教育などは産業社会の内部構造要素を形作ることになるし，また，メディアも大量生産・大量販売を可能にするために，急速にマス化していくのである．

トフラーによれば，産業文明の形成による社会構造上の最大の変化は，生産者と消費者が切り離され，市場が確立したことになる．このことをトフラーは「見えないくさび（The Invisible Wedge)」(Toffler [1980], p. 53, 訳書 p. 60)と呼ぶ．農業社会においては多くの人々は自給自足の生活を行っていたが，産業社会では自己消費のためでなく，交換のための専門化した生産が行われることになる．交換が円滑に行われなければ，いかなる人も日々の生活を営めない状況が訪れるのである．そこで市場が確立する．市場が確立すると，人格は生産と消費の局面に分割されることになるが，両面で最大化を求めると，その人格に矛盾を持ち込む結果となる．あるいは，この生産・消費の分離は男女の社会的役割分担すらも生み出すことになり，社会全体が市場原理に規定されることになっていく．このような原理が社会全体に及んだとき，そこには共通した世界観，市場を中核とした世界認識の構図が現れることになる．それが，産業主義的現実（indust-reality）である．

それでは，現実認識の構造まで深く浸透した産業社会に変革が起こるのは，どのようにしてであろうか．この点に関しては，次のように考えられる．

「まず，エネルギー・システムとエネルギー基盤が変化して，新しい技

術体系が出現する．同時にマス・メディアが非マス化し，情報環境が形成され，情報体系にも革命が起こる．続いて技術体系と情報体系の二大潮流が生産の構造を根底から変え，工場やオフィスの仕事の性質にまで影響を及ぼしながら，労働を再び家庭へ移す方向へ向かって流れる.」(Toffler [1980]，訳書 pp. 278-279)

ここで，トフラーがエネルギーの改革が変化への導火線となっていると理解していることに注意しよう．エネルギー源としての化石燃料に依存する産業社会は，資源枯渇の危機に悩まされ続けてきただけでなく，環境問題を深刻化させてきている．再生可能なエネルギー源に依存した社会のあり方が求められているといってよいであろう．それは，図らずも現在の大量生産・大量消費といった産業社会の抜本的変革に結びつくのである．大量生産・大量消費を終焉させる条件の一つが，メディアのパーソナル化すなわち非マス化であろう．マス・メディアの情報環境化では一方的に情報が与えられるだけで，自らが必要とする情報を問い合わせるという行為は望むべくもないが，メディアがパーソナル化し，双方向性が確保されると，自らが必要とする情報をメディアを通じて瞬時に獲得しうる．そこでは個々人の嗜好の多様性を損なうことなく，消費活動を行いうる可能性が広がり，結果，多品種少量生産への道が開かれるのである．

また，ネットワークの形成とコンピューターの小型化による情報環境の整備は，これまでの労働環境を一変させる可能性がある．簡単にいえば，これらの情報環境により，在宅勤務が可能になると思われるのである．今日，SOHO (Small Office Home Office)として注目されている事態を，20年前にトフラーは「エレクトニック住宅（electronic cottage）」と称して明確に想定している．このエレクトロニック住宅は二つの効果がある．一つは，通勤のような日常的移動を減少させ，交通による環境汚染を低下させることであり，他の一つは仕事と家庭が同一の場で行われることにより，分断されていた生産者と消費者の立場が再び，統合されることである．

この生産者と消費者の統合された形を，「生産・消費者（prosumer）」とトフ

ラーは呼んでいる．この生産・消費者が可能となるプロセスを確認しておこう．まず，メディアがパーソナル化することにより，個々人の嗜好に応じた生産が行われるようになる．メディアと生産・販売形態が多様化し，非画一化するようになると，個々人はよりその生活形態あるいは家族形態を多様なものにしていくであろう．こうなると，同時化や規格化によって統制された生活信条が崩壊し，自らの必要性だけに従った消費活動を行うようになるであろう．また情報環境の整備は，自ら必要なものだけを自らで生産させる可能性を時間的にも機会的にも生み出すことになるであろう．

　生産・消費者のイメージは，今日において，そう突飛なものでもない．工場自体がオートメション化され，さらにその生産システムに直接的に消費者からアクセスし，特定の作業を発注する可能性が存在するであろう．この場合，消費者個々人が自らの生産機能の一部をアウトソーシングしている状態と考えれば，生産主体はあくまで個々人であり，消費者であることになるだろう．さらに，この消費者が在宅勤務の形で何らかの生産行為に参画してるとすると，生産・消費者（prosumer）と呼べる存在である．

　この生産・消費者の想定がトフラーの議論展開の中で重要な意味をもつのは，市場の崩壊に結びつくからである．生産者と消費者が対峙的な位置に立つ時，市場は成立するが，生産者と消費者が結合すると市場はその意味を喪失するのである．

　産業社会の衰退は，すなわち市場中心社会の解体を意味するものでなければならない．市場中心社会が解体したときにこそ，新たなる社会が現出したものと見なすことができるであろう．トフラーの議論は，まさにその意味で第三の波を描き出したといえるであろう．それでは，市場の解体，そんなことが起こるのであろうか．この問題に関しては，Linux の展開をどう理解するかが重要であろう．これまで，Windows に代表されるように OS は，ソフト製作会社にとって独占的利益の源泉であった．これに対し，Linux はネット上での共同開発という形で発展してきた．Linux の開発者達は自らの使いやすい OS のため，無償で開発・改良作業に当たった[6]．まさにそこでは生産・消費者が存在

し，市場を超えた関係が形成されたのである．このような局面においては，トフラーの議論が妥当性をもつように思える．

　しかし，問題はそれほど単純でもない．すべての人々が在宅勤務に移行しないように，誰もが全面的に生産・消費者になるわけではない．むしろ，生産・消費者として生きる部分が個々人の生活空間の中であったとしても，その割合は限定的なものであり，個々人は生産者と消費者の二面性を維持し続け，その結果，市場に依存せざるをえない部分が残るであろう．あるいは，この問題は次のように考えることもできる．個々人は，自らの重要な価値的側面に関わる部分に関しては，確かに自らの意思を明確にし，その独自性を守ろうとするであろうが，日常的活動すべてを自らの独自性で貫き通すことは，あまり意味がない．ルーチンワーク化している部分に関しては，世間的価値に身を委ねるのではないだろうか．そこには，常に市場が存在する余地が残されるであろう．

　トフラーの議論は，この意味では極論であろう．しかし，このような問題点を内包しながらも，産業社会を超えるものとして，新たなる社会の展開を具体的に記述した点はトフラーの特徴といってよいであろう．彼の議論から学ぶべき点は，次の三点である．第一に，パーソナルコンピューターとそれを結びつけるネットワークの形成は，メディアを非マス化，すなわちパーソナル化させること，第二に，パーソナル化されたメディアは，個人生活の多様性を保証すること，第三に，多様化した生活レベルにおいては市場による画一的な規制を受けない可能性が存在すること，である．

3. 情報化の方向性

　このように情報化の方向性を考えてくると，問題は次のような下位問題に分割されることに気づく．一つは，どのようなシステムを前提として情報化の議論を進めるかであり，他の一つは情報化が社会生活のどの部分に最も影響を与えると考えるかである．

　計算機としてのメインフレームか，ネットワーク化されたパーソナルコンピューターのいずれが，情報化の議論において前提とされるかによってその意味

は異なる．メインフレームとしての計算機を議論の前提にすると，合理的計算や計画を可能にするシステム構築が問題となるが，後者のネットワーク化されたパーソナルコンピューターとしてシステムを想定すると，コミュニケーションのメディアとしての側面が強まる．この側面ではコンピューターと携帯電話の間に機能的差異はない．

　情報化をメディアの多様化ないしはパーソナル化として考えると，必然的にその影響はすべてのコミュニケーションに関連し，生活全般に関わることになる．それに対し，合理化の手段として情報化を捉えると，当然のことながら合理性が重視される局面，具体的には産業や市場レベルに限定されてしまうことになる．

　問題は情報化の進展がどのような経路を通じて社会全体の変化につながるかである．コミュニケーションの変化を通じて個々人の生活が変化し，その結果，市場のあり方や産業のあり方に変革が起こると想定するのか，市場や産業のあり方が情報化によって合理化ないしは効率化され，その結果，生活レベルの自由度あるいは創造性が増大すると理解するかの違いである．もちろん，現実的には両者は不可分に進行していくであろうから，どちらのウエイトが高いかといった相対的な問題であろう．しかし，コミュニケーションの変化が主体となる社会変革と，合理的なプランに基づいた産業の合理化によってもたらされる社会の展開では，その実相は大きく異なる．後者では制御された情報が秩序だって流されるのに対し，前者の世界ではうわさまでを含んだきわめて曖昧な情報がランダムな形で社会全体に存在するであろう．

　現代のインターネットを中心とした情報化の進展は，明らかに前者，すなわちコミュニケーションの多様化・迅速化にウエイトがあるといってよいであろう．われわれ個々人は，情報の海の中で遭難しそうな危険にさらされている．合理性の基盤の上に成り立つはずの市場ですらも，コミュニケーションの渦に巻き込まれない保証はない．今日では，信頼しうる情報は何か，という問いかけがきわめて切実な意味をもっている．あるいは，情報化によって流動性が高まりすぎた市場を社会全体でどのようにコントロールするかが，問われている

といえるであろう．

以上のように，情報化の問題を確認した上で，ASOBATの議論に立ち戻ろう．

第3節　意思決定有用性アプローチの萌芽

ASOBATによって公認された感がある意思決定有用性アプローチであるが，ここではASOBATはどのような問題を解決するために意思決定有用性アプローチを採用したのか，といった問題を考えてみよう．この問題を考えるために，ASOBATが登場する直前に会計学方法論レベルで何が問題になったか，を明らかにする作業から始めよう．

1. 会計原則論の崩壊

ASOBAT以前の会計学研究においては，会計原則論と呼ばれる議論展開が主流であった．これは，会計原則の解釈を巡る議論を内容とするものであり，財務公開を制度として定着させるためには，必要不可欠な議論であったといえるであろう．1930年代から始まる会計原則論は，リトルトン（Littleton）の1953年の著作（Littleton [1953]）で方法論的に一応の完成をみたといってよいであろう．リトルトン理論の特徴は，会計理論の役割を会計実践の説明に求めることから，会計原則（accounting principle）を社会的規則としてではなく，理論の用具として位置づけたことにある．すなわち，会計原則は行為と理念を結びつけるものとして機能するものであり，理論そのものとして理解されていた．会計原則の生成は会計実践の中に慣習として発達したものを会計の理念あるいは最高目的の視点から制御することによって可能となる．リトルトンは，会計領域における理論と実践の不可分な関係を想定していたといってよいであろう．

この理論と実践の密接な関係に対し，チェンバースは激しい攻撃を加える．リトルトンの理論は，社会的に妥当と見なされる会計慣習の内，自らの目的に適合するものだけを原則として体系化したものであり，会計実践のルールと会

計理論の体系が分離されていないとし,その弊害として次の3点を挙げている (Chambers [1955], p. 380). ①実践の定式化以外の会計研究は意義をもたないとする印象を与えること,②現行の会計実践および会計理論が科学の名に値するかのような印象を与えること,③会計研究者が他の代替的会計システムの可能性を考察することを妨げること,である.

　会計実践から離れた形で,かつ科学的な基礎をもつものとして会計学研究を構築しようとする動きが,チェンバース,マテシッチ,スターリングらの研究者達から急速に起こってくる.彼らの多くが当時,展開し始めた情報科学や経済学の影響を受け,意思決定を会計研究においても基礎概念として採用していた.現段階から見ると同床異夢の感がないわけではないが,彼らから見ると因習的な会計原則論をうち破るためには,意思決定は改革のための重要な旗印であった.すなわち,会計理論はその再構築ないしは,その方向性の転換が求められていたのである.

2. ASOBATにおける意思決定有用性アプローチの特徴

　現段階でASOBATを虚心に読み直してみると,この本が新たなる宣言の書であったとは単純には思えない.雑駁で難解ですらある書物である.変革を求める息吹は感じられるが,その方向性は明晰ではない.たとえば,会計情報を識別する基準として,①目的適合性,②検証可能性,③普遍性,④量的表現可能性,を挙げている (ASOBAT, p. 8) が,これらの基準で会計情報であるとの判断が可能であるとは決して思えないのである.かつ,会計情報と取引資料の関係は分断されている (ASOBAT, p. 1) ので,ASOBATの考える会計情報あるいは会計のイメージは不鮮明としか,いいようがないのである.

　ASOBATが会計イメージを鮮明に仕切れなかったのは,いくつか理由があるだろうが,ASOBAT全体を支配している独特の焦燥感がその基本的原因と考えてよい.その焦燥感とはコンピューターの進展によって急速に展開した隣接科学に対する遅れの意識から生み出されている.たとえば,この意識は「会計の発展は経済学および管理技術の進歩に遅れをとってはならない.」

(ASOBAT, p. 13) という形では表現されている．この意識が目的適合性を基準とし，会計情報の拡大へと誘うことになる．

（会計）情報が意思決定を合理化する，この理解の仕方は前述した情報化の最も原型的なものであろう．かつ，その処理がコンピューターによって自動化される．このような情報化の理解は，現段階では幻想に近いものといってよいであろう．もちろん，今後も情報処理プロセスの自動化や合理化は進んでいくであろう．しかし，情報処理プロセスに人間の嗜好や価値観が介入せざるをえない場合，情報処理プロセスと人間の価値観の複雑な相互関係が始まり，単純に帰趨が決する状態ではなくなるであろう．無限に自動化されない部分が残り，その領域が少なくなればなるほど，プロセス全体に与える影響は大きくなるように思える．その後の意思決定有用性アプローチの展開を見ていると，このような無限の回廊に足を踏み入れた感がある．

また，情報化の波がASOBATが考えたように合理化の方向性だけではなく，むしろ，メディアの多様化の側面を強める形で進行してきたことは前述した通りである．そこでは，合理化の探求が重要な要因となるよりも，むしろ情報の信頼性の保証が重要な課題になるように思える．ASOBATの議論は，このような事態に対応しきれていない．ASOBATの意思決定有用性アプローチの背後に存在するのは実態と情報の二分法であり，情報による実態の制御の観点であろう．メディアの多様化や個別化により実態と情報が不可分な形で融合するような現在的様相を認識のもとに置いているとは思えないのである．

結びにかえて——会計理論の将来——

会計理論の意思決定への偏重は，ASOBATに見られるように，1960年代に急速に進展した隣接諸科学の影響と会計原則論の崩壊によって起こったといってよいであろう．すなわち，情報化に対応する方向性として意思決定を理論の中核に据えたのである．

ASOBATの想定した情報化とは，原型的な知的創造社会論ともいうべきものであり，合理的な意思決定を導くような情報がコンピューターによって獲得

しうるとする単純なものであった．当時，経営科学はサイバネティックスやオペレーションリサーチに強い影響を受けたが，会計理論もその影響下にあった．意思決定と情報の直線的な理解は，20世紀に登場した科学万能主義的思想と無関係ではないだろう．情報や意思決定を科学の力で制御しえると大方の人々は確信していたように思える．その確信は，意思決定を中心概念とした科学の統合化を生み出し，会計理論もその流れに巻き込まれていった．

現段階において問題を整理すると次の諸点であろう．第一に，現実に進行している情報化はASOBAT当時に想定されたよう単純なものではないことを確認することであろう．すなわち，情報化は産業レベルにとどまらず，確実に生活全般を変革させよとしている．その視点から会計理論あるいは会計実践のあり方を模索すべきであろう．第二に，会計情報の特性を意思決定有用性だけで規定するのは無理がある．今日においても，受託責任の解除は依然として重要な会計機能である．受託責任解除機能を前提とした会計情報が，いかに意思決定に有用であるか，を問うことは意味のあることと思えるが，一般に意思決定に有用な情報を探索することはあまり意味のある作業とは思えないのである．

マテシッチは，前述したように会計学が応用科学であると主張している．現実の会計情報は受託責任解除を果たすだけでなく，意思決定の合理化機能も果たすものであろう．あるいは，会計機能はもっと複雑な混合体として実社会の中で一定の意味をもち続けているのかもしれない．このような複雑な様相を見せる会計機能にアプローチするためには，どんな思考方法がふさわしいのだろうか．一つは，その構造的特性を何らかの方法を用いて明らかにし，その構造的特性から果たしうる機能を明らかにするといった方法が考えられるであろう．このような思考方法は会計のレーゾンデートルを明確にしつつ，その展開を図るといった可能性を示唆するものである．

筆者は従来の思考に回帰せよ，と主張するものではない．むしろ，変革を受動的に受け入れるのではなく，積極的に展開を図るべきであると考えている．そのためには，展開を可能とするような基盤を確立させることが重要であると思えるのである．

1) 日本の金融制度の崩壊と会計制度，とりわけ会計監査人制度の関係については原田［1997］を参照されたい．
2) 市場主義の捉え方に関しては，佐和［2000］を参照されたい．
3) この問題に関しては，冨塚［1997］を参照されたい．
4) このような意思決定機能あるいは情報提供機能への偏重は，たとえば安藤［1998］によっても指摘されている．
5) たとえば，McLuhan［1964］や梅棹［1963］を挙げることができる．
6) Linux の意義に関しては，たとえば奥野［2000］などを参照されたい．

参 考 文 献

安藤英義［1998］，「アメリカで揺らぐ資本概念（資本と利益の区別）」，『會計』第153巻第1号

梅棹忠夫［1963］，「情報産業論―きたるべき外胚葉産業時代の夜明け」，『放送朝日』第104号

奥野卓司［2000］，『第三の社会』，岩波書店

佐和隆光［2000］，『市場主義の終焉』，岩波新書

通産省［1969］，『情報化社会へ向かって―われわれの課題―』，コンピュータ・エイジ社

冨塚嘉一［1997］，『会計認識論』，中央経済社

原田富士雄［1997］，「住専問題と会計職能」，『経済学論纂（中央大学）』，第37巻第5・6合併号

AAA Committee [1966], *A Statemnt of Basic Accounting Theory*, AAA.（飯野利夫訳『アメリカ会計学会基礎的会計理論』，国元書房，1969年）

Chmabers, R. J., [1955], "Blueprint for A Theory of Accounting" *Accounting Reseach*, Jan.

Littleton, A. C., [1953], *Structure of Accounting Theory*, AAA (Monograph No.5)（大塚俊郎訳『会計理論の構造』，東洋経済新報社，1955年）

Mattessich, R., [1995], *Critique of accounting : examination of the foudations and normative structure of applied discipline*, Quorum Books

McLuhan, H. M., [1964], *Understanding Media : The Extensions of Man*, NAL-Dutton（栗原裕・河本仲聖訳『メディア論―人間の拡張の諸相』，みすず書房，1987年）

Toffler, A., [1980], *The Third Wave*, William Morrow & Company, Inc.（徳岡孝夫監訳『第三の波』，中公文庫，1982年）

Wiener, N., [1961], *CYBERNETICS*, 2nd edition, The M.I.T. press（池原他訳『サイバネティックス 第2版』岩波書店，1962年）

第12章

ミクロ環境会計とマクロ環境会計の
リンクに関する一考察

は じ め に

　1999年来,わが国では,産業界を中心に環境会計への関心が高まっている.この関心をもたらした要因としては,環境問題への社会一般の関心の高まりを背景に,企業による環境保全活動への支出の増大,環境マネジメント・システム構築事業所数および環境報告書の作成・公表企業数の増大,ならびにエコファンドの増加・拡大などがあげられうる[1].

　このような動向の中で,環境庁は,1999年3月に「環境保全コストの把握及び公表に関するガイドライン——環境会計の確立に向けて——」(中間取りまとめ),いわゆる環境会計のガイドライン案を公表した.このことが,一段と環境会計への関心をを高めることになり,当時,東京都や岩手県などの自治体も環境会計導入の試みを表明した[2].

　ところで,環境問題は,地球環境問題ともいわれているように,広域的問題であることから,社会会計の分野でも取り組みがされてきた.むしろ,企業会計の分野の取り組みよりも早く,1980年代後半には,相当数の研究成果が発表されている[3].先進国において環境問題への関心の高まりとともに,社会会計分野での環境会計への取り組みが始められたといえよう.

本稿では，企業会計分野の環境会計をミクロ環境会計，社会会計分野の環境会計をマクロ環境会計と呼ぶことする．ミクロ環境会計およびマクロ環境会計のいずれもそれらの発展の初期の段階にあり，未だ確たる体系は定まっていない．このような現状を踏まえて，最近，双方の会計の結び付き，すなわちリンクのあり方について考察した研究が発表された[4]．かねてより，ミクロ会計とマクロ会計の関連に関心をもっていることから，ここでは，この研究を取り上げ，双方の会計のリンクについて検討する．

そこで，まず，企業会計（ミクロ会計）および社会会計（マクロ会計）についてのこれまでの議論を調べることから始めることにしたい．

第1節　企業会計と社会会計のリンクの系譜

企業会計と社会会計を取り上げての議論は，大別して二つのグループに分けることができる．一つは，会計制度の視点から，双方の会計のリンクについて議論するものである．他の一つは，双方の会計の独自性を尊重し，それぞれの会計を包摂する一般会計理論の構築を試みようとする議論である．マテシッチ（Mattessich, Richard）[5]やユー（Yu, S. C）[6]の議論がこれに相当する．本稿では，前者の議論に焦点を当てて検討する．

1.　シュルーターの会計インスティチュート説

シュルーター（Schuluter, William C.）はアメリカの金融論の教授である[7]．1930年代のアメリカの経済恐慌を克服するための処方を，その著書『経済変動と恐慌』[8]で提案した．その処方は，彼自身が経済管理（economic administration）と呼んだものであった．名称から，厳しい経済統制（economic control）を連想させるが，それは，政府が厳密な組織を創設し，予め定められた目標を達成するために経済統制をする社会主義的計画経済とは異なるものである．すなわち，一方において企業の自由な活動を認めるとともに，他方で社会経済的厚生の目的に向かって，産業を組織的に管理するというものである[9]．

経済管理を実施するために，図12-1に示されているようなインスティチ

第12章　ミクロ環境会計とマクロ環境会計のリンクに関する一考察　259

ュートと呼ばれる組織が提案される[10].

　図12-1に見られる如く，インスティチュートは，いくつかの層を成している．それぞれのインスティチュートは，そのレベルに応じて，次のような3

図12-1　シュルーターの経済管理組織

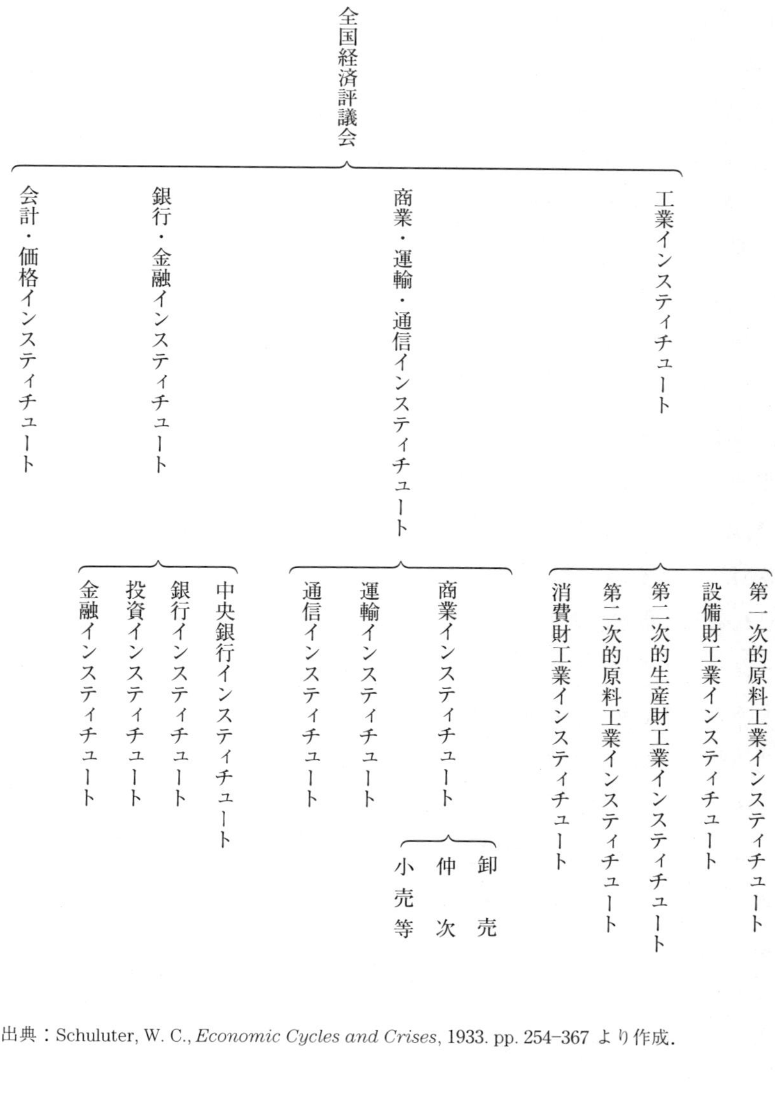

全国経済評議会
├─ 会計・価格インスティチュート
├─ 銀行・金融インスティチュート
│　　├─ 中央銀行インスティチュート
│　　├─ 銀行インスティチュート
│　　├─ 投資インスティチュート
│　　└─ 金融インスティチュート
├─ 商業・運輸・通信インスティチュート
│　　├─ 通信インスティチュート
│　　├─ 運輸インスティチュート
│　　└─ 商業インスティチュート
│　　　　├─ 卸売
│　　　　├─ 仲次
│　　　　└─ 小売等
└─ 工業インスティチュート
　　　├─ 消費財工業インスティチュート
　　　├─ 第二次的原料工業インスティチュート
　　　├─ 第二次的生産財工業インスティチュート
　　　├─ 設備財工業インスティチュート
　　　└─ 第一次的原料工業インスティチュート

出典：Schuluter, W. C., *Economic Cycles and Crises*, 1933. pp. 254-367 より作成.

種の役割を担う．
① 経済的および経営的英知の積極的発動者[11]
② 産業自治（industrial government）に関する権威をもった絶対的かつ中枢の機関
③ 工業および商業の組織体

インスティチュートの頂点には全国経済評議会（National Economic Council）が置かれる．最下層の同種産業インスティチュートは，このインスティチュートに所属する個別企業から選出された役員によって組織され，運営される．同様に，同種産業インスティチュートを統合した中間の連合産業インスティチュート（federations of Institutes of Industry, Commerce, etc.）および全国経済評議会は，それぞれ下位のインスティチュートから選出された役員によって組織され，運営される．つまり，各インスティチュートは，民主的かつ共和的自治の原則にしたがって構成されるのである．しかしながら，インスティチュートが一度組織され，合法的権力が付与されると，それぞれの産業に属する企業，つまりは経営者および従業員は，所属するインスティチュートの計画にしたがうことになる．この意味で，インスティチュートは，産業の政府（industrial government）といわれる．

さて，会計インスティチュートであるが，これも図12-1と同様な様式で構成される[12]．最下層の同種産業別会計インスティチュート，中間の層の連合会計インスティチュートおよび全国経済評議会内部への国民会計インスティチュート等の設置である．同種産業別会計インスティチュートは，個別企業の会計部門の会計記録および内部経営データを収集し，さらにこれを連合会計インスティチュートに受け渡す．各会計インスティチュートでは，手元の会計記録に基づき損益計算書および貸借対照表を作成する．具体的には，個別企業のこれらの財務諸表を，インスティチュートごとに連結を繰り返し，最終的には，国民会計インスティチュートで，国民損益計算書および国民貸借対照表が作成される．各インスティチュートが保有する会計記録，経営データおよび連結財務諸表は，各レベルのインスティチュートの経済的経営的計画の立案やその執

行に利用されることになる．

そして，個別企業の損益計算書および貸借対照表を出発点とし，連結の手続きを通じて，最終的に国民損益計算書および国民貸借対照表に円滑に到達するために，標準統一会計制度，同一会計年度および強制的監査制度等の必要性が説かれる．

以上がシュルーターの会計インスティチュートの概要である．経済恐慌の克服という国民経済的課題に応えるために，企業が生み出す会計記録を最大限に利用する会計組織が提案されたといえよう．社会主義的計画経済との相違を明らかにするために，一方で，産業の自治の尊重を，他方で会計組織に大いに依拠する国民経済の計画的運営の達成という二面を睨んだ苦心の提案ということができる．

2. ブレイの経済会計説

ブレイ（Bray, F. Sewell）は，1950 年代に活躍したイギリスの会計学者で，職業会計人でもあった．1952 年に OEEC から『国民勘定の標準体系（*A Standardized System of National Accounts*）』が，そして翌年，国際連合から『国民勘定体系と付属表（*A System of National Accounts and Supporting Tables*）』が出されるなど，社会会計は発展期にあった．いずれの刊行物にもストーン（Stone, Richard）が関わっているが，ブレイはストーンの協力者でもあった関係で，ケインズ恒等式に基づく社会会計の勘定体系に造詣が深かった．

彼は，社会会計の勘定体系が，企業，政府機関，非営利団体および個人などの国民経済を構成する個々の経済単位にも適用可能であることに着目する．そして各経済単位に下記のような勘定を作成することを主張したのである[13]．体系図を見て分かるように，活動勘定，所得勘定と支出勘定を併合した勘定および滞留勘定は，国際連合の国民勘定体系の基本勘定である生産勘定，消費勘定および蓄積勘定に相当する．

この勘定体系図は一般モデルを示したもので，個々の企業，政府機関，非営

表 12-1　ブレイの勘定体系

活　動　勘　定

1. 財貨・サービス（中間生産物）の購入	1. 財貨・サービスの売上
2. 賃金・給料・地代等	2. 在庫変動
3. 間接税	3. 補助金
4. 実物資産の減価償却費	
5. 営業余剰	
××	××

所　得　勘　定

1. 経常的財務支出	1. 営業余剰
・借入金利息	2. 経常的財務収入
2. 企業所得	・投資に対する配当金・利息
××	××
1. 所得の移転	1. 企業所得
a　所　得　税	
b　配当金等	
2. 可処分生産物	
××	××

支　出　勘　定

1. 消費支出	1. 可処分生産物
2. 貯　　蓄	
××	××

活　動　勘　定

資本的支出	資本的収入
1. 実物資産形成（在庫変動を含む）	1. 貯　　蓄
2. 金融資産の増加	2. 実物資産の減価償却費
3. 資本的移転	3. 新規の出資
	4. 負債増加
	5. 資本的移転
××	××

出典：Bray, F. S., *The Accounting Mission*, 1951, pp. 87-88, 一部加除修正.

利団体および個人等がこれらの勘定のすべてを使用するわけではない．生産活動を行わない政府機関，非営利団体および家計については，活動勘定が，他方，消費活動を行わない企業については，支出勘定が使用されないことになる．

ブレイは，これらの勘定により，経済活動に参加した人々が生み出した所得合計に対する自己の貢献度を知り得ること，常々企業を悩ましている解決困難な社会経済問題を経済専門家等が克服するのに役立つこと，製造企業を育成している国では企業経営を効率的にすることにより必要とされる多額の資本の調達を促進すること，さらには実質所得および実質富の増加による生活水準の向上に資することなどを指摘している[14]．さらに，これらの指摘に加えて，上記の勘定と一般経済政策（general economic policy）との関係が指摘される．この関係こそがブレイの勘定体系の目的といえよう．

ブレイは，当時，会社法の改正に関わって設けられた委員会（コーエン委員会）[15]が，財務諸表により，一般政策目的の情報すなわち売上高，製造原価，販売・流通費および管理費等の費目の詳細を開示する提案を検討していたが，この提案は財務諸表に負担をかけるとの理由から取りやめになったことを紹介する．その上で，財務諸表に関するすべてのディスクロージャー要求を満たし，さらに有益かつ有意義な経済情報の利用も可能にする単純な形式の勘定として，上記の勘定体系を提案したのである[16]．

以上により，ブレイは，主として一般経済政策への役立ちを考慮に入れて，社会会計を基礎として企業会計との完全な統合を考えていたということができる．ブレイの考えは，コーエン委員会の指摘にもあるように，企業に既存の財務諸表の改変の負担を求める上，企業会計専門家に馴染みのないものであったことから，その後，取り上げられることは少なかった[17]．しかしながら，この考え方の趣旨を生かした会計制度がフランスで実施された．プラン・コンタブルである．プラン・コンタブルは，わが国の企業会計原則および原価計算基準を兼ね合わせた性格のものである．その制定の当初から社会会計への役立ちを目指した財務諸表の作成が意図されていた．この意図はブレイとは独立したものではあったが，結果的に，社会会計の視点からの企業会計との統合を目指

す点で，両者は共通する．特に，1979年に改訂されたプラン・コンタブルでは，社会会計との制度面での統合が強く意識されていた[18]．この傾向はその後の改訂においても受け継がれている[19]．

3. ミクロ会計とマクロ会計とのリンクの統計的側面

ブレイが主張しているように，マクロ会計の視点に立つと，企業を含むミクロ経済単位の勘定表のデータを直接集計することによって，マクロ会計の勘定表を作成することは望ましいであろう．しかしながら，現実には，様々な理由により，このような仕組みを構築することは難しい．そこで，ミクロ会計データの集計にあたり，マクロ会計の要請に沿った統計的調整，処理などが行われることになる．これをミクロ－マクロ・リンクの統計的側面という．この側面においても，マクロ会計の勘定表の作成の視点から，両会計データ間の互換性があることが望ましいことはいうまでもない[20]．そこで，ミクロ会計とマクロ会計の間での概念，定義および分類等について，可能な限りの同一性が主張されることになる[21]．この統計的側面の主張を，会計制度の変革を含めて強く打ち出したのが，ブレイということができる．

マクロ会計の統計的側面を考慮して，ミクロ会計の特色を生かしつつ，そのデータを集計して，マクロ会計の勘定表を比較的容易に作成できるように工夫された会計制度がフランスで構築された．先に紹介したプラン・コンタブルである．

第2節　ミクロ環境会計とマクロ環境会計のリンクの議論

欧州委員会（European Commission）の委託調査報告書『環境調整済国民所得額の計算に関する方法論上の問題点』（以下『報告書』）では，環境を調整した（持続可能な）国民所得額を計算するための中心概念と方法論を確立し，この計算結果を欧州諸国で実際に利用可能とするために，方法論に関して下記の四つの分野を特定し，検討している[22]．

① 国民所得額の調整の基礎となる理論——特に持続可能性に関する指標の

作成のための理論的根拠——の検討

② 環境防御的支出（environmentally defentive expenditures）
③ 回避コスト曲線（avoidance cost curves）の構築
④ 環境・経済会計のミクロ－マクロ側面

④では，マクロ環境会計の視点から，ミクロ環境会計とのリンクのあり方について取り上げられている．ここでの議論が本稿の最大の関心事である．この議論に入る前に，『報告書』で考えられているマクロ環境会計の枠組みを明らかにしておく必要がある．

1. 『報告書』におけるマクロ環境会計の枠組み

『報告書』では，基本的には国際連合が1993年に刊行した『環境・経済統合会計』[23]（通称 SEEA[24]）の第Ⅳ.2版が議論の基礎とされている[25]ので，まず，この第Ⅳ.2版の概要を紹介しておきたい．

国際連合の国民勘定体系（System of National Accouns, SNA）の中核となる勘定体系すなわちコア体系と環境情報を記録する勘定すなわちサテライト勘定とを関連させた体系が SEEA であり，図12-2は，コア体系とサテライト勘定の関係を示している[26]．

図12-3は，図12-2に基づいて考案されうる様々な SEEA の版（version）を示したものである[27]．

第Ⅰ版は SNA の生産勘定および貸借対照表等，環境保全活動と関連を持つ主要な勘定からなる．第Ⅱ版は，SNA 中に図12-2のA部分の情報を分別して示したものである．A部分は実際環境費用といわれ，環境保護費用（environmental protection cost）と跳ね返り費用（repercussion cost）に区分される．そして環境保護費用は予防費用（preventive cost）と回復費用（restoration cost，復元費用ともいう）に，跳ね返り費用は回避費用（avoidance cost）および被害処理費用にそれぞれ再分される．第Ⅲ版は，第Ⅱ版に，環境関連の物量データ（B）を加えたものである．そして，第Ⅳ版では，第Ⅲ版に，図12-3のC部分すなわち追加的評価額が加えられる．追加的評価額は，帰属（環境）

図 12-2 SNA 環境・経済統合会計（サテライト）体系（SEEA）

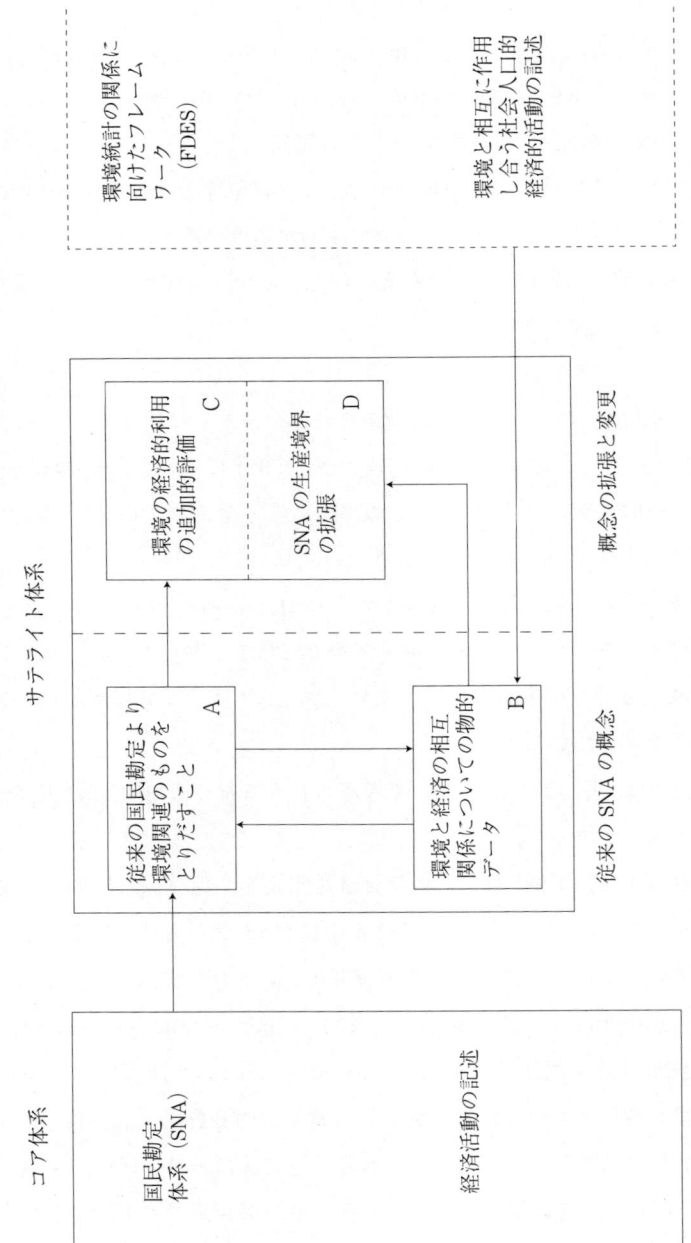

出典：United Nations, *Integrated Environmental and Economic Accounting*, 1993, p. 27.

第12章 ミクロ環境会計とマクロ環境会計のリンクに関する一考察 267

図12-3 SEEAのさまざまな版

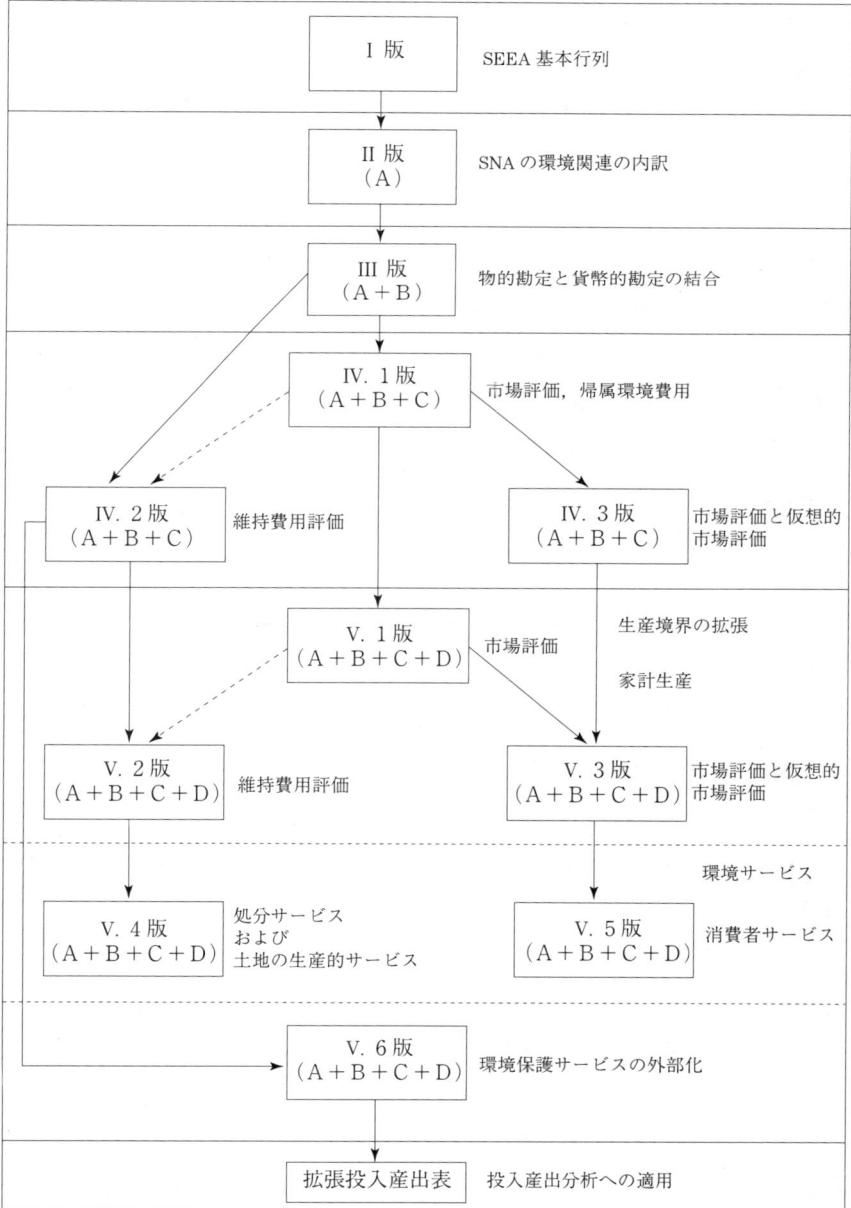

出典：United Nations, *Integrated Environmental and Economic Accounting*, 1993, p. 29.

費用といわれ，市場評価，維持費用評価および仮想的市場評価の3種類の評価額がある．そこで，第Ⅳ版も，3種に細分されている．

『報告書』では，先述したように，第Ⅳ.2版を，議論の基礎としているので，ここでは，当面の考察に関係のない他の版の紹介は割愛し[28]，主として第Ⅳ.2版を中心に見ていくことにする．

維持費用とは，「国内および世界の自然環境の長期的な量的および質的水準の低下が起きないように，ある会計期間の国内経済活動を修正することができ，あるいは国内経済活動のもたらす影響を軽減することができたとした場合に生ずるであろう，追加的な帰属費用」である[29]．

維持費用の概念は，生産活動に使用される固定資産についての減価償却費の概念に対応している．固定資産を使用する費用である減価償却費の算定目的は，将来に渡って所得水準を持続できるように固定資産の水準を維持することにある．自然資産について，減価償却の考え方を応用したものが，維持費用の概念ということができる[30]．

『報告書』では，環境調整済国内総生産（グリーンGDPと呼称，表12-4の17行，EDP "Eco-Domestic Product" に相当）を「経済が特定の環境水準を遵守するという条件下で，対象としている会計期間において，実現可能な最高（または"最善"）の経済生産の（貨幣単位）による価値」[31]と定義している．そして，特定の環境基準を達成するためのコストを回避費用と呼ぶ．この費用は，SEEAの維持費用にあたる．そこで，環境基準の選択は，推計される維持費用額の大きさを左右する．

表12-2は，図12-3中のSEEAの第Ⅰ版を行列形式で示したものである[32]．この第Ⅰ版に依拠して，実際環境費用(A)を分別して表示した表が表12-3（第Ⅱ版）である[33]．表12-2の数値が，環境保護活動の導入，産業部門の分割，消費部門の分割などにより，細分されていることが分かる．

表12-4は第Ⅰ版に依拠して作成された第Ⅳ.2版の例で，維持費用評価の数値例が表示されている[34]．表12-4においても，表12-3と同じく，表12-2と比較すると，いくつかの項目が細分されていることに留意する必要がある．

例えば，表12-2中の中間消費（国内生産中，産業部門への投入物）184.1および固定資本減耗（生産された固定資産の使用）26.3は，表12-4では産業部門が2部門に区分されたために，8.1および176.0（第2行参照）ならびに3.5および22.8（14行参照）に2分されるといった具合である．

表12-4中の4行〜13行および5列〜13列の行列内の金額が維持費用額を示している．この行列内の金額がマイナス表示になっているが，これは，自然資産が劣化していることを表しており，期首資産額（期首ストック）から控除される[35]．なお，16行の3〜13列の数値は，それぞれの列について，市場価格評価との差額を示している．4行〜13行の各列の合計に該当する差額を加算すると，市場価格評価額が算出されるようになっている．

表12-2　SEEA第Ⅰ版：SNAの概念の要約―数値例（貨幣単位）

		1.1 産業の国内生産	2. 最終消費		3. 非金融資産（資産の使用と資産ストック）			4. 輸出	5. 総使用	
			2.1 個人消費	2.2 集合消費	3.1.1 産業の生産資産		3.1 非生産自然資産		国内発地	国外発地
					3.1.1.1 人工	3.1.1.2 自然				
		(1)	(2)	(3)	(4)	(5)	(6)	(7)	(8)	(9)
1	期首ストック (1.)				991.3	83.1	1,756.4			
	産業の生産物の使用 (2.1)									
2	国内生産 (2.1.1)	184.1	148.7	42.5	61.8	1.4	7.3	71.6	517.4	
3	輸入 (2.1.2)	39.9	26.3		6.2	0.0		2.1		74.5
4	生産された固定資産の使用 (3.3.1)	26.3			−23.0	−3.3				
5	純付加価値／NDP (4.2.2)	267.1								
6	産業の総産出 (5.1)	517.4								
	その他の量的変化 (6.)									
7	経済的原因によるもの (6.1)				0.0	0.0	7.0			
8	自然的，複合の原因によるもの (6.2)				−25.3	0.0	−4.1			
9	市場価格変動による再評価 (7.)				138.1	12.6	410.5			
10	期末ストック (8.)				1,149.1	93.8	2,177.1			

出典：United Nations, *Integrated Environmental and Economic Accounting*, 1993. p. 38

表 12-3 環境関連活動を伴う SEEA 行列（第II版）―数値例

	1.1 産業の国内生産			2. 最終消費				3. 非金融資産（資産の使用と資産ストック）				4. 輸出	5. 総使用
	外部的環境保護サービス（リサイクルを含む） ISIC 37.90	その他の産業 ISIC 01-36, 40-85, 91-99		2.1 環境保護	2.2 集合消費			3.1.1 産業の生産資産			3.2 非生産自然資産		
		内部的環境保護	その他の生産	環境保護	環境からのはね返り	その他の消費		外部的環境保護サービス	3.1.1.1 その他の産業 人口	3.1.1.2 内部的環境保護			
	(1)	(2)	(3)	(4)	(5)	(6)	(7)	(8)	(9)	(10)	(11)	(12)	(13)	(14)	(15)
1 期首ストック (1.)									20.8	75.3	895.2	83.1	1,756.4		
産業の生産物の使用 (2.1.1)															
2 国内生産 外部的環境保護サービス（リサイクルを含む）	0.0	0.0		22.4	8.8			5.0						0.0	36.2
3 その他の生産物	13.8	17.7	13.4	116.8	0.0	11.9	128.0	37.5	0.7	2.1	59.0	1.4	7.3	71.6	481.2
4 輸入 (2.1.2) 外部的環境保護サービス（リサイクルを含む）	0.0	0.0		0.0	0.0										0.0
5 その他の生産物	2.1	0.2	2.0	35.6	0.0	0.8	25.5		0.0	0.3	5.9	0.0		2.1	74.5
6 産業の生産された固定資産の使用 (3.3.1)	1.3	4.8	2.5	17.7					-1.3	-4.8	-16.9	-3.3			
純付加価値／NDP (4.2.2)															
7 生産税（純額）に対する純税 (4.2.2.1)	2.0	0.3	0.0	34.1											
8 雇用者報酬 (4.2.2.2)	13.0	8.7	1.7	70.3											
9 純営業余剰 (4.2.2.3)	4.0	-31.7	-19.6	184.3											
10 産業の総産出 (5.1)	36.2			481.2											
11 外部的環境保護サービス	36.2			0.0											
12 その他の生産物	0.0			481.2											
13 その他の量的変化 (6.)									-0.8	-0.5	-24.0	0.0	2.9		
14 市場価格変動による再評価 (7.)									3.0	5.8	129.3	12.6	410.5		
15 期末ストック (8.)									22.4	78.2	1,048.5	93.8	2,177.1		

出典：United Nations, *Integrated Environmental and Economic Accounting*, 1993. p. 38

第12章 ミクロ環境会計とマクロ環境会計のリンクに関する一考察 271

表12-4 SEEA行列：維持価値での環境費用（第Ⅳ.2版）（貨幣単位）

番号		1.1 産業の国内生産		2. 最終消費		3. 非金融資産（資産の使用と資産ストック）									4. 輸出	5. 総使用
		産業林業漁業 ISIC 0	その他の産業 ISIC 1-9	2.1 個人消費	2.2 集合消費	3.1 産業の生産資産			3.2 非生産自然資産							
						3.1.1.1 人工	3.1.1.2 自然(生物相)	3.2.1 野生生物相	3.2.2 地下資産	3.2.3 水	3.2.4 大気	3.2.5.1 土壌	3.2.5.2 耕作地	3.2.5土地(生態系を含む)区域 未耕作地		
		(1)	(2)	(3)	(4)	(5)	(6)	(7)	(8)	(9)	(10)	(11)	(12)	(13)	(14)	(15)
1	期首ストック (1)															
2	産業の生産物の使用 (2.1)	8.1	176.0	148.7	42.5	991.3	83.1	65.4	261.9	12.0			1,366.7	50.4	71.6	517.4
3	輸入 (2.1.2)	1.1	38.8	26.3		61.8	1.4		2.7				4.6		2.1	74.5
						6.2	0.0									
4	非生産自然資産の使用 (3.1)															
5	自然資産の減耗 (3.1.1)	4.8	12.7	0.7			−0.9	−3.7	−8.9	−4.7			−7.7	−2.1		0.0
6	発地が国内 (3.1.1.1)	0.0	0.0	0.8												
7	発地が国外 (3.1.1.2)	5.5	3.5													
8	土地の景観等の使用 (3.1.2)															
9	廃物の排出 (3.1.3)	6.2	27.1	15.6		5.1	0.0			−14.3	−20.4	−14.6	0.0	0.0	−4.7	−1.6
10	発地が国内 (3.1.3.1)									−1.6	0.0	0.0				
11	発地が国外 (3.1.3.2)									3.0		2.0				
	自然資産の復元 (3.1.4)	0.0	0.0	0.0	−5.0	−5.1	0.0									
	環境費用の移転 (3.1.5)	0.3	21.9	−17.1												
	廃物の処理 (3.2)															
12	発地が国内 (3.2.1)															
13	発地が国外 (3.2.2)															
14	生産された固定資産の使用 (3.3.1)	3.5	22.8			−23.0	−3.3									
15	エコ付加価値／EDP (4.)															
16	市場評価に直すための調整 (4.1)	8.7 −10.7	176.4 −50.5	0.0	5.0	0.9		1.6	0.9	15.1	20.4	12.6	1.1	0.5	4.7	1.6
17	エコ付加価値／市場価格で表したEDP (4.2)	19.4	226.9													
18	エコ・マージン (4.2.1)	−6.1	−14.7													
19	純付加価値／NDP (4.2.2)	25.5	241.6													
20	産業の総産出 (5.1)	38.2	479.2													
21	経済的要因による非生産資産のその他の蓄積 (6.1.2)					−25.3	0.0	0.0	27.8	0.0			3.4	−3.4		
22	自然的、複合的原因による (6.2)							1.3	0.0	0.9			−4.3	−2.0		
23	その他の量的変化					138.1	12.6	11.1	28.9	1.2			357.5	11.8		
24	市場価値変動による再評価 (7.) 期末ストック (8)					1,149.1	93.8	75.7	313.3	11.6			1,721.3	55.2		

出典：United Nations, *Integrated Environmental and Economic Accounting*, 1993. p. 111

以上が，本稿での議論に関わりのある SEEA の概要である．この知識を前提として，『報告書』で展開されているマクロ環境会計の特徴を，次のように要約することができる[36]．

① グリーン GDP の算出に当たり，実際環境費用[37]と維持費用からなる「環境コスト」が考慮されている．

② 「環境コスト」は経済全体ばかりでなく複数の産業部門に関して推計される．

③ 維持費用は特定の環境基準を達成するための「最も低いコスト」とされ，対象とされた単一年度ばかりでなく，時系列の複数年度について推計される．

④ 幾つかのシナリオに基づく時系列の複数の維持費用が推計される[38]．

SEEA（第Ⅳ.2版）では，表12-4に示されているように，期首の環境の水準を基準として，対象年度のみの維持費用の推計が想定されているので，③および④はSEEA（第Ⅳ.2版）とは異なるといえよう．

技術情報に依拠した複数の環境基準および時系列の維持費用情報は，社会的選択および環境と経済のトレード・オフに関する情報として，議論のための基礎を提供するものであり，意思決定手続きを支援するものと，考えられている．

『報告書』では，図12-4を使用して，環境費用と環境基準という形で具体的に表現される環境の質との関係を説明する[39]．環境コストのうち，環境の質に大きな影響を持つのは予防費用（支出）である．実際の予防費用をかけなければ，すなわちこの費用をかける活動がなければ，環境資産（自然資産）の劣化はB以下のCの水準になっていたと考えられる．Aの環境の質の水準を達成するためには，潜在的予防費用（維持費用）をかける必要がある．実際の回復費用は，環境の質をさらに向上させ，Dの水準に高める．究極的には，環境持続的な環境の質の水準に到達するには，さらに追加的な回復費用（潜在的回復費用）を要する等のことを，第12-4図は示唆している[40]．

第12章　ミクロ環境会計とマクロ環境会計のリンクに関する一考察　273

図12-4　回復コストと環境の質

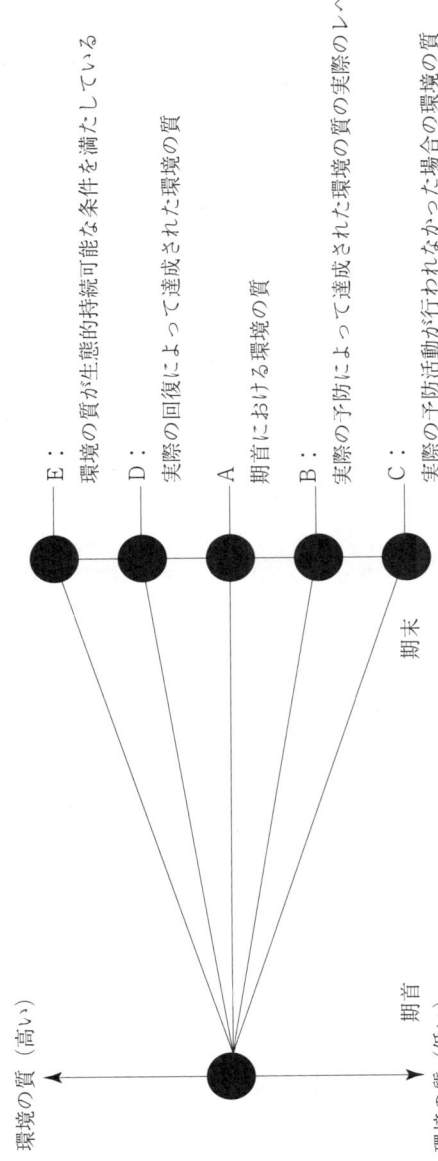

E：環境の質が生態的持続可能な条件を満たしている
D：実際の回復によって達成された環境の質
A：期首における環境の質
B：実際の予防によって達成された環境の質の実際のレベル
C：実際の予防活動が行われなかった場合の環境の質

環境の質（高い）
期首
環境の質（低い）
期末

記号：
CB＝実際の予防コスト
BA＝潜在的な予防コスト
CB＋BA＝期間重視のフォロー基準を達成するための実際の予防コストと潜在的な予防コスト
AD＝実際の回復コスト
DE＝潜在的な回復コスト
AD＋DE＝持続可能性重視の基準を達成するための実際の回復コストと潜在的な回復コスト

出典：Study for the European Commission Directorate General XII (Contract No. EV5V-CT94-0363), *Methodological Problems in Calculation of Environmetally Adjusted National Income Figures*, Vol. 2, 1997, p. 60.

2. 『報告書』のミクロ面とマクロ面のリンクに関する見解

『報告書』のリンクの視点は，ミクロ面とマクロ面のリンクについて取り扱っている『報告書』の第4部の冒頭に「問題は，民間部門の企業——大企業と中小企業——が，公共政策（public policy）の目的に役立てることができるような整理された情報をどの程度提供することができるのかということである」という一文がある[41] ことから，公共政策目的にあることは明らかであろう．この視点は，シュルーターおよびブレイと同じものである．

環境会計の分野でのミクロ面とマクロ面のリンクは，伝統的な方法で計算されたGDPから控除する環境防御支出（EDEs）を推計するに当たって，企業部門のEDEsデータが必要とされたことが動機となっている．実務上，支出を生産目的と防御目的に区分することが困難なために，体系的統計手法を使用してこの種のデータを獲得することは概して難事である[42]．しかしながら，このことは，直ちに，ミクロ面とマクロ面のリンクの可能性を否定することにはならない．『報告書』は，ミクロ面の情報を有益なデータ源とする方法とその有用性の程度は，環境調整済国内総生産（グリーンGDP）の推定方法と目的にあるとしている[43]．

『報告書』が，社会的選択や環境と経済のトレード・オフ等に関する意思決定手続きを支援する有力な情報として維持費用情報を位置付け，維持費用を包含したグリーンGDPを定義していることは見てきたところである．この定義に基づいて，『報告書』が想定しているマクロ環境会計の特徴を，SEEA（第Ⅳ.2版）と比較する形で，先に4点指摘した．このような特徴を有するマクロ環境会計モデルを前提として，『報告書』は，モデルで必要とされる情報について次のようにのべている．

> 「グリーンGDPの推定のための多部門モデルは，技術革新，消費水準および環境基準などに関する仮説の他，緩和対策とそのコスト（abatement measures and their costs）に関する詳細で細分化された技術情報（利用可能な場合）で補完された既存の部門別のコストと活動に関する過去のデータに依存する．」[44]

引用文から，企業レベルについて求められている情報は，環境防除活動に関わって発生したコスト情報，環境基準の設定および将来のコストである維持費用の推計に欠かせぬ環境損傷を予防するための技術情報および環境負荷情報などである[45]．

『報告書』では，マクロ面から必要なミクロ面の情報の内容について，多方面の調査を行った．すなわち，最先端ないし最善の実践と考えられる環境報告書を刊行している Kunert（ドイツ），British Telecom（イギリス）あるいはBSO/Origin（オランダ）等，9社の環境報告書の特徴的内容を紹介し，環境報告書の多様性を明らかにした．また，国連環境計画産業・環境（UNEPIE）のレポート，世界資源研究所（WRI）の調査，EUROSTAT の依頼によるRoland Berger & Partner 社による調査，さらには雑誌『Tomorrow』掲載の調査結果などを紹介し，現在発行されている環境報告書にバラツキがあることに加えて，環境報告書を誰に報告すべきか，それに何を含めるべきか，さらには報告書に含められる多様な内容を如何に表示すべきかなどの課題についてコンセンサスがないことが指摘される[46]．

これらの調査を踏まえ，ミクロ面とマクロ面のリンクについて次のように要約している．

「国民勘定を構築し，環境調整済国民所得額（グリーン GDP）を計算する視点から，ミクロとマクロのリンクについて要約しよう．必要な情報は，多くの様々な経済および技術分野から得られるが，そのいずれもが独自の分類システムを有している．排出物および主要原材料・エネルギー投入に関するデータは，通常，企業，産業部門および経済全体ののそれぞれの集計レベルで利用可能である．したがって，この種のデータは，（利用可能な場合）緩和対策とそのコストに関する極めて詳細かつ分散した技術情報で補完する必要がある．この種のデータは，各種の研究プロジェクト——あるものは民間部門のものもあるが，その大半は公的機関のものである——から得られることが多い．したがって，一方で詳細かつ分散した情報と，他方で代表的な企業または産業部門の潜在的緩和量およびコストに

関する統計的に有用な数字との間には大きなギャップがある．このギャップを埋めるためには，研究者，統計専門家およびプロセス・マネジャーがそれぞれの専門知識を共有して，それぞれ異なるニーズを互いに理解することが必要である．」[47]

この結論を踏まえて，次の提言がされる[48]．

「提言　われわれは，どうすれば，"ミクロ"レベルでの優先順位と報告慣行が改革され，かつ公共部門における持続可能性に関するさらに効果的な政策決定に利用されうるかを一層明確にするために，民間部門の主体(actors)，研究者および政策決定者が協力し，作業が進められるべきであることを提言する．研究者，統計専門家，公共部門の政策決定者および民間部門の利害関係者の間での恒久的な相互交流は，この分野で好ましい進展を図るためには重要なことである．」

かくして，ミクロ面とマクロ面のリンクに関する『報告書』の結論は，マクロ面で必要とされている情報とミクロ面で提供され利用可能な情報との間には大きなギャップがあるので，このギャップを埋めるためには，ミクロおよびマクロの関係者の相互交流が必要というものである．相互交流による相互理解によって，長期的には，恐らくは，マクロ面からみてのミクロ面での情報の整備の進捗を期待したものといえよう．

結　び

シュルーターは，当時の最大の社会問題であった経済の大不況を克服するための経済管理システムを提案した．それがインスティチュートと呼ばれる産業の自治組織である．この自治組織によって，経済を運営するために必要な会計情報は会計インスティチュートを通じて収集される．

マクロ経済理論を基礎として構築されている現行のような社会会計システムが存在しない時期に，シュルーターが考えたことは，標準統一会計制度，同一会計年度，強制的監査制度などのもとで，個別企業の損益計算書および貸借対照表を，同種産業，連合産業および国民経済の各レベルのインスティチュー

トごとに階層的に連結を繰り返して，最終的に国民損益計算書および国民貸借対照表を入手し，それらを国民経済の運営に役立てようというものであった．

個別企業のそれと同種のひな型と考えられる国民損益計算書や国民貸借対照表が，経済の運営にどれ程役立つか否かは別にして，公共政策目的の視点から，会計情報に着目して，企業会計をベースとした社会全体の会計システムの構築の構想の中に，社会会計的発想を見出だすことができる．しばらくして，マクロ経済理論に立脚する社会会計の研究がミード（Meade, James）およびストーンによって発表されることになる[49]．

シュルーターの場合，現行のような社会会計システムがないために，社会会計的発想のもと，企業会計システムを，国民経済レベルまで拡大したもので，企業会計と社会会計のリンクの視点からみると，彼のアイデアは，企業会計をベースにした社会会計との密接なリンク論ということができる．

ブレイは，現行の社会会計システムの構築に多大な貢献をしたストーンの協力者であった．1950年代は，ストーンが中心となって編纂したOECDの『国民勘定の標準体系』および国際連合の『国民勘定体系と付属表』などが公刊され，社会会計の興隆期であった．このような時期に，ブレイは，公共政策目的の視点から，社会会計と企業会計との密接なリンクの必要性を考え，損益計算書や貸借対照表に代えて，表12-1に紹介したように，活動勘定，所得勘定，支出勘定および滞留勘定ならびに社会会計の視点からの貸借対照表を企業が作成することを提案した．

ブレイの提案は，社会会計システムに合わせて企業会計システムを改変することによって，双方の会計の密接なリンクを図ろうとするものであった．シュルーターの時代に，現行のような社会会計システムがあれば，彼は，会計インスティチュート説を提案しないか，あるいはブレイの提案に近い提案をしたのではないかと想像される．

フランスのプラン・コンタブルでは，社会会計への資料提供が考えられている点では，ブレイに近い考え方がとられている．しかし，企業会計の勘定表を，社会会計の視点から大幅に改変するのではなく，資料の収集を行いやすく

するために，企業が使用する諸勘定（元帳上の）をその性格によって分類し，番号を付した一覧表（カドル・コンタブル）を作成したり，企業の勘定表と社会会計の勘定表を繋ぐために中継システムを考案するなどの工夫が凝らされている[50]．これらの工夫により，企業会計の特徴を生かす一方で，社会会計に必要なデータ収集の便を考慮したものといえる．

さて，『報告書』のリンクに関する議論であるが，そこでの議論は，マクロ環境会計システムおよびミクロ環境会計システムのいずれもが確立していない中でのものである．

『報告書』では，マクロ環境会計目的すなわち公共政策目的の視点から，マクロ環境会計システムとミクロ環境会計システムのリンクについて検討する中で，現在，企業が発行している環境報告書を通じて開示されているミクロ環境情報（コスト，環境負荷および技術等に関連する情報）は，内容が多様でかつ情報の質についてもバラツキが多いことなどを指摘し，現在必要なことはミクロ分野とマクロ分野の関係者の相互交流である，という提言がされた．ミクロ会計およびマクロ会計の発展の現状を考えると妥当な提言といえよう．

マクロ会計とミクロ会計のリンク論は，これまで，マクロ会計の専門家の側から行われてきた．ミクロ会計の専門家からのリンク論が提起されないのは，マクロ会計の側でミクロ会計の既存のデータを収集し，加工し，マクロ会計情報として利用するにあたり，ほとんどミクロ会計システムへ影響しないこと，ミクロ会計の専門家のマクロ会計への関心の低さおよび双方の会計のリンクによるメリットをミクロ会計側に見出せないなどに由来するものであろう．逆に，マクロ会計の専門家は，ミクロ会計よりのデータの入手および利用の容易さならびにその精度の向上などを考え，ミクロ会計のあり方へ関心を寄せてきたとみることができる．

ミクロ環境会計およびマクロ環境会計のいずれの会計システムも確立していない中で，『報告書』が，双方の関係者の相互交流を提言したことは，なかなか含蓄があることといえる．相互交流[51]は，一見迂遠な方法にみえるが，交流を通じて，環境保全活動および環境コストの概念，環境コストの分類，生産

活動と環境保全活動へのコストの区分，環境コストと環境負荷物質との関係，社会的費用の内部化などの課題についての共通の理解ないしルール形成が行われれば，リンク論にあらたな展開すなわちミクロ会計の視点からの展開への道を開く可能性を秘めている．

(本稿は，日本会計研究学会第59回大会における特別委員会報告に加除訂正したものである．)

1) 詳しくは，下記の拙稿を参照されたい．
  河野正男「企業の持続可能性と会計」『税経通信』55 (2)，2000年2月，23-24頁．
2) 『日本経済新聞』1999年9月20日号．
3) 河野正男『生態会計論』森山書店，1998年，第Ⅰ部第4章第3節参照．
4) Study for the European Commission Directorate General XII (Contract No. EV5V-CT94-0363), *Methodological Problems in the Calculation of Environmentally Adjusted National Income Figures*, Volume Two, Part IV (The Micro-Macro Link), Mar. 1997. (経済企画庁経済研究所国民経済計算部仮訳『環境経済調整済国民所得額の計算に関する方法論上の問題点 第2巻（第4部 ミクロとマクロのリンク）』1999年10月)
5) Mattessich, Richard, *Accounting and Analytical Methods*, 1964, Irwin, 1964, pp. 3-139.
6) Yu, S. C., "An Appraisal of Macroaccounting", *Aspect of Contemporary Accounting*, University of Florida Accounting Series, No. 4, 1966, pp. 25-43.
7) Schluter, William C., Professor of Finance in the Wharton School of Finance and Commerce, University of Pennsylvania.
8) Schluter, *Economic Cycles and Crises ～ An American Plan of Control*, Sears Publishing Co., 1933.
9) シュルーターの会計インスティチュート説の詳細については，下記の文献を参照されたい．
  河野正男「国民企業会計と国民経済会計」（第3章）合﨑堅二・能勢信子共著『企業会計と社会会計』森山書店，1971年，89-100頁．
  黒澤清『會計學（改訂増補版）』千倉書房，1950年，622-668頁．
  合﨑堅二『社会科学としての会計学』中央大学出版部，1966年，153-165頁．
10) Schluter, *Ibid.*, pp. 244-249.
11) シュルーターは，経済管理にあたって直面する多くの問題を解決するには，英知の組織（organization of the intelligence）を創設することが必要であるとする．英知の組織がインスティチュートであり，これが，個人の英知を結集し，英知の発現を助けることにより政策の策定に導くのである（Schluter, *Ibid.*, pp. 240-243）．

12) Schluter, *Ibid.*, pp. 338-342.
13) Bray, Frank Sewell, T*he Accounting Mission*, Melbourne University Press, 1951, pp. 87-89 ; *Four Essays in Accounting Theory*, Oxford University Press, 1953, pp. 41-46, pp. 57-59.
 (図は，*The Accounting Mission* の勘定表体系に若干の修正をし，かつ要約したものである．貸借対照表は省略した．なお，社会会計では，損益計算書や貸借対照表のような財務表を「勘定」と呼んでいるので，本稿でもこの用語法にしたがった．(合﨑堅二『社会科学としての会計学』中央大学出版部，1966年，142頁参照)
14) Bray, *Four Essays*, p. 23.
15) Bray, *Four Essays*, p. 24.
16) Bray, *Four Essays*, pp. 24-6.
17) 合﨑堅二や能勢信子等はブレイを評価していた．
 合﨑堅二・能勢信子編『企業会計と社会会計』森山書店，1971年，11-18頁，271-283頁．
18) 河野正男「プラン・コンタブルと社会会計」野村健太郎編『フランス会計論―プラン・コンタブル研究―』中央経済社，1982年，36-55頁．
19) 小関誠三「企業統計システムと新プラン・コンタブル」『國學院經濟學』39 (1)，1990年10月，19-65頁．
20) Seifert, Eberhard K. and Peter Bartelmus, *Micro-Macro-Linkages in Environmental Accounting － Concepts, Experiences and Requirements*(Handout Draft of 2nd Meeting, Vienna, 15-16 May Y2000).
21) CEC, IMF, OECD, UN & WB, *System of National Accounts 1993*, 1993, para. 1.67.
22) Study for the European Commission Directorate General XII(Contract No. EV5V-CT94-0363), *Methodological Problems in the Calculation of Environmentally Adjusted National Income Figures*, Volume One, Mar. 1997, p. 12. (経済企画庁経済研究所国民経済計算部仮訳『環境調整済国民所得額の計算に関する方法論上の問題点　第1巻』1999年10月，16頁)
23) United Nations, *Integrated Environmental and Economid Accounting*, 1993. (経済企画庁経済研究所国民所得部訳『国民経済計算ハンドブック　環境・経済統合勘定』1995年)
24) 注23で紹介されている環境・経済統合会計の体系 (System for Integrated Environmental and Economid Accounting) の英文の頭文字をとったものである．
25) Study for the European Commission Directorate General XII, Ibid., (Vol. 2)., pp. 52-60. (経済企画庁経済研究所国民経済計算部仮訳，前掲書 (第2巻)，62-72頁)
26) United Nations, *Ibid.*, p.27. (経済企画庁経済研究所国民所得部訳，前掲書，28頁)
27) United Nations, *Ibid.*, p. 29. (経済企画庁経済研究所国民所得部訳，前掲書，

30頁）
28) 河野正男『生態会計論』森山書店，1998年，96-132頁参照．
29) United Nations, *Ibid.*, p. 105. （経済企画庁経済研究所国民所得部訳，前掲書，105頁）
30) United Nations, *Ibid.*, p. 107. （経済企画庁経済研究所国民所得部訳，前掲書，111頁）; Study for the European Commission Directorate General XII, *Ibid. (Vol. 2).*, p. 57. （経済企画庁経済研究所国民経済計算部仮訳，前掲書（第2巻），68頁）
31) Study for the European Commission Directorate General XII, *Ibid. (Vol.2).*, p. 64. （経済企画庁経済研究所国民経済計算部仮訳，前掲書（第2巻），76頁）
32) United Nations, *Ibid.*, p. 38. （河野正男『生態会計論』104頁）
表12-2を勘定形式で示すことも可能である．（河野正男『生態会計論』106頁参照）
33) United Nations, *Ibid.*, p. 51. （河野正男『生態会計論』108頁）
34) United Nations, *Ibid.*, p. 111. （河野正男『生態会計論』113頁）
35) 8行5列のプラス5.1は廃物（residuals）を貯蔵・管理するための環境保護施設を含む生産資産（produced assets）からでる，あるいはこれらによって引き起こされる廃物に関連して生ずる実際の費用である．同額を11行5列で差し引き産業部門に負担させている．（United Nations, *Ibid.*, p.109；経済企画庁経済研究所国民所得部訳，前掲書114頁）
36) Study for the European Commission Directorate General XII, *Ibid. (Vol.2).*, pp. 103-105. （経済企画庁経済研究所国民経済計算部仮訳，前掲書（第2巻），131-133頁）
37) 『報告書』では環境防護的支出（Environmentally Defensive Expenditures, EDES）と呼ばれている．（Study for the European Commission Directorate General XII, *Ibid. (Vol.2).*, p. 100 & pp. 112-113. （経済企画庁経済研究所国民経済計算部仮訳，前掲書（第2巻），126頁および142-143頁）
38) 「シナリオモデル作業は，遵守すべき環境の質に関する明確な仮説（環境・経済の持続可能性），利用可能な自然資源と人口資源，維持すべきまたは変更すべき消費パターン及び利用可能な技術の選択に基づいて，環境調整済国民所得の時系列的な額（つまり，将来のグリーンGDPに関する時系列的な額）の計算を始めとして，国の経済の将来の経路の実現可能性を定量化することを可能にするものである．」（Study for the European Commission Directorate General XII, *Ibid. (Vol.2).*, p. 109. （経済企画庁経済研究所国民経済計算部仮訳，前掲書（第2巻），138頁）
39) Study for the European Commission Directorate General XII, *Ibid. (Vol.2).*, pp. 56-60. （経済企画庁経済研究所国民経済計算部仮訳，前掲書（第2巻），68-72頁）
40) SEEAにおける跳ね返り費用は，環境の損傷の回復には直接的な関係がないので，図12-4では考察外とされている．
41) Study for the European Commission Directorate General XII, *Ibid. (Vol.2).*,

p. 62. (経済企画庁経済研究所国民経済計算部仮訳,前掲書 (第 2 巻), 74 頁)
42) Study for the European Commission Directorate General XII, *Ibid. (Vol.2).*, p. 63. (経済企画庁経済研究所国民経済計算部仮訳,前掲書 (第 2 巻), 75 頁) アメリカ商務省が公表している公害防除支出 (pollution abatement and control expenditures) の推計では,企業へのアンケート調査にあたり,支出を生産目的と防御目的に区分することに関するルールを定め,これに基づいて回答することを求めている. (河野正男『生態会計論』86-88 頁参照)
43) Study for the European Commission Directorate General XII, *Ibid. (Vol.2).*, p. 63. (経済企画庁経済研究所国民経済計算部仮訳,前掲書 (第 2 巻), 76 頁)
44) Study for the European Commission Directorate General XII, *Ibid. (Vol.2).*, pp. 64-65. (経済企画庁経済研究所国民経済計算部仮訳,前掲書 (第 2 巻), 77 頁)
45) Study for the European Commission Directorate General XII, *Ibid. (Vol.2).*, pp. 62-63. (経済企画庁経済研究所国民経済計算部仮訳,前掲書 (第 2 巻), 74 頁)
46) Study for the European Commission Directorate General XII, *Ibid. (Vol.2).*, pp. 68-93. (経済企画庁経済研究所国民経済計算部仮訳,前掲書 (第 2 巻), 81-118 頁)
47) Study for the European Commission Directorate General XII, *Ibid. (Vol.2).*, p. 114. (経済企画庁経済研究所経済企画庁経済研究所国民経済計算部仮訳,前掲書 (第 2 巻), 144-145 頁)
48) Study for the European Commission Directorate General XII, *Ibid. (Vol.2).*, p. 114. (国民経済計算部仮訳,前掲書 (第 2 巻), 145 頁)
49) 河野正男『生態会計論』16-20 頁.
50) 河野正男「プラン・コンタブルと社会会計」野村健太郎編『フランス会計論—プラン・コンタブル研究—』中央経済社, 1982 年, 40-55 頁.
51) 米国会計士協会 (AIA) に設置された企業所得に関するスタディ・グループ (Study Group on Business Income) によって,かつて,所得概念を巡っての会計学者と経済学者の共同研究が行われ,『企業所得に関する五つのモノグラフ (*Five Monographs on Business Income*)』(1950) が,同協会から刊行された. 黒澤清はこのモノグラフを,下記の論文で紹介し,結論は,"会計は会計,経済は経済" ということであったと述べている.
　　黒澤清「企業會計と社會會計」産業経理,第 11 巻第 12 号, 3-9 頁.

執筆者紹介（執筆順）

八木　裕之　客員研究員（横浜国立大学経営学部教授）
小口　好昭　研究員（中央大学経済学部教授）
小関　誠三　研究員（中央大学専門大学院国際会計研究科教授）
上田　俊昭　客員研究員（明星大学情報学部教授）
丸山　佳久　客員研究員（広島修道大学人間環境学部専任講師）
林　　昇一　研究員（中央大学総合政策学部教授）
大西　清彦　客員研究員（玉川大学経営学部助教授）
古井戸宏通　客員研究員（独立行政法人森林総合研究所林業政策・経営研究領域主任研究官）
髙田橋範充　研究員（中央大学専門大学院国際会計研究科教授）
河野　正男　客員研究員（横浜国立大学大学院国際社会科学研究科教授）

ミクロ環境会計とマクロ環境会計　　　研究叢書　36

2002 年 10 月 15 日　発行

編 著 者　　小 口 好 昭
発 行 者　　中 央 大 学 出 版 部
代 表 者　　辰 川 弘 敬

東京都八王子市東中野 742-1
発行所　中 央 大 学 出 版 部
電話 0426(74)2351　振替 00180-6-8154

Ⓒ 2002（検印廃止）　　　　　　　　　ニシキ印刷

ISBN4-8057-2230-4

―――― 中央大学経済研究所研究叢書 ――――

1. 経済成長とインフレーション　　中央大学経済研究所編　Ａ５判　本体1000円
2. 地域開発における新産業都市　　村田喜代治編　Ａ５判　本体4000円
　　――松本・諏訪地区の研究――
3. 企業集中と産業再編成　　中央大学経済研究所編　Ａ５判　本体2000円
4. 経済成長と産業構造　　中央大学経済研究所編　Ａ５判　本体2800円
5. 経済成長と就業構造　　中央大学経済研究所編　Ａ５判　本体1000円
6. 歴史研究と国際的契機　　中央大学経済研究所編　Ａ５判　本体1400円
7. 戦後の日本経済――高度成長とその評価――　中央大学経済研究所編　Ａ５判　本体3000円
8. 中小企業の階層構造　　中央大学経済研究所編　Ａ５判　本体3200円
　　――日立製作所下請企業構造の実態分析――
9. 農業の構造変化と労働市場　　中央大学経済研究所編　Ａ５判　本体3200円
10. 歴史研究と階級的契機　　中央大学経済研究所編　Ａ５判　本体2000円
11. 構造変動下の日本経済　　中央大学経済研究所編　Ａ５判　本体2400円
　　――産業構造の実態と政策――
12. 兼業農家の労働と生活・社会保障　　中央大学経済研究所編　Ａ５判　本体4500円
　　――伊那地域の農業と電子機器工業実態分析――
13. アジアの経済成長と構造変動　　中央大学経済研究所編　Ａ５判　本体3000円
14. 日本経済と福祉の計量的分析　　中央大学経済研究所編　Ａ５判　本体2600円
15. 社会主義経済の現状分析　　中央大学経済研究所編　Ａ５判　本体3000円
16. 低成長・構造変動下の日本経済　　中央大学経済研究所編　Ａ５判　本体3000円
17. ＭＥ技術革新下の下請工業と農村変貌　　中央大学経済研究所編　Ａ５判　本体3500円
18. 日本資本主義の歴史と現状　　中央大学経済研究所編　Ａ５判　本体2800円

中央大学経済研究所研究叢書

19. 歴史における文化と社会 　　中央大学経済研究所編　A5判　本体2000円
20. 地方中核都市の産業活性化——八戸 　　中央大学経済研究所編　A5判　本体3000円
21. 自動車産業の国際化と生産システム 　　中央大学経済研究所編　A5判　本体2500円
22. ケインズ経済学の再検討 　　中央大学経済研究所編　A5判　本体2600円
23. AGING of THE JAPANESE ECONOMY 　　中央大学経済研究所編　菊判　本体2800円
24. 日本の国際経済政策 　　中央大学経済研究所編　A5判　本体2500円
25. 体制転換——市場経済への道—— 　　中央大学経済研究所編　A5判　本体2500円
26. 「地域労働市場」の変容と農家生活保障——伊那農家10年の軌跡から—— 　　中央大学経済研究所編　A5判　本体3600円
27. 構造転換下のフランス自動車産業——管理方式の「ジャパナイゼーション」—— 　　中央大学経済研究所編　A5判　本体2900円
28. 環境の変化と会計情報——ミクロ会計とマクロ会計の連環—— 　　中央大学経済研究所編　A5判　本体2800円
29. アジアの台頭と日本の役割 　　中央大学経済研究所編　A5判　本体2700円
30. 社会保障と生活最低限——国際動向を踏まえて—— 　　中央大学経済研究所編　A5判　本体2900円
31. 市場経済移行政策と経済発展——現状と課題—— 　　中央大学経済研究所編　A5判　本体2800円
32. 戦後日本資本主義——展開過程と現況—— 　　中央大学経済研究所編　A5判　本体4500円
33. 現代財政危機と公信用 　　中央大学経済研究所編　A5判　本体3500円
34. 現代資本主義と労働価値論 　　中央大学経済研究所編　A5判　本体2600円
35. APEC地域主義と世界経済 　　今川・坂本・長谷川編著　A5判　本体3100円

＊定価には別途消費税が必要です。